"十四五"国家重点出版物出版规划项目

★ 转型时代的中国财经战略论丛 ◢

CEO职位壕沟
对董事会监督有效性的
影响研究

An Investigation about the Impact of CEO Entrenchment
on the Effectiveness of the Board

吴明霞 著

中国财经出版传媒集团

经济科学出版社
Economic Science Press

图书在版编目（CIP）数据

CEO 职位壕沟对董事会监督有效性的影响研究/吴明霞著 . —北京：经济科学出版社，2021.9

（转型时代的中国财经战略论丛）

ISBN 978 – 7 – 5218 – 2876 – 4

Ⅰ. ①C…　Ⅱ. ①吴…　Ⅲ. ①公司 – 董事会 – 监管制度 – 研究　Ⅳ. ①F276.6

中国版本图书馆 CIP 数据核字（2021）第 189280 号

责任编辑：于　源
责任校对：王苗苗
责任印制：范　艳

CEO 职位壕沟对董事会监督有效性的影响研究
吴明霞　著
经济科学出版社出版、发行　新华书店经销
社址：北京市海淀区阜成路甲 28 号　邮编：100142
总编部电话：010 – 88191217　发行部电话：010 – 88191522
网址：www. esp. com. cn
电子邮箱：esp@ esp. com. cn
天猫网店：经济科学出版社旗舰店
网址：http：//jjkxcbs. tmall. com
北京季蜂印刷有限公司印装
710×1000　16 开　13.5 印张　220000 字
2021 年 12 月第 1 版　2021 年 12 月第 1 次印刷
ISBN 978 – 7 – 5218 – 2876 – 4　定价：56.00 元
（图书出现印装问题，本社负责调换。电话：010 – 88191510）
（版权所有　侵权必究　打击盗版　举报热线：010 – 88191661
QQ：2242791300　营销中心电话：010 – 88191537
电子邮箱：dbts@ esp. com. cn）

总　序

　　《转型时代的中国财经战略论丛》是山东财经大学与经济科学出版社合作推出的"十三五"系列学术著作，现继续合作推出"十四五"系列学术专著，是"'十四五'国家重点出版物出版规划项目"。

　　山东财经大学自2016年开始资助该系列学术专著的出版，至今已有5年的时间。"十三五"期间共资助出版了99部学术著作。这些专著的选题绝大部分是经济学、管理学范畴内的，推动了我校应用经济学和理论经济学等经济学学科门类和工商管理、管理科学与工程、公共管理等管理学学科门类的发展，提升了我校经管学科的竞争力。同时，也有法学、艺术学、文学、教育学、理学等的选题，推动了我校科学研究事业进一步繁荣发展。

　　山东财经大学是财政部、教育部、山东省共建高校，2011年由原山东经济学院和原山东财政学院合并筹建，2012年正式揭牌成立。学校现有专任教师1688人，其中教授260人、副教授638人。专任教师中具有博士学位的962人。入选青年长江学者1人、国家"万人计划"等国家级人才11人、全国五一劳动奖章获得者1人，"泰山学者"工程等省级人才28人，入选教育部教学指导委员会委员8人、全国优秀教师16人、省级教学名师20人。学校围绕建设全国一流财经特色名校的战略目标，以稳规模、优结构、提质量、强特色为主线，不断深化改革创新，整体学科实力跻身全国财经高校前列，经管学科竞争力居省属高校领先地位。学校拥有一级学科博士点4个，一级学科硕士点11个，硕士专业学位类别20个，博士后科研流动站1个。在全国第四轮学科评估中，应用经济学、工商管理获B＋，管理科学与工程、公共管理获B－，B＋以上学科数位居省属高校前三甲，学科实力进入全国财经高校前十。工程学进入 ESI 学科排名前 1%。"十三五"期间，我校聚焦内涵式发展，全面实施了科研强校战略，取得了一定成绩。获批国家级课题项目 172 项，教育部及其他省部级课题项目 361 项，承担各级各类横向课题 282 项；教师共发表高水平学术论文 2800 余篇，出版著作 242 部。同时，新增了山东省重点实验室、省重点新型智库和研究基地等科研平台。学校的发展为教师从事科学研究提供了广阔的平台，创造了更加良好的学术生态。

"十四五"时期是我国由全面建成小康社会向基本实现社会主义现代化迈进的关键时期，也是我校进入合校以来第二个十年的跃升发展期。2022 年也将迎来建校 70 周年暨合并建校 10 周年。作为"十四五"国家重点出版物出版规划项目，《转型时代的中国财经战略论丛》将继续坚持以马克思列宁主义、毛泽东思想、邓小平理论、"三个代表"重要思想、科学发展观、习近平新时代中国特色社会主义思想为指导，结合《中共中央关于制定国民经济和社会发展第十四个五年规划和二〇三五年远景目标的建议》以及党的十九届六中全会精神，将国家"十四五"期间重大财经战略作为重点选题，积极开展基础研究和应用研究。

与"十三五"时期相比，"十四五"时期的《转型时代的中国财经战略论丛》将进一步体现鲜明的时代特征、问题导向和创新意识，着力推出反映我校学术前沿水平、体现相关领域高水准的创新性成果，更好地服务我校一流学科和高水平大学建设，展现我校财经特色名校工程建设成效。通过对广大教师进一步的出版资助，鼓励我校广大教师潜心治学，扎实研究，在基础研究上密切跟踪国内外学术发展和学科建设的前沿与动态，着力推进学科体系、学术体系和话语体系建设与创新；在应用研究上立足党和国家事业发展需要，聚焦经济社会发展中的全局性、战略性和前瞻性的重大理论与实践问题，力求提出一些具有现实性、针对性和较强参考价值的思路和对策。

山东财经大学校长

2021 年 11 月 30 日

目　录

第1章 导　　论

为肯定本书写作价值和存在契机，本章首先在分析研究背景的基础上提出本书所关注的研究问题；然后阐述本书的研究思路、研究内容和研究方法，目的是保证研究的可行性和具体化；最后界定了本书的重要变量定义，并通过研究框架和技术路线图使得本书的脉络清晰化。

1.1　研　究　背　景

在20世纪30年代，国外的两位经济学家伯利（Berle）和米恩斯（Means）对企业财产所有权等展开了一系列的研究分析，并且首次提出了企业控制权和所有权分离的观点，简单来说，就是一个企业的所有者不负责公司的运营发展，他将公司交给具有企业管理经验的人来管理。所以企业所有者会根据自己的投资股份获取一定的企业收益，而没有管理企业的权力，企业的日常运营管理由职业经理人负责。企业所有者与管理者是企业主要利益获得者，两者是委托代理的关系。尽管这两大基本利益主体的行为是建立在激励契约基础上的，但契约的不完备性及两大主体间严重的信息不对称性（即管理层通常具有信息优势，而企业所有者对于公司的具体经营情况并不了解），直接导致两者对于企业效益的追求存在一定的差别，代理人在不违反合同规定的基础上，为了充分保障自己的利益或者将自己的利益最大化而选择降低企业所有者的利益。虽然企业所有权和经营管理权分离有利于企业的发展，但是也存在很多的弊端，比如企业管理者的经营成本过高、管理者不具备良好的职业道德等，这些都可能给企业带来很大的财务风险。为了避免以上情况发生，必须完善关于代理人的限制约束理论。

为解决上述代理问题，公司治理机制被设计出来并开始得到法律界的关注。在 20 世纪 70 年代，国外的经济学家杰森（Jensen）和梅克林（Meckling）对企业代理人的管理行为、代理成本、企业收益等进行了一系列研究，之后也有很多相关研究学者进行了企业管理方面的研究；1980 年左右，越来越多的研究学者关注公司治理研究；到了 1990 年左右，世界各个国家的学者们都开始关注公司治理。2002 年，美国安然公司因为发生财务危机面临倒闭的危险，使得公司治理进入新的发展期。然而公司治理是非常烦琐的过程，治理难度较大并且对于企业的发展具有重要的影响，传统的公司治理相关理论强调企业所有者和企业管理者的利益关系以及对于企业发展的影响。由于企业所有者对于企业发展的具体情况不了解，对于企业管理人的管理行为也并不知悉，代理人为了实现自己的利益最大化可能会做出损害企业所有者利益的行为。为了解决以上问题，事前要做好机制设计工作，后续要做好公司治理工作。在 1997 年，国外研究学者施莱佛和维什尼（Shleifer & Vishny，1997）研究表明，公司治理机制简单来说就是企业所有者通过制定一些制度规范来限制企业管理者的一些行为，除此之外，还会制定一些奖励制度来提高管理者的经营效率，增加企业收益，充分保障企业所有者的利益。当企业的所有权与分离权分离时，如何实现企业所有者利益的最大化、减少代理成本，如何有效地限制企业管理者的行为并且鼓励管理者按照企业所有人的意愿行事是目前企业主要关注的问题，也是当前研究的热点。

为维护股东利益、避免企业管理者一味追求自己的利益、降低经理人的道德风险和企业的财务风险，公司应该制定一些制度来约束代理人的行为，防止其出现一些不端行为。公司治理中用得较多的是"威慑原则"和"高薪养忠"两个办法，其中，解聘机制是最直接、有效也是最严重的惩罚方式。目前企业管理者的约束机制尚未完善，一旦发现管理者有损害委托人利益的行为，企业会与管理者立即终止合作，除此之外，企业管理者在人力资本方面会出现贬值危险，遭受一定的利益损失。

相关研究学者汀（Ting，2013）的研究指出，公司治理的理论与实践表明，作为公司治理机制中的重要组成部分，企业高层变动为研究公司其他治理机制的运行效率提供了重要视角，对于公司制定治理机制具有重要的作用，有利于公司治理活动的进行。国外研究学者杰森和沃纳

（Jensen & Warner，1988）通过研究认为，一个企业的高管变更行为可以反映公司治理机制的效率，可以理解为更好地约束企业管理者的行为。企业开展公司治理活动主要是为了激励企业管理者按照企业所有人的意愿行事。企业所有权和管理经营权分离产生了很多问题，因此企业要通过一系列治理机制来协调委托人和代理人之间的矛盾。衡量公司治理机制是否有效的判别标准在于一个企业能否在短时间内发现企业管理者的不端行为，并且与其停止合作。除此之外，如果一个企业运营情况较好、企业收益可观，那就说明企业管理者的经营管理水平较高，促进了企业的发展。而如果企业的经营状况不好，企业收益没有达到股东期望时，企业所有者可以选择与经理人终止合作，更换新的管理者来经营公司，除此之外，还要确保新的企业管理者具有良好的职业道德，能够帮助企业降低财务风险，提高经济效益，实现所有人利益最大化的目标。美国研究学者卡普兰（Kaplan，1993）的研究指出，企业更换管理人是公司治理有效的表现。作为对经营管理者的一种限制约束方式，高管变更对于企业的发展具有重要的作用。简单来说，如果一个企业的治理机制效率较高，那么在短时间内会发现企业管理者存在违背职业道德的行为，董事会能够及时更换企业管理人。通常情况下，企业委托人会根据企业的经营情况来评价企业管理者的管理水平，然而由于很多企业的管理模式不同、企业目标不同，对于企业管理者的评价结果也会存在一定的区别，这为本书的研究提供了一定的科学理论依据和契机。

　　高管变更问题一直是公司治理领域学者研究的热点，特别是作为最具影响力的管理层变动，CEO 变更会影响企业运作的方方面面。CEO们处于企业的权力中心，管理能力和企业家才能甚至可能决定一个企业的生存和发展，因此 CEO 变更被视为企业发展过程中最重大的决策之一。表 1-1 报告了 2007～2015 年我国上市公司 CEO（经理人）变更（CEO Turnover）情况。统计结果显示，CEO 变更比率平均为 19.84%，且大致呈现先下降后上升的趋势；而 CEO 强制变更（Forced Turnover）比率平均为 11.64%，这一离职概率低于德丰和亨（Defond & Hung，2004）统计的全球主要资本市场上市公司 CEO 离职概率 15%，也低于吉普森（Gibson，2003）对八个新兴市场的高管平均变更率 12.2%，以上结果显示出我国上市公司 CEO 固守职位的可能性较高。这是为何呢？

3

表 1-1   2007～2015 年我国上市公司 CEO 变更率统计

年度	上市公司（1）	发生 CEO 变更的上市公司（2）	变更率（%）（3）=（2）/（1）	CEO 强制变更的上市公司（4）	强制变更率（%）（5）=（4）/（1）
2007	1277	298	23.34	207	16.21
2008	1367	270	19.75	221	16.17
2009	1479	294	19.88	220	14.87
2010	1539	272	17.67	169	10.98
2011	1648	323	19.60	168	10.19
2012	1887	320	16.96	158	8.37
2013	2034	379	18.63	197	9.69
2014	2091	422	20.18	193	9.23
2015	2119	486	22.94	264	12.46
合计	15441	3064	19.84	1797	11.64

资料来源：笔者依据国泰安等数据库整理。

作为拥有较大权力管理公司事务和处置公司财产的 CEO，可能会运用手中权力追求自身利益的最大化，甚至牺牲股东的利益，进而形成 CEO 职位壕沟效应（Managerial Entrenchment）。CEO 构筑其职位壕沟效应的一大动机就是为了规避离职风险。构成 CEO 职位壕沟效应的因素有很多，例如 CEO 的创始人身份、持股比例、在位年限、与董事长两职合一、CEO 个人特征、CEO 的政治背景等，其中一些因素可有助于公司的发展和成长，因此当公司业绩下滑时，董事会会在雇佣新的 CEO 可能带来的业绩改善与解雇原 CEO 可能导致的损失间做出权衡，不一定会做出解聘 CEO 的决策，CEO 的职位壕沟效应降低了董事会监督职能。布雷克利（Brickley，2003）的研究发现从最高业绩的 10% 到最低业绩的 10%，CEO 变更增加的概率只有 4%，表明 CEO 变更率和公司业绩表现间的经济重要性通常很小。由此可见，CEO 的创始人身份、持股比例、在位年限、与董事长两职合一、CEO 个人特征、CEO 的政治背景等因素形成的 CEO 职位壕沟效应的存在削弱了公司业绩与 CEO 变更间的关系，降低了公司治理监督功能的有效发挥。总之，CEO 的职位壕沟效应在给企业带来各种便利的同时，同样会对企业的内部治理机制带来较大的困扰和挑战，因此对 CEO 职位壕沟效应的研究显得更加必要。

公司前期业绩影响 CEO 变更吗？CEO 职位壕沟效应能否影响其变更又是如何影响的？更换 CEO 对公司未来业绩的作用到底如何？现有研究中，对这一问题的探索还未形成统一答案，本书将有利于发现 CEO 变更、职位壕沟效应如何影响董事会监督机制和有效性，如何影响公司内部治理机制以及提炼出提升公司未来业绩的具体路径与内在机制，关于转轨国家的公司 CEO 变更如何影响企业行为的理论研究值得我们进一步去深入研究和探讨。基于上述背景，本书从 CEO 职位壕沟视角出发，主要探讨在中国特定制度背景下，公司业绩、CEO 职位壕沟效应及其变更之间的关系，以及 CEO 变更对其未来业绩波动的影响。本书选题的理论源起与逻辑起点肇始于此。

1.2　研究问题

高管变更是公司董事会做出的重要决策之一，对公司的发展和成长具有十分重要的意义，因此一直是社会各界所关注的核心议题。伯利（Berle）和米恩斯（Means）提出现代企业应将所有权和经营权进行分离，因此公司治理的目的就在于形成一种对 CEO 为核心的管理层的监督与约束机制，以确保决策的科学化进而为股东谋求最大利益。从公司治理的角度来说，CEO 虽然是重要的公司治理主体，但他的决策和行为受到以董事会为代表的多方利益相关者的监督和制衡。我国 CEO 变更的理论与实践表明，不是所有经营业绩不佳的 CEO 都得到了惩罚，公司业绩不是董事会变更 CEO 的唯一标准。CEO 利用其特有资本构筑了职位壕沟，弱化了董事会对其应有的监督和约束机制，损害了公司内部治理机制，阻碍了外部经理人市场的健康、有序发展。CEO 与董事长两职合一、CEO 在外兼职、CEO 任期以及其政治背景等都可能成为其构筑职位壕沟的有利因素。CEO 职位壕沟会对其变更产生一定影响，能够在一定程度上降低公司业绩—变更敏感性。当公司经营不善时，CEO 构筑的职位壕沟能够成为一种保护机制使其免受惩罚。

在我国特定的制度背景下，我国资本市场的监督机制不够健全、投资者法律保护环境较差、公司治理机制不够完善，因此当公司经营业绩表现较差时，CEO 所构筑的职位壕沟效应对其变更的影响将更加显著。目前，我国政府对市场的管制、资源的分配以及企业生产经营活动的干预仍然比较多，尤其是在国有企业中，政府仍然会通过直接或者间接的方式干预企业高管人员的任命，我国企业 CEO 职位壕沟的形成及其对变更行为的影响必然会呈现出与西方不同的特点，管理者所面临的激励与约束与西方国家也可能有所不同，会引发高管防御效应，最终使得 CEO 的背景、持股比例、在位年限、与董事长两职合一、个人特征等成为构筑其职位壕沟的资本，从而影响到董事会在 CEO 是否应被变更方面的决策、董事会监督职能的实施、公司治理机制效率。因此，本书根据我国特有的制度背景和法律环境对此类问题开展深入研究，对于公司治理机制的完善以及经理人市场的健康有序发展都将具有重要的理论及现实意义。

本书在我国上市公司存在严重的管理防御问题、公司业绩不佳时 CEO 变更率较低以及更换 CEO 成本相对较高的现实背景下，从现代契约理论、委托代理理论、公司治理理论、资源依赖理论、管理防御理论等理论出发，研究公司前期业绩、CEO 职位壕沟效应及其变更之间的关系，以及 CEO 变更对公司未来业绩波动的影响。本书之所以选择从 CEO 变更角度对公司内部治理机制效率进行考察，主要是基于以下两点考虑：

第一，市场存在一种自动矫正的机制，更换经营不善的 CEO，鼓励 CEO 与股东的利益保持一致，CEO 更换是对经理人最极端的约束，也是对以往较差业绩的更正。因此，当公司业绩不佳时，董事会是否会约束或惩罚不称职的 CEO 是考察董事会监督有效性和公司治理机制是否发挥作用的必要因素，换言之，若公司治理机制是有效的，CEO 因公司业绩下滑被迫离职的可能性将更高。

第二，CEO 也有可能为了规避被迫离职风险而构筑其职位壕沟。若 CEO 被公司解聘，他在失去在位时一切福利待遇的同时也会因其个人声誉的损害，对其职业生涯造成不利影响，CEO 还需要自己承担寻找新工作的成本，因此 CEO 有强烈的动机去构筑职位壕沟，这印证了史图斯（Stulz，1990）和莫克等（Morck et al.，1988）提出的 CEO 管理防御效应。按照股东利益最大化的要求，当 CEO 经营不善时，董事会有责任更换业绩表现差的 CEO，但现实中大量业绩表现差的 CEO 却未被惩罚，其原因在于董事会在决定是否变更业绩表现差的 CEO 时需要考虑成本收益原则。更换业绩表现差的 CEO 的收益主要来自新任 CEO 和原来 CEO 经营业绩之差，而变更 CEO 的成本却像卡罗尔和格里菲斯（Carroll & Griffith，2002）指出的那样，包含寻找合适继任 CEO 的成本、原来 CEO 与新任 CEO 薪酬的差额、争夺代理权的成本等。若变更 CEO 的成本大于收益，则董事会基于股东利益最大化的考虑可能不会变更 CEO；若变更 CEO 的成本小于收益而董事会未变更 CEO，则代表董事会未有效履行股东利益最大化的受托责任。

基于我国转轨经济的制度背景，本书从管理防御视角出发，观察公司业绩与 CEO 变更间关系，并引入 CEO 职位壕沟效应作为调节变量，主要思考以下四个方面的问题：

（1）公司前期业绩是否会对 CEO 变更产生影响？

（2）公司前期业绩与 CEO 变更间关系是否会受到其职位壕沟效应的影响？

（3）治理情境是否影响了公司业绩与 CEO 变更间关系？

（4）CEO 变更行为是否对公司未来业绩波动产生影响？

1.3　研　究　意　义

在一系列契约集合体的现代企业中，CEO 的责任是执行董事会决策和管理公司日常经营活动，并且还要负责制定企业整体战略走向、设计企业的组织架构、保证企业经营业绩以及应对环境变化做出策略改变。CEO 的成败与否在一定程度上决定着企业的前途和发展，CEO 变更是影响公司生死存亡和未来发展的重要事件。任何企业在发展过程中都不可避免地发生 CEO 变更，外部环境和内部环境不同，CEO 变更产生的原因、影响和结果等也会有较大不同。近年来随着现代企业制度的不断完善，CEO 变更事件的频繁发生使得其与公司业绩间关系研究日益成为我国学术界和企业界关注的核心论题。虽然国外学者自 20 世纪 60 年代就开始对高管变更问题进行深入研究并逐渐形成一套完善的研究框架和体系，但国外对高管变更的研究是建立在相对成熟的资本市场基础上的；我国目前正处于经济体制的转轨阶段，资本市场尚未成熟，制度和市场环境也发生了显著变化并且存在地域差异，因而西方实践的传统理论并不能恰当解释当下中国上市公司 CEO 变更的深层次原因和结果，同时我国关于 CEO 变更的研究相对不足，因此，专业、系统地去研究中国上市公司 CEO 变更问题显得非常有意义。在此背景下，本书尝试按照完整的经济学研究方法和范式展开对 CEO 变更的理论与实证研究，通过对中国上市公司高管人员若干问题（例如 CEO 变更、董事会监督、董事会独立性、CEO 职位壕沟效应等）与公司业绩关系的实证分析，本书在如何建立有效的公司法人治理结构、不断提高现代企业公司治理水平、推进我国上市公司飞速高效发展等方面提供理论和实践上的参考，为今后学术界进一步的深入研究提供有益的尝试和启示。

基于以上分析，下面从研究的理论和实践两个方面论述本书的研究意义。

1.3.1　研究的理论意义

企业的发展对于国民经济水平的提高做出了重要的贡献，带动了国家的经济发展。波特（Porter，1999）通过一系列的研究分析发表了《国家竞争优势》一书，书中重点指出，人力资源对于工业化国家的发展具有重要的作用，优秀的企业家才能是公司重要的人力资源，能够为公司提供广阔的发展前景并增加公司的价值。钱德勒（Chandler，1977）全面分析了美国一些企业的发展历程，得出了以下结论：企业管理者对于企业未来的发展起到了决定性的作用，然而企业代理人在经营管理企业的过程中也会出现一些代理问题，企业所有人与管理者由于利益目标存在一定的差别，两者之间会产生一些矛盾，所以为了企业的长远发展，解决代理问题一直是企业重点关注的核心问题，也是很多研究学者的研究热点。传统的公司治理机制重点在于解决企业委托人与代理人之间的矛盾，约束管理者的一些不端行为，降低职业道德风险，减少管理者的代理成本，使得企业管理者能够最大限度地满足委托人的利益需求，所以企业制定合理的管理者激励契约是极其必要的。在这一理论框架下，公司治理体系能够从两个层面发挥作用：第一，从静态激励契约视角看，股东能否从自身利益出发建立最优的薪酬契约，并通过激励效应降低股东与高管之间的代理成本以最大化企业价值；第二，从动态激励契约视角看，对业绩不佳的 CEO 能否进行及时的更换以促进经营绩效的提升。

法玛（Fama，1980）通过实证研究发现，企业一旦发现高层管理人有损害投资者利益的行为，应该立即将其解雇，变更企业管理者。由于行业信号传递等因素影响，企业管理者的利益会直接受到损害，并且极有可能出现人力资本贬值的情况。杰森和沃纳（1988）认为，公司治理机制发挥效用的一个重要表现就是解雇有败德行为的高层管理者。丹尼斯和克鲁斯（2000）也通过实证研究发现，企业的高层管理者更换是验证公司治理机制是否有效的一个重要标准。卡托和朗（Kato & Long，2006）也认为变更企业高层管理者的行为与企业业绩水平存在相关关系，并且公司治理机制能够帮助企业更好地解决委托人和代理人的利益矛盾，由此可见，企业高管变更是很多企业进行治理活动出现的普遍结果。

在 1960 年左右，很多研究学者开始进行企业高管变更的相关研究，直到 1970 年，关于企业高管变更的理论结构初步形成，随后几年，企业高管变更的相关研究发展不断加快。20 世纪 90 年代，许多外国研究学者们发表了一系列关于 CEO 变更的研究成果，意味着此方面的研究已经较为深入。在 2005 年，国外学者凯瑟琳等（Kathleen et al.，2005）回顾、分析、总结了以往的研究成果，发现在高层变更的机理研究方面，不同文献的研究背景和研究视角存在很大差异，并且有一些研究结论缺乏足够的证据，研究理论和研究方法上存在很大的争议，因为高管变更问题是一个涉及多种变量的复杂过程，并且部分相关变量的测量和测度上存在难以解决的困难。但不得不承认的是，CEO 变更的研究分析在理论和实践方面都具有鲜活的生命力，是学者们必须关注的研究领域。

以往对企业 CEO 变更的研究主要以传统的委托代理和早期公司治理理论为理论基础，重点研究如何解决企业管理者（代理人）和企业投资人（委托人）的利益冲突，而以往的研究较为片面单一，没有从企业内部视角来分析企业高管变更对企业业绩的影响。然而，20 世纪 80 年代以来，越来越多研究学者指出，在企业的日常经营管理过程中，

CEO 极有可能利用自身特有资源为应对公司内、外部控制机制形成壁垒，使得企业投资人无法对不能满足自己利益需求的 CEO 进行及时更换，这种现象通常被叫作职位壕沟效应（Managerial Entrenchment Effect）。CEO 职位壕沟效应的出现使得企业所有者不能有效约束 CEO 的行为，董事会不能及时更换为其他的 CEO，从而降低了公司治理机制的有效性。除此之外，CEO 职位壕沟效应与先前研究代理问题方面的文献指出的代理人职业道德风险和其他研究成果中提到的逆向选择存在一定区别，然而都有代理成本的产生，同样影响广泛。法玛和杰森（Fama & Jensen，1983b）首先提出了壕沟效应假说，他们认为，如果一个企业的 CEO 持有一定比例的股份，那么将会增加壕沟效应出现的概率，并且很多研究者对此进行反复研究验证后一致认为，如果企业的高层管理者持有股份，那么很有可能会出现 CEO 壕沟效应。因此，研究 CEO 的壕沟效应如何影响其变更是研究董事会有效性不可或缺的一个方面，是现代公司治理研究的一个核心问题。

一个有效的公司治理机制是通过机制设计与制度安排让合适的人以其最大化的努力水平来经营管理企业，建立"优胜劣汰"的人力资本遴选制度。为了利用有效的激励和约束手段、促使作为代理人的 CEO 做出符合股东利益的决策和行为，一个高效合理的 CEO 变更机制必不可缺。然而，我国目前还未形成完善的资本市场和经理人市场，同时我国企业还存在高管选拔任用机制尚不科学等问题，所以更换业绩表现差的 CEO 成为提高我国公司治理效率的必要手段。

因此，本书试图在不完全契约框架下，结合中国上市公司高管激励约束机制尚不健全的背景，基于 CEO 职位壕沟视角，以代理人的行为动机为切入点，从内部来考察我国上市公司 CEO 变更的影响因素及其变更后对公司未来业绩波动所起的作用，具体有以下几方面理论意义：

1. 拓宽了 CEO 变更问题、公司治理领域的理论宽度

本书从管理防御理论（Managerial Entrenchment）入手，提炼出仅影响 CEO 固守职位的职位壕沟并构建指标作为调节变量，结合国内外对 CEO 变更影响因素的分析，研究 CEO 职位壕沟在其变更过程中所产生的影响，在基于承认 CEO 异质性的基础上考察 CEO 权力与董事会决策之间的关系，对现阶段中国上市公司 CEO 变更问题提供了较大的解

释力度，为理解企业的 CEO 变更行为提供了新视角和新证据，进一步丰富了 CEO 职位壕沟、CEO 变更、董事会治理和公司治理领域的研究，拓宽了这些领域的理论宽度。

2. 积极地加深了我国上市公司未来业绩提升研究的深度

及时识别和更换不称职的 CEO 仅是董事会发挥监督作用的第一步，但这并不意味着公司未来业绩会因此得到"自动"改善，因此，研究 CEO 变更的经济后果十分必要，尤其是基于不同情境因素的分析对正确 CEO 变更策略的选择更具启发意义。本书实证后半部分同时通过采用 PSM 方法进行配对，针对不同公司经营状态、不同最终控制人性质、不同背景的 CEO 变更后公司业绩波动的影响，实证检验对 CEO 变更的不同情境对公司未来业绩波动的影响，对 CEO 变更问题的研究进一步补充来自转型经济国家的经验证据，加强了我国上市公司未来业绩提升研究的深度，对进一步完善我国资本市场委托代理机制有着积极的贡献，同时也对转型时期的中国上市公司充分发挥 CEO 变更机制优胜劣汰的作用提供了较系统的理论指导。

11

1.3.2　研究的现实意义

一些工业化的西方国家对于企业高管变更的相关研究较为深入，形成了较为完善的理论体系，然而中国在这一方面的研究起步较晚，研究深度还不够。目前我国正处于经济转型时期，宏观经济发展模式急需深度改革，微观经济制度也须不断完善。我国企业发展模式与国外一些国家的企业存在较大的区别。首先，中国的企业主要受政府有关部门把控，而国外企业主要是根据市场需求发展起来的，所以我国很多公司是由国有性质的企业转型发展起来的。在企业结构管理变革的过程中，企业管理者可以持有企业一定比例的股份，一方面，他们作为国家持股代表不需要理会其他股民的意见，但这会损害小股东的利益；另一方面，他们作为企业内部人也不需要理会国家这个大股东的意见，导致国家的利益受到影响。所以，国内企业往往会面临更为复杂的代理问题。其次，企业为了充分保障国家的利益、保证公有制的主体地位，在其改革过程中基本实行国家控股的发展模式以避免国有股被非国有股和外资股控制，在我国"一股独大"及股权分置的特殊制度背景下，企业高管变更主要由行政主导，而不像西方国家那样——CEO 变更是市场的选择。最后，由于我国很多企业的企业投资人持股比例相差较大，导致大、小股东之间的矛盾更为明显，利益冲突比一些国外企业要更为严重。

自 20 世纪 80 年代以来，作为我国经济体制改革的中心环节，国有企业改革的重点内容之一就是在企业实现向市场经济体制逐步转型的同时，建立起与外部环境相匹配的科学合理的高管人员激励机制。但是，缺少有效监督和约束的高管权力却可能引发严重的 CEO 壕沟效应，从而制约激励契约等公司治理机制的有效运行。一方面，全民股东的高度分散性导致实际上是由政府官员代理执行对国企高管的监督，由于监督动力不足、经理层寻租诱惑以及监督信息匮乏等问题容易导致监控弱化，从而使得内部管理层在实质上拥有了对公司的重要控制权；另一方面，在许多由国企转制的上市公司中，CEO 普遍在由控股股东委派的同时还往往兼任董事甚至董事长职位，形成了高管自己聘用自己、自己监督自己的局面。受现有制度环境和管理体制的影响，公司内部治理机制无法充分发挥作用。因此，研究转型期我国上市公司 CEO 职位壕沟效应有利于企业在实践中扬长避短，加强对上市公司 CEO 的监督作用，约束其可能产生的败德行为，对公司治理效率的影响已凸显出重要的现实意义。此外，本书基于 CEO 变更的视角对中国上市公司 CEO 变更进行研究，至少在以下三个方面具有较强的现实意义：

（1）本书结合国内外对 CEO 变更影响因素的分析，引入 CEO 职位壕沟这一被国内外研究普遍忽视的影响因素作为调节变量，对现阶段中国上市公司 CEO 变更问题提供了较大的解释力度。CEO 变更作为公司治理影响企业绩效的"中间桥梁"，本书的研究为科学评价近年来中国公司治理实践的得失提供了一个新的视角，对我国上市公司治理机制的完善具有重要的预警作用。本书相关研究结论在一定程度上能为上市公司、证券市场监管部门以及国有资产管理机构等在董事会制度的完善、管理层对上市公司经营行为的规范、股权结构的改革、政府对企业不当干预的减少以及市场、法律环境的改善等方面提供相应的参考依据。

（2）本书对 CEO 变更的影响因素（特别是加入 CEO 职位壕沟的调节作用）的分析，在一定程度上有助于减少 CEO 对董事会的决策干预，从而加强董事会对 CEO 的监督，有利于公司治理效率的提高，从而促进公司未来业绩的增长。近年，中国企业到了管理层"大换班"的时期，实践中的变更事件对当事公司都产生了深刻影响。从监管角度来看，本书的研究结果能够为监管部门对相关代理制度如考评制度等的制定提供经验佐证。CEO 的职位壕沟效应对其业绩—变更敏感性的影响是否会损害相关利益相关者的利益、降低公司甚至社会效率，本书关于该问题的研究应引起相关部门的思考。

（3）本书对 CEO 变更经济后果的探讨及对变更关联性的研究，可为企业所有者及相关监管人员提供些许启示，为 CEO 变更的决策提供一定的依据，让企业更加理性地认识、对待 CEO 变更问题，减少和避免企业变更 CEO 的盲目性，帮助企业做出明智的 CEO 变更决策，推动企业的持续发展。CEO 变更对企业的经营发展产生巨大影响，变更现有业绩表现不佳的 CEO 是否真的可以改善公司业绩，是否会对公司产生负面影响？这些都是值得深入研究的问题。一旦公司业绩陷入困境，公司的管理层应如何回应并采取针对性的措施来帮助公司摆脱困境是一个值得关注的问题，本书的研究能够为困境公司的管理层制定决策提供一定的参考价值。

13

1.4　研究方法与创新点

1.4.1　研究方法

本书力图在管理学、社会学、经济学及心理学等学科理论基础上全面分析、研究公司前期业绩、CEO 职位壕沟效应、CEO 变更、公司未来业绩波动间的逻辑关系，使用规范研究与实证研究等方法，以期得到因果关系及其内在机制综合一致的图景。本书具体使用的研究方法如下：

1. 规范研究

本书运用规范研究方法，对国内外关于公司业绩与 CEO 变更间关系的相关研究成果进行了系统的搜集、归纳、整理和分析，全面汇总了以往研究成果与讨论，通过广泛查阅国内外研究文献，找出现有文献的研究不足及未来研究展望，从而探索出本书的研究方向，构筑了研究的理论基础和研究框架；同时紧密关注相关研究的最新动态，尽力保证了本书在立意、理论和方法上有依可循，能够处于学术研究的前沿。本书追踪国内外 CEO 变更的相关研究，从现代契约理论、委托—代理理论、资源依赖理论、管理防御理论、高阶理论和 CEO 权力理论提炼出 CEO 职位壕沟的理论基础，基于职位壕沟假说，提炼出公司前期业绩与 CEO 变更关系理论基础、CEO 职位壕沟效应对 CEO 业绩—变更敏感性作用机理的理论基础和 CEO 变更与公司未来业绩波动关系的理论基础。在此基础上，结合我国转轨经济的制度背景，提出了公司业绩、CEO 职位壕沟效应与 CEO 变更及变更对未来业绩影响的理论分析框架，并据此提出相应的研究假设，为本书的实证研究奠定了理论基础。同时采用规范研究方法对实证结果进行解释，归纳本书主要结论，提出相关政策建议，把理论分析与现实分析紧密结合起来，为今后的研究指明了方向。

2. 实证研究

本书具体采用的实证研究方法包括描述性统计分析、均值和中位数检验、T 检验、变量相关性分析、多元 Logistic 回归分析、倾向评分匹配法（Propensity Score Matching，PSM）等统计和计量方法来探讨以下相关问题。第一步，在发生高管变更的样本中，区分出 CEO 自愿性变更与强制性变更，利用多元 Logistic 回归来检验公司前期业绩是否影响 CEO 强制性变更，同时采用调节变量检验法来验证 CEO 职位壕沟效应是对 CEO 业绩—变更敏感性的调节作用。第二步，采取倾向评分匹配法检验 CEO 强制性变更事件对公司未来业绩波动的影响。本书采用 Stata 软件进行二手数据的描述分析、方差分析与跨期动态回归分析等。

规范研究与实证研究是管理研究的两种基本方法。规范分析法强调从已知的理论或研究成果去证实或证伪某种理论或观点，亦可以用来验证一种理论的假定，或者基于原有的理论演绎出新的理论预期。规范分析法还可以从一定的社会价值判断标准出发，对事物本身及其运行规则进行评价并通过分析和说明事物应如何运行提出相应的政策建议。实证分析法是从事物的本身实际运作情况出发，使用科学的抽象法，通过分析推理对各种经济现象的因果关系进行客观指示，并进一步探讨事物的成因和后果。可以说规范分析法需要回答的是"该不该"和"应该怎样"等方面的问题，而实证研究法需要回答的是"是什么"和"能不能"等方面的问题。规范研究法和实证研究法二者并不相互排斥，而是相互补充。因此，本书综合使用规范研究与实证研究方法，全面对CEO变更、CEO职位壕沟效应及其形成机理对公司治理行为的影响展开分析与研究。首先，在研究的开始部分采用规范研究方法，通过阅读与梳理CEO变更、CEO职位壕沟效应相关领域的国内外文献，以及对已有研究的分析总结，形成CEO变更、CEO职位壕沟效应及其形成机理的基本研究思路，在此基础上设计研究主题的研究内容、研究路线并指明实证研究的方向，运用实证研究的方法对理论假设进行证明，从而升华了规范研究的理论。然后，定义CEO变更、CEO职位壕沟效应，在此基础上通过描述性统计、变量相关性分析、多元Logistic回归分析、倾向评分匹配法（Propensity Score Matching，PSM）等实证研究方法对CEO变更、CEO职位壕沟效应及其形成机理对公司治理行为的影响进行检验。并且，为确保主要实证结果的稳健性，采用滞后变量等方法对可能存在的内生性问题进行控制。最后，得出CEO职位壕沟效应仍然是影响我国上市公司CEO变更以及公司治理效率的关键因素这一需要继续加大力度进行完善的结论，并根据文中结论全面分析公司治理所存在的不足之处，提出改善建议。

1.4.2　研究创新

本书基于中国上市公司CEO变更的视角，从公司外部治理入手，并兼顾内部治理要素来展开对于CEO的职位壕沟效应对公司治理有效性影响的研究，同时对中国上市公司CEO变更的主要影响因素及其后果进行研究，这在一定程度上丰富和发展了以中国为代表的转型经济国家公司治理特别是CEO变更方面的理论与实证研究。本书可能的创新之处具体体现在以下几个方面：

第一，本书构建了中国上市公司CEO职位壕沟指标，研究了CEO职位壕沟在其变更过程中所产生的影响，为理解企业的CEO更换行为提供了新的视角和证据。本书将CEO职位壕沟与CEO变更联系起来，以公司经营业绩为切入点，研究CEO职位壕沟在其变更过程中所产生的影响,为理解企业的 CEO 更换行为提供了新的视角和证据,丰富了 CEO 职位壕沟和其变更对公司业绩影响这一领域的研究。虽然已有高管变更方面的文献研究涉及管理防御和 CEO 权力理论,但并不够精确,因此本书从管理防御理论和 CEO 权力理论出发,找出仅影响 CEO 职位变更的维度,刻画出鲜有文献研究的 CEO 职位壕沟,阐释其对公司业绩与 CEO 变更相关关系的影响机制。CEO 所具有的职位壕沟效应会通过影响公司内部治理机制对其的监督和惩戒作用,降低 CEO 变更与公司业绩的敏感性,影响董事会职能发挥的有效性以及经理人市场的健康有序发展。

第二,本书采用部分指标滞后一期的方法和倾向得分匹配法(PSM)等方法对公司业绩与 CEO 变更的关系予以验证,较好地规避了内生性,使研究更加规范与严谨。本书在验证公司前期业绩与 CEO 变更间关系时,采用部分指标滞后一期的方法以部分规避内生性问题。采用倾向得分匹配法(PSM),较好地规避了内生性问题,将 CEO 变更对业绩的影响从公司业绩整体变化中分离出来,有助于做出更加准确的判断,使本书的实证研究结果更为稳健。

第三,本书在"动机—行为—结果"的研究框架下为 CEO 变更研究贡献了新的视角和证据。本书在借鉴既有研究成果的基础上,系统分析了公司前期业绩对 CEO 变更的影响以及 CEO 发生变更后公司未来业绩波动的情况,丰富了该领域的文献,在理论和实证方面系统拓展 CEO 变更的研究范围,为完善公司治理机制提供依据,同时在制度背景下勾勒出完整的因果关系图景,不仅在理论层面进行了有益拓展,而且为当前中国上市公司监管部门对相关代理制度如考评制度等的制定提供了经验佐证。与国外学者研究相比,我国学者在高管变更方面的研究起步较晚,但随着近年来实践界发生的大量高管变更事件,国内研究者们也渐渐开始关注高管变更与公司治理关系的研究。但纵观这些高管变更研究成果,大多是从公司治理的某个角度展开的,从整体上显得较为零散而缺乏系统性。到目前为止,专门研究高管变更的系统性研究仅有少数文献,而关于高管变更与公司治理的系统研究文献就更为缺乏。CEO 变更是上市公司的一项重大决策。公司业绩较差时更换 CEO 只是公司内部治理机制产生作用的第一步,但这并不意味着公司后期业绩会因此得到"自动"改善,因此,研究 CEO 变更的经济后果十分必要，尤其是基于不同情境因素的分析对正确选择 CEO 变更策略更具现实启发意义。

1.5 重要变量概念界定

1.5.1 CEO 变更

根据 CEO 变更产生的原因，研究者们将 CEO 变更分为了常规变更与强制变更两类，其中常规变更也被称为正常变更、自愿变更，而强制变更也被称作非正常变更、被迫离职。常规变更是指 CEO 由于个人身体状况或者到了退休年龄等一系列原因导致其离职的行为，比如身体健康不佳，突发疾病甚至死亡等，以上原因导致的变更可能与 CEO 的经营业绩表现无关，不是公司内、外部治理机制的约束行为结果。另一种情况是企业大股东发生变更或者企业发生了战略并购行为，再或者董事会决定解聘业绩表现差的 CEO，这些情况被赋名为 CEO 的"强制变更"。CEO 强制变更通常是由公司的内、外部治理机制对公司管理控制权主体的战略调整而造成的 CEO 更换行为。强制变更是由于企业高层管理者的水平不高，企业经营管理出现问题，公司收益没有达到企业所有人的要求，经过各大股东的商议，董事会做出的变更 CEO 的决定，是企业为了激励和约束企业高层管理者的一种极端、有效的方式，也是为降低企业财务风险、树立企业良好形象、促进企业不断提升而实施的战略决策。从理论研究的角度来看，常规 CEO 变更的研究意义较弱，只有强制变更才体现了董事会（或股东、债权人等）对 CEO 的监督与约束作用，才体现了公司治理的有效性。另外，现有涉及 CEO 变更的国内外文献大多将研究集中于强制性变更而非常规变更，因此本书的研究对象也限定为 CEO 强制变更。

那如何划分常规变更和强制变更呢？目前学者们的意见大致相同。例如帕里诺（Parrino，1997）、赫森等（Huson et al.，2004）对两种变更进行了具体定义，其中离职原因为"解聘""被迫离职""政策分歧（未进行详细说明）""离职（但年龄不够 60 岁，未表明具体缘由）"

"退休（未至少提前 6 个月公告）"的 CEO 变更被视为强制变更。国内学者龚玉池（2001）界定的非常规更换指的是企业高层管理者在没有到退休年龄时被迫离职，并且离职原因不是个人健康状况出现问题、突发疾病、死亡或者失去自由，也不是公司股份发生变动、职位升迁等，但剔除掉 CEO 变更后继续留任董事会的情况。赵超等（2005）也将企业高层变动分为了常规与非常规变更，并分别进行了定义。沈艺峰等（2007）也对 CEO 变更进行了定义，再根据 CEO 变更的原因区分了CEO 的正常变动和因业绩表现差导致的非正常变动。他们认为高管变更就是企业高层管理者因为一些工作上的原因导致的离职，但是若企业总经理与董事长职位出现相互调动，则不属于高层变更范畴。沈艺峰等（2007）认为 CEO 因健康、年龄、死亡等发生更换属于正常变动，除此之外，由于企业公司治理的需求而导致的企业高管变更的情况也属于正常变动，例如到期、换届、为满足公司治理要求而采取的总经理与董事长两职分置等。另外，因股权转让、大股东变更和资产重组等带来的股权变更导致的高管离职现象也应看作为 CEO 的正常变动。余下的因企业经营管理不佳、企业业绩较差等引起的企业高管更换则属于非正常变更。而后，游家兴等（2010）也将总经理变更划分为正常变更与强制变更，并将高管年龄达到退休规定的离职情况认定为正常离职，将正常退休与两职互换也认定为正常离职。刘星等（2012）将报表中明确说明离职原因是由于健康、退休、涉案或死亡以及完善公司治理结构、董事长与总经理相互调任等界定为常规变更，其他情况则界定为强制性变更。

中国上市公司对总经理变更原因的信息披露相对模糊，实际上很难准确区分常规变更和强制变更。本书在参考帕里诺（1997）三步法原则和其他现有文献的基础上，根据国泰安数据库统计的 CEO 离职原因，采取以下步骤判断其变更类型：

（1）将 CEO 因个人原因（包括健康原因、年龄原因、死亡、涉案）而离职的情形界定为常规变更；

（2）将 CEO 因完善法人治理结构原因（包括换届、任期届满、落实证监会公司治理要求而实施的董事长与总经理两职分离）而离职的情形界定为常规变更；

（3）将 CEO 因股权变更原因（包括股权转让、大股东变动和资产重组等）而离开的情形界定为常规变更；

（4）将总经理与董事长的相互调任视为常规变更；

（5）将变更原因披露为工作调动（工作需要、工作调整等）、辞职、解聘、结束代理和其他等的 CEO 变更均视为强制变更；

（6）将辞职原因是退休但离职的 CEO 年纪小于 60 岁的 CEO 变更划分为强制变更；

（7）将任期不到一年的 CEO 变更划分为常规变更，因为这么短的时间不能真实反映出 CEO 的真实业绩；

（8）总经理与董事长的相互调任不属于强制变更。

本书实证研究的样本是年度数据，若某一年发生了 CEO 变更情况，则设置虚拟变量 CEO 变更（CEO_TO_{it}），并取值为 1，反之则取值为 0。

1.5.2　CEO 职位壕沟

CEO 职位壕沟研究起源于管理防御假说。管理防御假说最早起源于 CEO 持股与公司业绩间非线性关系研究。随后，各国学者从各个角度纷纷展开了对 CEO 管理防御的研究。现有这方面的文献已经涉及 CEO 管理防御的动机、行为、后果、影响因素和管理防御水平测度等几个方面。其中，对于 CEO 管理防御影响因素的研究，研究者们主要从经理人特征、企业内部治理机制及外部市场环境三方面进行展开。CEO 进行管理防御的动机主要有：满足其对权力的欲望、谋取私有利益和规避被迫离职的风险。其中，CEO 通过构筑其职位壕沟可打破公司内部董事会与 CEO 的权力制衡，特别是在我国外部监管机制较弱的特殊背景下，必会导致董事会对 CEO 的激励、约束机制失灵，使得具有职位壕沟的 CEO 在出现不利于自身状况下免于被强迫离职，同时也提高了 CEO 对于薪酬的讨价还价和实现自身利益最大化的能力，例如增加在职消费。

与公司所有者相比，CEO 占据企业日常经营中的核心位置，拥有管理公司日常业务和进行相应决策的较大权力，他们为追求自身利益最大化，会利用其权力形成一个保护屏障，通过个人资本构筑职位壕沟，使 CEO 自身对公司而言具有难以替代的重要价值。鉴于信息不对称，董事会掌握的信息不全面，因而无法完全监督 CEO 的行为和努力程度，无法对 CEO 的经营业绩做出不偏颇的评价。然而针对这种情形的内部控制机制在我国上市公司实施的效果差强人意，再加上不甚完善的外部经理人市场，CEO 职位壕沟得到抑制的程度有限。根据现有研究，本书选取了最能反映 CEO 固守职位能力的维度来衡量 CEO 职位壕沟，反映出 CEO 对董事会监督职能有效性发挥的影响。

依据现有管理防御研究并结合我国特殊治理背景下上市公司治理的实际情况，本书这样界定 CEO 职位壕沟（Managerial Entrenchment）：在我国特殊治理背景下，面临内、外部控制机制，CEO 追求自身利益最大化而对抗董事会监管、维护自身职位的能力。这一概念内涵在本书中主要涉及以下四个层面：

1. CEO 职位壕沟的主体是中国上市公司 CEO

首席执行官 CEO 这个词源于国外研究，中国的相关法规中并不存在 CEO 这个术语，而国内相关研究对 CEO 的界定并不清晰，目前主要有董事长和总经理两种情况。国内部分学者之所以将董事长认定为企业最高管理者的主要原因是基于中国上市公司中董事长职务相对于总经理职务更为重要这一现实来考虑的，但通过对以往文献的翻阅，发现我国多数学者认为中国的 CEO 指代的就是总经理，而本书也认同这一观点，文中将总经理认定为研究对象 CEO，原因如下：第一，中国上市公司的总经理往往兼任董事长、副董事长，其行使的职权类似于西方 CEO 的职权；第二，从公司治理的角度来考虑，董事长主要负责公司整体战略决策及运营方向，负责监督公司日常的经营运作，而总经理才是公司经营管理活动的主要负责人，在上市公司的重大决策特别是生产经营决策的制定和执行中发挥了关键作用，对公司业绩负有不可推卸的责任。另外，随着近年市场经济体制的完善与公司治理改革的推进，职业经理人市场初见端倪，公司治理实践中董事长与总经理两职日益分离，总经理的地位日渐凸显，因而对总经理变更进行研究的重要性也越来越明显。因此，本书将总经理、总裁、首席执行官一并作为 CEO 来看待。

2. CEO 职位壕沟的主要目的在于确保其职位的安全稳固

只有职位安全稳固，CEO 才能继续追求自身利益，才能实现对股东利益的侵占。对于 CEO 来说，本应受制于内部控制机制的约束，努力工作，为股东创造价值，但大权在握的 CEO 可以通过各种方式建立利益共同体以冲销董事会的监督效果。CEO 取代所有者成为公司日常经营的决策者，其决策管理权甚至会超越董事会，在公司中占有关键位置，从而控制公司日常运营。因此，对抗董事会对其的监管能够降低其被解聘的风险。

3. 形成 CEO 职位壕沟的因素

形成 CEO 职位壕沟的因素主要有 CEO 的政治背景、CEO 与董事长是否两职兼任、CEO 是否在外兼职以及 CEO 任期。现有文献指出，CEO 会利用自身优势和特征建立自己的保护机制，从而使自己不易因业绩表现差而受到惩罚，CEO 政治联系、CEO 持股比例，董事长和 CEO 两职兼任、任期、在外兼职等都有可能成为其构筑职位壕沟的有利因素，继而削弱公司前期业绩与其变更间的关系，降低了公司治理监督功能的有效发挥。

4. 影响 CEO 职位壕沟程度的因素

影响 CEO 职位壕沟程度的因素主要包含董事会结构、公司的经营状态和公司的最终控制人性质。

本书所定义的 CEO 职位壕沟如图 1-1 所示。

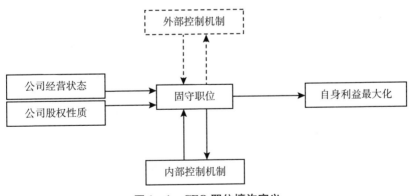

图 1-1 CEO 职位壕沟定义

1.6 研究内容与研究框架

1.6.1 研究内容与机理图

本书综合运用 CEO 变更行为理论的分析框架，使用规范研究与实证研究相结合、对比分析法，沿着"理论研究—实证研究—对策研究"的研究思路，对选题进行系统研究。本书根据中国的制度背景，依据相关理论，以 CEO 变更作为董事会监督有效性的代理变量，探讨其对董事会职能发挥有效性的影响，并考察 CEO 变更对公司未来业绩的影响。具体而言，本书最为关心的四个核心问题是：①公司前期业绩是否会对 CEO 变更产生影响？②公司前期业绩与 CEO 变更间关系是否会受到其职位壕沟效应的影响？③治理情境是否影响了公司业绩与 CEO 变更间关系？④CEO 变更行为是否对公司未来业绩波动产生影响？

1. 公司前期业绩是否会对 CEO 变更产生影响

本书构建了 CEO 变更和公司业绩相关性的理论模型，其中被解释变量是 CEO 变更，此指标为虚拟指标，若发生 CEO 变更则记为 1，若未发生 CEO 变更则记为 0；解释变量是公司业绩，采用前一年的公司业绩；控制变量是①公司特征公司规模（采用经对数转化后的资产总额），财务杠杆（采用负债总额与资产总额的比值）；②外部董事比例（以外部独立董事的人数占董事会正式成员总人数的比例来计算）；③董事会会议次数；④CEO 年龄；⑤时间和行业虚拟变量，以控制时间固定效应。采用多元 Logistic 回归方程的方法，分析公司前期业绩与 CEO 变更间的关系。

2. 公司前期业绩与 CEO 变更间关系是否会受到其职位壕沟效应的影响

本书用 CEO 的职位壕沟效应作为本书构建的上述模型的调节变量，重新建立回归模型，考察 CEO 的职位壕沟效应对 CEO 业绩—变更敏感性的调节作用。本书分别采用 CEO 政治背景、CEO 与董事长是否两职合一、CEO 是否在外兼职和 CEO 任期长短来衡量 CEO 职位壕沟。本书也按照不同情境因素对全样本进行分类然后考察 CEO 职位壕沟在不同样本中对 CEO 业绩—变更敏感性的影响。

3. 治理情境是否影响了公司业绩与 CEO 变更间关系

本书根据不同公司股权性质、不同公司经营状态分组考察公司前期业绩与 CEO 变更间的关系，以验证不同治理情境是否影响了公司业绩与 CEO 变更间的负相关关系。同时，在考察 CEO 职位壕沟对其业绩—变更敏感性的调节作用时也加入治理环境的影响。

4. CEO 变更行为是否对公司未来业绩波动产生影响

本书构建了 CEO 变更对公司未来业绩波动影响的理论模型，采用 PSM 的方法，观测发生 CEO 变更后对未来公司财务业绩的影响。其中被解释变量 Y 是公司未来业绩波动，选取的是 CEO 变更后 1 年和 2 年的财务业绩与变更当年业绩的差；解释变量是 CEO 变更。同时也依据 CEO 职位壕沟、治理情境进行分组讨论，验证其对 CEO 变更—业绩波动敏感性的影响。通过以上四个研究目标的实现，本书探寻了我国上市公司的前期业绩、CEO 职位壕沟效应、CEO 变更和公司未来业绩波动四者之间的联动、深层次关系。图 1 - 2 为本书的研究机理模型。

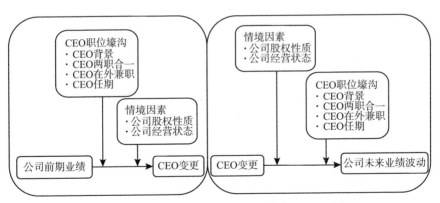

图 1 - 2　公司前期业绩、CEO 职位壕沟、CEO 变更、公司未来业绩波动的机理模型

1.6.2 研究框架与技术路线

基于以上研究思路，本书可以分为以下几个部分。第一部分为导论，第二部分为理论依据与相关研究进展，第三、四部分为公司前期业绩与 CEO 变更相关关系以及 CEO 职位壕沟对此相关关系影响的研究假设与实证研究，第五、六部分采用倾向匹配得分法（PSM）分析我国上市公司 CEO 变更对公司未来业绩波动的影响，最后为本书的研究结论、研究意义和未来展望。本书拟采用以下逻辑框架进行研究，如图 1-3 所示。

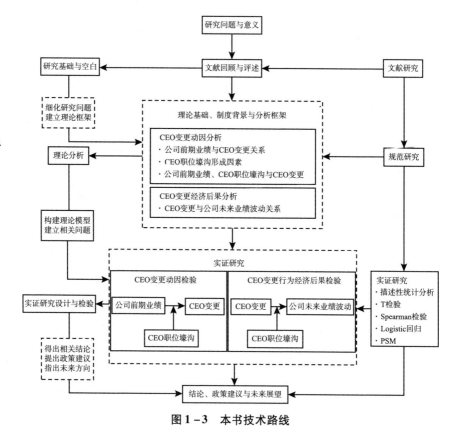

图 1-3　本书技术路线

在结构安排上，本书的主要内容共分七章，具体如下：

第 1 章为导论。本章主要介绍了选题的理论、现实背景和研究意义，确定选题价值，提出了研究问题，然后归纳了本书的研究方法和主要可能创新点，最后阐述了本书的重要变量定义、研究内容、研究框架及结构安排。

第 2 章为理论依据与相关研究进展。本章首先介绍了本书相关的理论，包括委托—代理理论、资源依赖理论与管理防御假说，然后详细回顾和梳理国内外有关公司治理和 CEO 变更的文献，厘清相关研究领域的发展趋势，找出以往研究的空白与不足，指出本书实证研究的主题和方向，确定本书分析的思路与框架。

第 3 章到第 6 章为本书实证研究部分。其中，第 3 章为公司前期业绩对 CEO 变更影响的理论分析、研究假设及模型构建。在本章中，基于第 1 和第 2 章的文献和理论分析提出了相应的理论假设，进而介绍了样本选取、变量定义和模型设计。在第 4 章中，基于第 3 章的假设分析，本书实证检验了公司前期业绩对 CEO 变更的影响以及 CEO 职位壕沟对其业绩—变更敏感性的影响，并在制度背景分析的基础上，根据我国具体制度环境和不同股权性质特点，利用 Logistic 回归检验这一关系在不同股权性质公司、不同经营状态公司的差异，然后对主要结论进行理论解释。第 5 章为 CEO 变更行为对公司未来业绩影响的理论分析、研究假设及模型构建。第 6 章采用 PSM 模型检验了 CEO 变更对公司未来业绩的影响并对结果加以分析讨论。

第 7 章为主要研究结论与未来展望。本章在总结和回顾全文主要研究结论的基础上，提出相应的切合实际的政策建议，归纳本书的主要贡献，分析出本书存在的不足并提出一些后续研究的设想。

第2章 理论依据与相关研究进展

2.1 理论依据

2.1.1 委托—代理理论

采用契约理论研究所有权与控制权相分离的现代股份公司是目前契约理论研究的重点领域。从新古典经济学来看，企业是复杂经济关系的载体，是一个"黑箱"，是一种链接投入与产出的装备，是在各种约束条件下寻求利润最大化的经济组织，但传统经济学家们并不关心"黑箱"的结构和内部运作。而新制度学派的企业理论则关注于企业内部，研究重点是企业的契约理论、委托—代理理论和所有权安排理论等。作为新制度经济学的创始人，罗纳德·哈里·科斯（Coase，1937）的著作《企业的性质》（*The Nature of the Firm*）开创了企业契约理论的先河，随后引起了多位学者从不同视角研究企业的契约性质。

委托—代理理论（The Principal – Agent Theory）是在现代企业分析中运用契约理论的重要表现之一。委托—代理理论的主要关注点就是代理人和委托人之间的关系，这种关系无论从形式上还是从本质上来说都是一种契约关系。亚当·斯密（1776）在其著作《国民财富的性质和原因的研究》（*An Inquiry into the Nature and Causes of the Wealth of Nations*）一书中首先关注到代理问题；紧接着伯利和米恩斯（Berle & Means，1932）在其著作《现代公司与私有财产》（*The Modern Corpora-*

tion and Private Property）中也指出研究者们应将关注点聚焦于代理理论；1976 年，杰森（Jensen）和梅克林（Meckling）正式提出了代理关系的一般定义，并深入、系统地研究了代理问题的表现、产生的原因以及如何缓解代理问题等。

代理理论是公司治理研究中最常用的理论框架之一，旨在解释代理人和委托人之间可能产生的两个问题。第一个问题是当代理人和委托人具有不同等的风险承受能力时产生的风险分担问题；第二个问题是代理人和委托人之间愿望或目标的偏差问题，特别是当衡量代理人努力程度有困难时就会发生该问题。

在公司内部，股东是委托人，CEO 是代理人，董事会有监督的职能，以确保 CEO 的工作符合股东的利益。然而，现实并不总是这样，有时股东财富或公司价值会因某些 CEO 的决策而减少，这会导致监管成本的增加。董事会负有辨认 CEO 业绩表现是否不佳的责任，根据施莱佛和维什尼（1997）的研究，未能及时更换业绩表现差的 CEO 可能是公司最为昂贵的代价之一。

在公司治理研究框架内，代理理论提供了坚实的理论基础，提出 CEO 和董事会应相互独立，以避免管理层面的压制、管理壕沟效应的产生，同时必须健全公司治理机制、加强委托人对代理人的有效监督和约束机制，以便降低代理成本，解决代理人和委托人之间的利益、目标相背离，防止代理问题的发生。其中，董事会可以协调和解决代理冲突，同时与股东利益一致因而可保护委托人权益。法玛（1980）视董事会为内生，认为独立董事制度可为企业提供一个相对成本较低的更换 CEO 的机制，因为外部董事有动力在外部监管市场建立有效监管的声誉，并且不计报酬，因而能对 CEO 实施有效的监督和控制。赫玛林和维斯巴赫（Hermalin & Weisbach，1998）也认为企业设立董事会不单是出于合规性，董事会确实是一种解决组织内在代理问题的内生治理机制。杰森和沃纳（Jensen & Warner，1988）的研究证明解聘业绩表现不佳的 CEO 是公司内部各种治理机制有效发挥监督作用的重大表现。

代理理论也认为 CEO 受被解聘的威胁会影响他的经营方式。根据杰森和墨菲（Jensen & Murphy，1990）的研究，业绩表现不佳的 CEO 被解聘的可能性增加，这种被解聘的威胁将会对 CEO 形成约束。企业的 CEO 变更是企业作为委托人为维护自身利益、解决代理成本问题所采取的极端惩罚手段，但同时也是激励 CEO 的有效手段之一。

2.1.2 资源依赖理论

资源依赖理论作为组织理论的一个重要理论流派，其研究最早可追溯到 20 世纪 40 年代，直到 30 年后才被广泛运用到组织关系的研究中，重要的代表著作是普费弗（Pfeffer）和萨兰西克（Salancik）在 1978 年出版的《组织的外部控制》（*The External Control of Organizations*）。在此本著作中，两位学者首次详细阐述了资源依赖理论，对资源依赖理论的发展做出了巨大贡献。他们认为任何组织的生存和发展必须依靠各种资源。但在不同企业间，企业自身所拥有的资源存在较大差异，并且这些资源除了原材料、厂房、机器、资金、人力资源等要素外多数是无法用货币衡量的，如信息、组织能力、社会支持（存在的合法性等）、企业文化等，但恰恰是这种无形的资源能为企业带来更为长期的经济效益，而这些资源的获取通常很难在自由市场上获得，只能由外部环境或其他组织提供。鉴于资源的这种特殊性和有限性，企业必须采取相应的措施与外部环境或其他组织交换各种资源。

任何组织都不可能拥有足够维持自身生存和发展的所有资源，因而企业必须通过与企业所依赖的环境中的因素进行互动来获得相应的资源，这些因素也包含其他组织，因此企业为获取其生存和发展所需资源，不得不与拥有这些资源的组织进行沟通。如此一来，企业在获取资源的同时也逐渐增加了企业对资源的依赖程度，对此企业别无他法，只能采取各种措施降低外部不确定性，加强与外部资源的相互沟通，调整其对外部环境的依赖程度，加强企业对外部不确定因素的抵抗能力。

根据资源依赖理论，董事会被看作是一种管理外部变量和降低外部环境不确定性的机制，董事会能够通过减少组织与外部环境互动的交易成本来有效降低其对外部环境的依赖程度，此举将有利于企业的生存和发展。进一步来说，董事会可以通过 CEO 变更决策来减少组织面临的不确定性和交易成本。根据资源依赖理论，企业绩效压力是驱动组织内部发生变革的重要因素。CEO 业绩表现不佳说明现有 CEO 已无法帮助企业有效获取资源、高效配置资源，此时，企业可通过更换 CEO 这一行为改善其与环境中诸多要素的互动关系，为其寻求新的高效资源配置方式和有效获取新资源提供一个新的途径。

但是，企业在变更 CEO 获取新资源的同时也面临着失去现有 CEO 独特资源（如 CEO 的政治背景）的风险。学者们也使用资源依赖理论，从资源获取与资源配置的角度来解释企业的政治关联行为。资源依赖理论认为，企业自身所拥有的特殊资源是企业保持长久竞争力的重要原因，因为特殊资源的拥有可为企业带来超额利益。但这种特殊资源企业无法完全靠自身获取，需要从外部环境或其他组织中吸收，而这些资源的重要程度和稀缺程度共同决定了企业对此类资源的依赖程度，很大程度上企业的生存、发展能力取决于企业与外部环境或其他组织的交互和谈判能力。

在实践中，政府大多仍紧紧把控着大量稀缺资源的使用权和配置权、掌握着发展经济需要的众多关键资源，特别是在像我国这样的处于转轨时期的国家或地区。作为资源需求方的企业对资源供给方的政府存在很强的依赖，同时鉴于政府政策的不确定性，企业若想获取这些稀缺资源，就需要通过雇佣具有政治背景的 CEO 与政府建立一种政治关系并保持关系良好。企业可以通过影响政府政策的制定和执行来降低其对外部资源的依赖程度、降低交易成本。学者们也通过实证研究发现企业为提高经营效率，有强烈的动机与政府（官员）建立关系或缔结联盟。在政府干预频繁或要素流动严重受阻的外部环境中，企业与政府建立的关系或联盟为企业提供了一种相对灵活的资源配置方式，是企业对政府掌握资源的一种积极的反应方式。鉴于我国特殊的经济体制，民营控股公司更有动机去寻求与政府的联系以应对国有控股公司天然的政治资源竞争优势。

2.1.3　管理防御假说

管理防御假说是委托—代理理论的延伸，与传统的委托—代理理论看待所有者与 CEO 之间关系的视角不同，管理防御假说是将强调人的内心活动作为考虑的出发点。管理防御假说更符合实践中所有者与 CEO 之间的关系。

管理防御作为一种假说，最早产生于有关内部人所有权与公司业绩之间关系的研究中。法玛和杰森（Fama & Jensen，1983a）认为，管理者持股比例的增加并不一定有利于协调其与股东之间的利益函数，促使股东利益最大化，减低其与股东之间的利益冲突。鉴于市场的监管，经理人即使拥有较低水平的股权也许依然会追求企业价值最大化，但这并不意味着拥有较高股权的经理人就一定会按照股东利益最大化原则进行决策。当经理人拥有足够多的公司股权时，其投票权和影响力便会大大增加，便可以通过攫取控制权获得更多的私人收益而不必担心会危及他们的职位与报酬，这与杰森和梅克林（Jensen & Meckling，1976）发展的传统代理理论观点不相吻合。传统的委托代理理论认同股东与管理者利益趋同假说，认为经理人持股比例的增加会使得其与股东的利益趋同，经理人在采取背离企业价值最大化行为的同时也会损害自身利益，因此经理人持股比例的增加有利于协调其与股东的目标和利益函数相一致。法玛和杰森（Fama & Jensen，1983a）的理论分析和实证证据引发了管理防御假说。五年后，莫克和施莱佛（1988）通过对美国 371 家大型企业中内部人所有权与公司价值（用托宾 Q 值来衡量）之间的关系进行实证检验，发现二者之间呈非线性关系，当内部人持股比例增加时，企业的托宾 Q 值总体呈现先上升后下降再上升的趋势。以 5% 和 25% 的内部人持股比例为界限，当内部人持股比例低于 5% 或高于 25% 时，利益趋同假说成立，经理人持股比例的增加将会促使其与股东的利益趋于一致，因此企业托宾 Q 值会随着内部人持股比例的增加而增加；而当内部人持股比例处于 5% ~ 25% 时，随着内部人持股比例的增加，经理市场、公司控制权市场对经理人约束力逐渐下降，经理人为保证其职位牢固不得不因追求自身利益最大化而放弃对股东利益最大化的追求，如此必然导致企业价值减损。

传统委托—代理理论的产生是为了降低信息不对称导致的委托人和代理人之间利益不一致带来的代理成本，以及减少这种代理关系带来的效率损失。国内外研究者们在此框架下深刻探讨如何通过有效的公司治理来缓解经理人和股东之间的利益冲突、降低代理成本，进而实现企业或股东价值最大化，例如增加经理人持股比例、增加公司负债等。传统代理理论在各个层面受到挑战，例如，莫克等（1988）在规范推理层面、科雷等（Core et al.，1999）在经验证据层面均认为传统代理理论仅从委托人的角度研究公司治理问题太过于局限。传统代理理论认为，为迫使经理人从股东利益而非个人利益出发进行决策与行为，只要设计一个有效的激励机制便可，并且此激励可根据经理人的行为结果进行修正。但传统代理理论并未将作为代理人的经理人的管理防御行为纳入考量之中。虽然管理防御假说与传统委托代理理论所强调的动机有很大差异，但管理防御的存在确实会导致经理人采取最大化自身利益而未必最大化股东利益的策略，影响了企业价值和组织运行、损害了相关者利益，同样会造成经理人与股东之间的利益冲突，进而产生代理成本。作为经理人代理问题的一个具体体现，管理防御的一个不良结果便是不称职经理对解聘行为的抵制。杰森和卢柏克（Jensen & Ruback，1983）和施莱佛和维什尼（Shleifer & Vishny，1989）都认为，经理人未能寻求股东利益最大化目标使得股东无法将其解聘而让其继续滞留在公司是最为严重的代理问题。随后，科菲（Coffee，1999）的实证研究表明企业积极监督、约束和惩罚不佳的 CEO 是公司治理有效的必要条件，及时识别和更换不佳 CEO 并选聘称职 CEO 是公司治理的重要职能。若公司治理机制是行之有效的，董事会应做出解聘经营不善 CEO 的决策，即公司业绩与 CEO 变更间应呈现负相关关系。

　　管理防御理论为研究 CEO 对董事会监督有效性的影响提供了新的视角。在公司治理不健全的情形下，CEO 的某些个人特征可能会影响其在企业中权力的大小，进而对其管理防御程度产生影响，CEO 表现出超越自己权限或控制的范围。伴随 CEO 相对于董事会权力的增加，董事会效率呈现不断下降趋势。刘星等（2012）对 2004～2008 年我国上市公司的研究也发现高管权力的增强会减弱 CEO 业绩—变更敏感性，证明 CEO 权力在董事会对其的变更决策中发挥了显著的管理壕沟效应。总而言之，CEO 对董事会监督有效性的影响主要是通过其自身在某些方面的权力来影响相关决策行为达到的。因此，基于管理防御假说，CEO 的政治背景、两职兼任、在外兼职、年龄和任期等背景特征会影响其在企业中的管理防御程度，进而影响董事会监督机制有效性的发挥。许多学者指出，在 CEO 同时兼任公司董事长的情况下，如若缺乏严格的监督与约束机制，将大大增加 CEO 的管理壕沟效应，进而削弱了 CEO 业绩—变更敏感性，因为两职兼任的领导权结构会使得权力过多集中于CEO，从而促使 CEO 以牺牲股东的利益为代价追求自身权益最大化，并且被 CEO 控制了的董事会将不能行使其法定的治理职能，使 CEO 产生"败德行为"和"逆向选择"。范希尔（Vancil，1987）、杰森和墨菲

（1990）等研究发现在公司业绩持续走低的情况下，企业 CEO 年龄越大，越不易被解聘，证实了 CEO 管理防御的存在。管理防御理论还认为任期较长的 CEO 可以积累更多的社会资本，因而有可能以此抵御外部压力，从而避免因经营不善而被解聘。

　　管理防御的存在使得经理人代理问题变得更加复杂和扑朔迷离。随着现代公司制度的变化和公司治理实践的不断深化，因 CEO 固守职位而产生的管理防御问题日益突出，CEO 可能会利用自己的某些背景和特征影响董事会决策，削弱了董事会监督机制的有效发挥。以上这些均提示国内外学者们必须进一步拓宽委托—代理问题的研究范畴，并进行更深入的研究。此时，管理防御假说恰好为研究者们提供了一个新的视角，重新考量企业管理层的代理问题。管理防御假说注重对经理人自身特征的研究，可以为如何控制 CEO 职位壕沟进而降低代理成本提供新的思路。

2.2　文献回顾与述评

　　本书的研究主题在于考察 CEO 变更行为过程，因此本章对公司业绩、CEO 变更及公司前期业绩对 CEO 变更影响方面的相关文献进行了详细回顾、综合分析和简要述评。通过对该领域以往研究成果的系统性回顾与梳理，可以帮助我们全面了解和精准把握 CEO 变更问题的理论基础，进而深化理论研究，同时可以帮助我们发现已有研究的问题和不足并进行系统总结分析，从而发现研究空间及定位本研究的突破方向。除此之外，在已有理论依据的基础上，结合公司治理实践，本书呈现出公司治理与 CEO 变更间关系的研究思路和框架，能够为下一步开展 CEO 变更问题研究找到适宜的切入点。

　　CEO 变更是一个涵盖多个因素的复杂过程，因此需要在此基础上对相关研究文献加以整理归类以帮助深化理论研究、找到突破方向。本书遵循科斯纳和赛博拉（1994）、芬克尔斯坦等（2009）对 CEO 变更过程的划分，从 CEO 变更的前置因素、CEO 变更所发生的情境和 CEO 变更的后果三个层面对 CEO 变更相关文献加以回顾和述评。图 2 - 1 是本书基于上述划分原则得出的 CEO 变更相关文献回顾思路，图中的各个箭头表示各要素之间的相互关系。具体分为 CEO 变更前置因素、CEO 变更所发生的情境和 CEO 变更后果三个层面，对 CEO 变更进行文献回顾和述评。

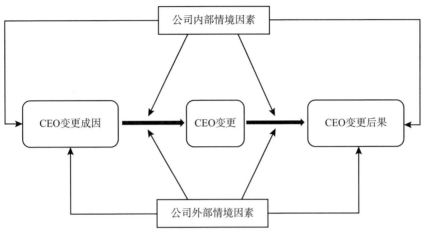

图 2 - 1　CEO 变更相关文献回顾思路

2.2.1　CEO 变更前置因素相关文献回顾

正确理解 CEO 变更的成因对观察公司治理与 CEO 变更间关系有着重要的影响作用。作为对组织发展、战略等影响深远的特殊组织过程，CEO 变更受到哪些因素的影响一直都是 CEO 变更领域研究的热点问题。本书在借鉴已有研究的基础上围绕四个维度对已有文献进行回顾，这四个维度分别是公司业绩、公司股权性质、董事会特征、CEO 个人特征。

1. 公司业绩

CEO 变更领域的研究最早开始于对职业体育队表现和团队经理变更间关系的研究，主要包括克鲁斯盖和奥斯卡（Grusky & Oscar，1963）、盖姆森和司高士（Gamson & Scotch，1964）以及艾伦等（Allen et al.，1979），这些研究结果均表明组织业绩与总经理间存在明显负相关关系。从 20 世纪 70 年代开始，研究转向从委托代理理论角度研究公司业绩与高管变更关系。

　　对于公司业绩对高管变更的影响，学术界目前基本存在两种观点。一种是经理能力假说，即业绩不佳导致高管被迫离职。考夫兰和施密特（Coughlan & Schmidt，1985）对公司业绩与高管变更关系的研究发现，公司业绩（用上市公司股票价格表示）越差，CEO 变更的概率越大。沃纳等（Warner et al.，1988）研究了美国上市公司高管更换与公司价值（用股票收益率计算）之间的关系，经过实证分析发现两者之间的确存在显著的负相关关系，特别是在那些发生高管非自愿离职的企业中，这种关系尤为突出。维斯巴赫（Weisbach，1988）以资产回报率作为公司业绩变量，发现在 CEO 离职前的 1 ~ 3 年中，该公司的资产回报率与同行业公司资产回报率的均值相比明显较低。此外，也有学者通过实证研究发现高管变更率与公司业绩呈负相关。德丰和亨（2004）的研究表明，在法律监管与投资者保护缺失的市场环境当中，公司会计业绩能够更好地解释 CEO 变更的原因。随后学术界对公司业绩与高管变更的研究逐步由美国市场向其他发达国家的证券市场延伸。卡普兰（1993）、沃尔平（Volpin，2002）、劳斯腾（Lausten，2002）、安倍（Abe，1997）、阿克本—塞尔库克和阿尔蒂奥基—耶尔马兹（Akben - Selcuk & Altiok - Yilmaz，2017）分别对德国、意大利、丹麦、日本和土耳其公司的研究得到了与前述相似的结论。另外，珍特和卡南（Jenter & Kanaan，2015）的研究也发现公司业绩显著提高了 CEO 被迫离职的概率。依沙克（Ishak，2015）通过对 2010 年马来西亚 44 起 CEO 变更事件的研究发现，CEO 被迫离职与公司业绩间呈负相关关系。

　　我国学者从 21 世纪初开始研究公司业绩对 CEO 变更的影响，大多数研究结果显示，CEO 变更与公司业绩呈负相关。赵山（2001）通过分析 1993 年底之前上市的 150 家非金融上市公司高管变动情况，研究企业业绩、市场竞争、股权结构、收购和董事长与总经理两职兼任对高管变更的影响，认为公司业绩对高管变更有重要影响。龚玉池（2001）把 150 家非金融企业作为研究对象，以 1995 ~ 2000 年的董事长和总经理（总裁）的变更作为研究的主要内容，探究了企业高层管理者变更对企业绩效的影响，通过一系列研究表明，企业业绩较好、盈利水平较高，则企业高层管理者变更的概率就越小。朱红军（2002）将 1994 ~ 1998 年的所有上市公司作为研究对象，通过建立回归模型，全面分析了企业经营业绩与高层管理人员之间的关系，得出了以下结论：排除企业规模、不同行业背景、企业负债情况、企业管理者年龄等外在因素后，较差的前一年公司业绩确实会导致高层管理人员的离职。皮莉莉等（2005）通过分析上市公司年报中关于总经理变更的原因，发现企业高层管理者被迫变更的一个重要原因就是业绩表现差，说明作为对 CEO 的约束手段之一，CEO 变更在中国上市公司的治理机制中发挥了重要作用。2005 年之后，更多的学者开始关注高管变更与公司业绩的关系，例如宋德舜和宋逢明（2005）、陈璇和淳伟德（2006）、周建等（2009）、丁友刚和宋献中（2011）、刘星等（2012）、刘青松和肖星（2015）、李维安等（2017）、吴明霞和谢永珍（2018）等，他们的研究都表明高管变更和公司业绩间存在负相关关系。

公司业绩与高管变更的结论之二是替罪羊假说，也就是公司业绩对高管变更不存在显著的影响。孔德和米哈尔（Comte & Mihal，1990）以 41 家公司的 160 起高管变更事件为研究对象，发现大多数高管变更事件是由可预期的正常的退休引起的，而不是由业绩不佳或企业并购等外部因素引起的，换言之，大多数高管变更与公司业绩不相关。例如，张和王（Chang & Wong，2009）通过分组研究发现，若 CEO 变更前公司净利润为正，则 CEO 变更与公司净利润间不存在显著相关关系。赫森等（Huson et al.，2001）的研究表明，尽管研究期间内部公司治理机制发生很大变化，但高管强制性变更可能性与公司业绩间的关系并未发生显著变化。国内学者徐金发和张兵（2003）认为在任 CEO 即使业绩表现低劣，但董事会往往会对其有一个容忍度，会延长 CEO 的任期甚至直至其退休。

综上所述，公司业绩是影响 CEO 变更的一个重要因素。虽然以往研究的样本或公司业绩衡量指标存在较大差异，但基本都得到了公司业绩和 CEO 变更间存在稳健而显著的负相关关系的结论。但公司业绩对 CEO 变更的解释力却并不令人满意，并且在实践中也不难发现在很多业绩较差的企业中，CEO 并未受到惩罚。为解决这一问题，有学者通过细分样本、选用公司的营利性作为公司业绩表现的反映、使用业绩偏离程度取代公司业绩、运用多维衡量手段全面及精确测量公司业绩等方法探讨公司业绩表现对 CEO 离职影响的解释力。另外，中国上市公司 CEO 的变更还可能由其他原因导致，例如政治原因等，这些都与公司业绩因素不相关。

公司业绩不佳是导致 CEO 强制性变更最直接的因素，而其他决定因素，例如公司的内外部治理机制、CEO 特征等的相关研究也均以公司业绩差是否导致 CEO 变更为主题而展开。

2. 公司股权性质

国有控股与非国有控股企业在公司治理方面存在明显差异，因而将两者混为一谈会影响结论的可靠性。已有研究表明相对于民营等其他企业类型，国有企业的 CEO 业绩—变更敏感性较低。卡托和朗（2005）采用逻辑回归方法验证了 1998~2002 年中国上市公司股权性质和董事会特征对 CEO 变更的影响，结果说明当公司所有权从国有股权变为私有股权时，公司业绩与 CEO 变更间呈显著负相关关系，说明公司治理效率得到提高。弗斯（Firth et al.，2006）的研究说明，采用企业营利能力而非股票收益率来衡量公司业绩，相对于外资控股公司，国有上市公司的 CEO 更不易因业绩表现差而被解雇。国内学者们的研究结果存在较大差别。若发生 CEO 变更的公司为国有控股，CEO 变更与公司业绩间关系会不再显著。大多数学者认同相对于国有企业，民营企业 CEO 业绩—变更敏感性较强。徐晓东和陈小悦（2003）对 1997~2000 年的 508 个中国上市公司进行实证检验，发现当控股股东为非国家股股东时，公司治理的效力更高，其高管层面临着更多的来自企业内部和市场的监督，更换频率较高。赵超等（2005）的研究也认为国有股由于"所有者缺位"无法有效监管 CEO，使得其业绩与变更间的关系被严重削弱。陈璇和淳伟德（2006）也以我国上市公司为研究对象，分析了不同类型公司在高层更换对业绩敏感性上的差异，结果表明政府控制型企业高管变更对业绩的敏感性显著低于其他类型的公司，原因在于国有股东产权主体模糊且存在多重代理关系，因而无法对业绩表现差的 CEO 采取有效的监督和约束。郭启伦（2010）通过对 2007~2008 年度高管变更样本的检验，得出国有企业高管变更对企业绩效的敏感性比民营企业低的结论。也有少数学者持不同意见。张兆国等（2003）通过实证研究证明相对于其他类型的公司，国有控股上市公司 CEO 发生变更的次数要高。而曾晓涛和谢军（2010）则认为经理变更与公司控股股东性质间不存在显著的相关关系。刘倩（2014）的研究发现公司业绩与高管变更间的负相关关系在国有企业和非国有企业之间存在明显差异。董淑兰和刘浩（2016）通过国资委直属上市公司高管变更情况进行实证检验，发现在这些上市公司中高管变更与公司的经营绩效不具有明显的相关性，国资委直属上市公司高管变更的原因更多是政治资源在企业内部的正常分配引起的。

3. 董事会特征

作为公司内部控制的关键组成部分，董事会在公司中一般主要行使两项功能：决策管理功能和决策控制功能，以有效减缓企业的代理冲突问题。董事会负有任命、考核、解聘 CEO 的责任，因而董事会是 CEO 变更决策的制定者和执行者，是影响 CEO 变更的重要因素。董事会有责任对公司 CEO 的业绩进行评价，同时有权在必要时撤换掉公司的 CEO，这是董事会监督功能发挥作用的主要体现。以往研究大多从董事会规模、董事会构成、董事会会议次数等方面考察董事会对 CEO 做出变更决策的影响作用，进而考察对公司治理有效性的影响作用。

（1）董事会规模。

虽然目前学术界就董事会规模与公司治理有效性间的关系问题未取得较为一致的研究结论，但关于董事会规模与 CEO 变更关系的研究，学者们一般认为较大规模的董事会难以控制，这增加了董事会协调董事间分歧的难度，对于企业高层管理者的行为很难做到有效监督，反而为高层管理者们留有更大的追求其自身利益的空间，增加了企业财务风险。规模小的董事会可以容许成员对重要问题进行详细的讨论，同时规模小的董事会比规模大的董事会更容易形成凝聚力。相关研究表明，董事会的最佳规模应是八九人，若在此基础上增加人数，可能出现相互推诿等现象，降低了董事会效率，影响了公司治理机制的运行，但过少的董事人数也会对董事会效率产生负面影响。立普顿和洛尔施（Lipton & Lorsch，1992）一系列的相关研究表明，若一个企业的董事会人员多于 10 人，则会影响企业的沟通效率，降低了董事会效率，此时董事会更易被公司 CEO 所控制，从而影响董事会做出有利于 CEO 自身的决策。杰森（Jensen，1993）的研究说明董事会最有效规模应为 7 ~ 8 人，过多的董事人数可能带来董事之间的"相互仇视和报复"，从而削弱董事会对 CEO 的监督作用。叶麦克（Yermack, 1996）研究了 1984～1991 年度的 452 家美国公司 CEO 变更事件，通过实证研究发现，当公司经营情况出现问题时，董事会规模越小，企业高层管理者被更换的概率就越大；随着董事会规模的扩大，这种倾向会降低。所以小规模的董事会有利于加强公司业绩与 CEO 变更间的负相关关系。同样的结论也在艾森伯格等（Eisenberg et al., 1998）对芬兰公司的研究中得到支持。赫森等（2001）认为，企业的规模越小，那么当公司业绩较差时，企业高管被解雇的概率就越大。穆拉维约夫（Muravyev, 2003）以俄罗斯私有公司为研究样本验证了董事会规模与 CEO 业绩—变更敏感性呈负相关，董事会规模越大，公司业绩与 CEO 变更间相关关系越强。

国内学者对董事会规模与 CEO 变更间关系的研究结论大不相同。沈艺峰和张俊生（2001）以 ST 公司为样本，探究了企业高层管理者被解雇和公司治理机制间的关系，结果发现，当企业被 ST 时，企业董事会规模与高层管理者被解雇的可能性间呈现显著正相关关系。卢馨、陈瑞（2011）采用逻辑回归模型、利用 2006～2009 年沪、深两市交易所所有上市公司数据对董事会特征与高管强制性变更间的相关关系进行实证分析以检验我国董事会在监督和约束公司高管人员上的有效性，结果发现规模较小的董事会，高管强制性变更更容易发生。吴明霞（2018）对我国国有上市公司前期业绩与 CEO 被迫离职进行了实证研究，发现董事会规模与 CEO 变更间呈现显著负相关关系。马磊（2008）的回归结果显示董事会规模对高管变更的影响并不显著。

（2）董事会结构。

现有研究主要探究企业董事会结构与董事会监督有效性间的关系，董事会是监督和约束 CEO 的直接主体，董事会的结构即内、外部董事比例的构成将直接影响其监督职能的发挥。董事会独董比例越高，做出的决策就越公正，越能够有效监督企业高层管理者的行为，在激励管理者的同时有效约束管理者的不端行为。特里克（Tricker, 1994）认为董事会结构是董事会真正有效发挥作用的基础，它关系到公司的权力平衡问题。若外部董事独立于 CEO，他们则更可能出于保护股东利益的原因解聘业绩表现不佳的 CEO，从而有利于公司治理效率的提升。国外学者大多发现相对于内部董事，外部董事能够更有效地监督高层管理者的行为，能更及时地识别并解聘不称职的 CEO。维斯巴赫（1988）的实证研究表明，企业的执行董事对于高层管理者的管理行为监督管理力度不够，主要原因是高层管理者对执行董事的岗位调动具有决定性的作用，而相对来说，独立董事能够有效监督管理者的行为，当企业经营出现问题，业绩水平较低时，高层管理者被更换的概率较大。相比较内部董事（包括 CEO）有动机维护超过市场水平的报酬或者维护超额在职消费，独立董事更易进行股东与董事会的利益协调，为确保股东利益，独立董事更愿意支持董事会决策，变更业绩较差的 CEO。萨彻尔德等（Suchared et al.，2001）以澳大利亚上市公司为样本实证检验了董事会对 CEO 进行监督的有效性，结果发现董事会的独立性对 CEO 变更与业绩间敏感性有积极的影响作用，非执行董事与独立董事在监管管理层方面确实更有效率。康和施瓦达萨尼（Kang & Shivdasani，1995）、达哈等（Dahya et al.，2002）和吉尔森（Gilson，2006）也分别对日本、英国和美国公司进行了实证研究，均认为外部董事的比例与 CEO 因为业绩较差而被更换的可能性间存在显著的正相关。

　　但也有一些研究人员得出了不同的研究结论，认为企业外部董事不见得就比企业内部董事能够更有效地监督 CEO 的行为，因为董事（包含独立董事）的行为动机并不是单一的，是一系列不同目的的混合体。例如，法玛和杰森（Fama & Jensen，1983a）认为，董事不但有动机为自己建立起监督专家声誉，也有动机为自己建立起不会给 CEO 制造麻烦的声誉。很多外部董事同时兼任多个企业的外部董事，并不能详细了解每个企业的运营发展状况，然而每个企业的内部人员对于企业业绩与高层管理者的行为具有充足的了解，能够准确分析企业业绩较差的原因究竟与 CEO 的行为、决策是否相关，因此企业内部董事能够有效监督管理者的行为和决策。除此之外，企业高层管理者具有撤销外部董事的权力，所以外部董事为了充分保障自己的利益，通常情况下不会对高层管理者提出意见，更不会与 CEO 站在决策的对立面。康和希瓦（Kang & Shiva，1995）研究了 1985～1990 年来自穆迪国际报告中 270 家日本公司的数据，分析了外部董事比例等指标对公司业绩与 CEO 变更关系的影响，发现外部董事比例对 CEO 变更不产生显著影响。另外，布鲁奈罗等（Brunello et al.，2003）以意大利公司为研究样本、诺依曼和维耶南（Neumann & Voetmann，2008）以丹麦公司为研究样本，都证明内部董事比例较高情况下业绩表现差的 CEO 仍可能被解聘，其原因可能是这些国家的上市公司治理有效性较高。达赫等（Dah et al. , 2014）研究了美国 SOX 法案颁布后公司独立董事比例对公司变更管理者行为的影响，发现独立董事占比较大的公司获利能力较强，而独立董事占比较小的公司因业绩不佳导致了更为频繁地变更高管人员。

而目前国内相关研究大多采取独立董事在董事会中所占百分比来作为衡量董事会构成的计算方法，并且国内研究学者们发现独立董事对 CEO 变更的影响在中国并不显著。张俊生和曾亚敏（2005）将 1999 ~ 2002 年的中国上市公司作为研究对象，通过实证研究得到以下结论：研究结果未发现独立董事与 CEO 变更存在相关关系。安凡所（2009）进一步分年度分析发现只有 2002 年董事会中独立董事比例与 CEO 变更存在显著负相关关系，其他年份均不显著，独立董事基本不能发挥监督控制作用，上市公司存在较为明显的"弱"董事会和"弱"独立董事问题。甚至有些国内学者通过研究得到了与国外学者相反的结论。马磊（2008）的研究发现，独立董事比例越高，高管变更的可能性越低。周建等（2009）利用 2002 ~ 2004 年的数据进行回归分析，结果呈现显著负相关关系。追其原因，可能是独力董事制度在中国并未表现出有效的监督作用，独立董事往往并不独立。薛有志等（2010）认为，中国上市公司的独立董事比例更倾向于合规性满足，其"真实独立性"难以得到保障，因而并不能发挥董事会的监督效应。于是有些学者开始倡导应注意内部董事的积极面，因为作为权力争夺的主要参与者，内部董事具有专业的知识和技巧，更能对 CEO 起到重要的监督作用，从而及时识别并更换绩效低下的 CEO。柯江林等（2007）的研究也证明，内部董事比例越高，总经理被迫离职后企业绩效改进幅度就越大。

（3）董事会会议频率。

用来衡量企业董事会积极性的一个重要指标便是董事会会议次数，增加董事会会议频率能够使得董事会人员更加了解企业的经营管理状况，有利于董事会更好地监督并有效约束高层管理者的行为，抑制管理者的道德风险或机会主义行为，降低代理成本，进而提高企业的业绩水平。综合来说，企业可以通过召开董事会的形式来监督管理者的行为，并且监督职能发挥的有效性是判断公司治理有效性的重要指标。实证研究中，学者们通常以企业召开董事会的频率来判断董事会监督工作的效率，然而董事会会议次数的多少与其工作效率并非完全一致，目前关于企业董事会会议次数与高层管理者变更间关系的研究主要有两种不同的研究结论，一是认为董事会会议次数的多少并没有对 CEO 起到很大的约束作用。因为企业内部董事对于公司的经营情况、业绩水平等具备充足的了解，并且常见面的各个董事之间可以经常分析企业管理问题，能够有效监督管理者的行为，此种情况下，CEO 不太可能违背自己的职业道德，做出一些损害股东权益的行为，因而能增加企业的经济业绩、促进企业的未来发展，所以董事会召开会议的次数多少与其工作效率呈正相关。康勇和何（Conyon & He，2014）将董事会会议次数作为测量董事会积极性的替代指标，开展了会议频率与高层管理者变更的关系研究，发现董事会会议频率越高，企业高层管理人变更的概率就越大。张俊生和曾亚敏（2005）同样也采用董事会会议次数来衡量董事会积极性，发现董事会会议次数越多，总经理因业绩表现差而被更换的可能性越大，两者间存在正相关关系，即董事会会议次数越多，总经理被更换的可能性越大。丁希炜和周中胜（2008）通过对高管变更影响因素的分析探讨了董事会特征对企业高层变更的影响，结果发现我国上市公司董事会会议次数、独立董事比例等因素显著正向影响了高管因业绩差而被迫离职的概率。

还有一些学者认为董事会会议次数的多少并没有对公司高管起到很大的约束作用，也就是董事会会议次数与 CEO 变更率之间没有明显的相关性。杰森（1993）的实证研究结果表明，企业高层管理者召开董事会议的主要内容是商议企业的日常经营事务等，频繁见面的董事会多数时间做的都是无关监督职能发挥的讨论，因此，董事会会议频率的增加并无法有效约束高层管理者的行为和决策。莫里（Maury，2010）通过检验芬兰上市公司治理变量与 CEO 变更关系时发现，董事会活动频率与 CEO 变更概率没有明显的相关性。

实际上，董事会的作用更多体现在企业危机期间。当企业经营出现问题、面临财务风险时，董事会会议次数会增加以帮助企业渡过难关，化解危机。也就是说，在运营状况良好的公司，董事会的活动相对更不频繁。

上述文献表明董事会对 CEO 变更产生重要的影响，适当的董事会规模、较高的独董比例、较多的董事会会议次数有利于董事会监督职能的发挥，从而提高 CEO 业绩—变更敏感性。

4. CEO 个人特征

关于 CEO 个人特征方面的文献主要聚焦于 CEO 年龄对其变更的影响。本书通过对以往文献的回顾，发现多数文献支持此种观点：在公司业绩持续低劣的情况下，CEO 年龄与其被迫离职的概率之间呈反比关系，即在对等条件下，年纪越大的 CEO 被强迫离职的可能性越小，表明 CEO 年龄在其变更决策中发挥了显著的防御效应。杰森和墨菲（1990）在研究中发现年纪较轻的 CEO 更可能受到被解聘的威胁，CEO 在年纪较轻时比他们快接近退休年龄时更可能遭到解雇。舍瓦利耶和埃里森（Chevalier & Ellison, 1999）的研究认为相对于年纪较大的 CEO，较为年轻的 CEO 变更行为与公司前期业绩间关系更为敏感。国内学者也得到了与国外研究结论相同的结论。龚玉池（2001）的实证结果显示，董事长和总经理的年龄的回归系数为正，说明总经理或者董事长年龄越大，其被替代的可能性越高。皮莉莉等（2005）表明，总经理的年龄会对总经理变更产生影响。总经理的年龄与总经理的自愿性变更率呈显著正相关，表明总经理的年龄越大，其发生自愿性变更的可能性越大；而对于总经理非自愿性变更，总经理年龄越大，越不可能发生非自愿性变更。原因可能是总经理年龄越大，其在公司中的影响力一般也越大，就越不可能因为业绩差等原因而离职，但不排除因为退休和身体健康差等原因而离职的可能性。一般来说，在公司中年资较长的总经理被迫离职的可能性较低。因为他们对公司的环境与决策走向比较熟悉，因此能掌控公司的运作，且其对公司有一定的承诺，不轻易变革，因此忠诚度与向心力比较高。另外，年龄在一定程度上会决定 CEO 对预期转换工作成本风险的态度。为保证其职位安全，通常年纪较大的 CEO 较易采取保守决策，其固守职位的动机较强，管理防御程度较高。而年轻 CEO 考虑的首要便是快速提高声誉，因而勇于做出风险决策，并且年纪较轻的 CEO 预期转换工作的成本相对较低，人力资本流动性相对较大。综上所述，随着CEO 年龄的增加，其自愿离职的可能性增加，而被迫离职发生的可能性减少。

2.2.2　CEO 职位壕沟相关文献回顾

公司业绩与 CEO 变更二者之间的关系还可能受制于各种条件和因素的影响。近年来学术界开始关注不同治理模式下的上述关系是否存在差异，尤其是董事会在监督管理层方面所发挥的作用。识别并撤换业绩不佳的 CEO 是公司治理体系的重要职能，而上市公司 CEO 职位壕沟的运用可能会对这一治理安排的有效性形成阻碍。公司 CEO 能够利用"职位壕沟"弱化公司治理对其应有的监管与约束机制，使自己免于受责，降低自己被更换的可能性。CEO 职位壕沟效应会对其变更产生一定影响，在一定程度上可以降低其被迫离职的概率。目前有关 CEO 变更前置因素的研究主要围绕公司经营业绩、控制权转移和财务丑闻三方面展开。其中真正体现公司治理有效性的是董事会对业绩不佳的 CEO 做出解雇的决策，故本书仅将研究聚焦于因业绩不佳而被解雇的 CEO，从公司经营业绩方面分析 CEO 职位壕沟在降低其被迫离职方面所发挥的作用。现有文献指出，CEO 会利用自身优势和特征建立自己的保护机制，从而使自己不易因业绩表现差而受到惩罚，CEO 政治背景、董事长和 CEO 两职兼任、CEO 任期、CEO 在外兼职等都有可能成为其构筑职位壕沟的有利因素，继而削弱公司前期业绩与其变更间的关系，降低公司治理监督功能的有效发挥。

上市公司 CEO 职位壕沟的存在能够对公司业绩与 CEO 变更间的相关关系带来显著影响。当公司业绩表现不佳时，公司 CEO 将面临被迫离职的惩罚风险，然而 CEO 职位壕沟的存在使得 CEO 有更强的动机和能力来影响董事会对于其变更的决策，从而弱化公司业绩与 CEO 变更间的相关关系。

资本市场存在一种自动矫正的机制，即更换业绩表现差的经理，鼓励经理与股东的利益保持一致，公司高层更换是对经理人最极端的约束，也是对以往较差业绩的更正。因此，在公司经营不善时变更 CEO 是有效发挥公司治理功能的表现之一，但现实中大量业绩差的 CEO 却仍然被留任了。布里克利（2003）强调 CEO 更换率和公司业绩表现关系之间的经济相关性通常很小，通过对高管更换率的研究发现，从最高业绩的 10% 到最低业绩的 10%，CEO 变更增加的概率只有 4%。由此可见，董事长和 CEO 两职合一、高管政治背景等因素形成的壕沟效应的存在削弱了公司业绩与 CEO 变更之间的关系，降低了公司治理监督功能的有效发挥。一般来讲，董事会在决定是否变更 CEO 时要考虑成本效益原则。卡罗尔和格里菲斯（Carroll & Griffith，2002）认为，更换 CEO 的成本包括：寻找合适继任者的成本；现任高管与未来高管薪酬之间的差额；争夺代理权的成本。而更换 CEO 的收益主要是新任 CEO 的公司价值与现任 CEO 公司价值之间的差额。如果变更 CEO 的收益超过了成本而董事会又没有变更 CEO，这就表明董事会未能有效履行股东利益最大化的受托责任，而如果变更 CEO 的成本超过了收益，董事会出于股东利益最大化的考虑就不会变更业绩表现差的 CEO。卡罗尔和格里菲斯（2002）的研究发现，由于现任 CEO 所构筑的职位壕沟，变更 CEO 的成本要远远高于其收益，因此替换他们不符合成本效益原则。

1. CEO 政治背景

现有文献发现 CEO 变更与公司业绩间的关系受制度环境和治理特征的影响，例如政治关联、亲缘关系等非正式制度的作用、不同的所有权结构和公司治理等。政治关联不但在低产权保护国家较为普遍，而且在如同美国等市场化程度较高的国家也同样存在。CEO 的政府背景对公司而言是一种十分有价值的资源，可以为政府管制的经济活动提供便利并从中获得好处。在我国政府对资源分配企业经营等经济活动的干预仍然较多的背景下，CEO 这种独特的资本无疑为公司的发展提供了更多的机会，可以降低公司的融资成本、扩展公司的融资渠道、获得政府的直接救助等，进而提升企业价值。然而，政治关联在为企业带来积极影响的同时也带来了负面影响。国内外学者们对于政治关联给公司带来的负面影响关注较少，仅有少数学者的研究发现，政治关联企业需要为寻租活动付出很多成本，从而降低了公司的经营效率和价值。

与西方国家企业不同的是，我国企业的发展背景不是来自市场的需求，而是在政府占主导控制地位的基础上发展起来的，当企业所有权与控制权进行分离时，公司治理机制的运行过程更为复杂。主要原因是政治联系的不断加强会减少国家干预的成本，也会稳固国家在企业的主导地位与股份控制权，导致我国政府有关部门干预力度加强。目前我国政府有关部门对于企业的管理不够到位，对于很多企业的干预较多，严重影响了企业的经济发展。很多政府任职人员一味追求经济利益，加大对上市公司的干预力度，甚至还兼任企业高层管理者，影响了企业经营发展。除此之外，企业高层管理者的变更不仅与企业业绩有关，还与一些外部条件存在一定的联系，所以企业高层管理者的变换可能不是因为企业业绩差，当然这也影响了公司治理机制的运行。企业高层管理人的政治联系不仅可以为企业增加资本，同时也会确保管理者在追求利益的过程中足够安全，从而直接导致企业产生职位壕沟效应。国外相关研究学者坎内拉和鲁巴肯（1993）的研究认为，企业高层管理者的选择与管理者的政治影响存在很大的关系，当企业经营状况不佳时，企业未必更换高层管理者。同样，国外研究学者袁（Yuan，2011）以中国国有性质的企业作为研究对象，探究了企业管理人的政治影响力对企业业绩--高管变更的影响，研究表明，如果 CEO 的政治影响力较大，那么较不易因业绩表现差而被迫离职，但随着公司治理机制的不断完善，企业高层管理者离职的概率将会增加。除此之外，很多官员为了完成自己的目标，通过加大对企业的经济扶持力度来换取更多的就业岗位。政府干预较大的企业对于高层管理者的监督较弱，不利于企业的发展。法恩等（Fan et al.，2007）的研究表明，当政治影响力较大的人与企业管理经验丰富的人同时应聘高层管理者的职位时，企业会优先选择前者。游家兴等（2010）的研究结果表明，CEO 的政治背景加强了高管的职位壕沟效应，弱化了其因业绩不良而被强制离职的可能性，遏制了公司治理效率的提高。吴超鹏等（2012）从资源依赖角度对 CEO 离职进行分析，认为出于对政治资源的依赖，董事会可能情愿保留那些业绩不佳但具有政治背景的 CEO。程和梁（Cheng & Leung，2016）与曹等（Cao et al.，2017）的研究证明，与无政治背景的 CEO 相比，具有政治背景的 CEO 较不易因业绩不佳而被变更，政治背景减弱了 CEO 业绩—变更的敏感性。坎内拉和鲁巴肯（Cannella & Lubatkin，1993）认为，CEO 的政治影响力会影响组织正常的经理人选聘机制，现任 CEO 的政治影响力越高，公司外部聘任继任者的可能性越低。因此，CEO 所具有的职位壕沟效应会通过影响公司内部治理机制对管理层的选拔、监督和惩戒作用，降低 CEO 变更与公司业绩的敏感性，影响经理人市场的健康有序发展。

除了 CEO 的政治背景可以形成管理壕沟效应外,国内外相关研究发现 CEO 的某些特征也可以形成壕沟效应,从而影响 CEO 因业绩差而发生变更的概率。CEO 特征大致可分为两类:人口统计学特征和治理特征。人口统计学特征主要包括 CEO 的年龄、性别、婚姻状况、健康状况和教育程度等;治理特征主要包括 CEO 的任期、权力、持股情况、薪酬、财富、背景以及与控股股东关系等。其中与形成管理壕沟效应相关的 CEO 特征主要有 CEO 的两职兼任、CEO 是否在外兼职以及 CEO 任期。

2. CEO 的两职兼任

在研究董事会的领导构成对 CEO 变更的影响时,更多的学者则主要集中于研究董事长和 CEO 两职合一或二职兼任的影响。董事长和 CEO 两职合一或二职兼任也会影响到董事会对不称职的公司高管做出解雇决定。目前已有很多国内外的研究证明,两职分离的这种二元领导结构能够降低代理成本,在一定程度上解决代理问题,因此在董事长与总经理两职分离的公司,当经营业绩下滑时总经理能够被及时变更。卡托和朗(2006)研究发现 CEO 和董事长的两职分离能够加强 CEO 变更对公司业绩的敏感性,业绩表现差的 CEO 更易被变更。国内学者张俊生和曾亚敏(2005)在论文中研究董事会特征对高管变更的影响,他们也发现当董事长与总经理两职分离时,总经理更换的可能性较大。同样,安凡所(2010)的研究也证明董事会组织结构对 CEO 变更产生影响。

反之,由同一人担任公司董事长和 CEO 的公司会弱化董事会对总经理的监督作用。因为董事长 CEO 双重性会使 CEO 的权力膨胀,助长了 CEO 的自由决策权,增强了经理攫取私利的动机,导致董事会丧失独立性而削弱其监督作用,从而令董事会无法有效辞退业绩表现较差的 CEO。国外很多学者的研究早已证明 CEO 因为业绩而变更的敏感性在两职合一的公司明显弱于两职分离的公司。莫兹(Molz,1988)在研究中表明,若 CEO 同时兼任董事长,会大大削弱董事会对其的监督力度,降低内部控制制度的执行效率。法玛和杰森(Fama & Jensen,1983b)的研究也发现董事长和 CEO 的两职兼任降低了 CEO 的业绩—变更敏感性,说明 CEO 的两职兼任会通过增加其对董事会决策的控制力而降低董事会监督的有效性。杰森（1993）的研究表明当 CEO 同时担任董事长时，CEO 的权力确实会得到显著强化，从而使得董事会不能有效行使其关键职能，减弱了 CEO 变更与公司业绩之间的负相关关系。芬克尔斯坦和达凡尼（Finkelstein & D'Aveni，1994）认为 CEO 可能会通过兼任董事长提高其壕沟效应进而降低其被迫离职可能性。戈亚尔和帕克（Goyal & Park，2002）的实证研究也证明，CEO 与董事长的两职兼任能够提高其固守职位的可能性，进而降低其业绩—变更敏感性，表明两职兼任确实会影响董事会独立性的发挥，妨碍董事会监督控制职能的发挥，降低董事会对 CEO 的监督效率。在国内，赵山（2001）的研究最先表明董事长与总经理的兼任降低了高管变更率。随后，马磊（2008）、缪柏其等（2008）、周建等（2009）、安凡所（2009）、吴明霞（2019）也通过研究发现两职合一的公司高管变更与业绩的敏感性显著弱于两职分离的公司。查欣和托姆（Chahine & Tohmé，2010）研究发现董事长和 CEO 两职合一的公司股票折价程度较高，说明 CEO 双重性导致公司缺乏独立的领导结构，损害了董事会监督效率，降低了 CEO 变更对公司业绩的敏感性。

但也有学者提出了不同看法。柏卡特等（Burkart et al.，1997）的研究表明，CEO 的两职兼任正向推动了公司的经营业绩，因为两职兼任减少了 CEO 给董事长传递经营信息所导致的成本。克罗伊茨贝格和维斯伯格（Kraizbergl & Weisberg，2002）也认为，企业采用怎样的董事会结构与行业具体特征以及激励机制有关，所以董事长与 CEO 的两职兼任并未影响 CEO 变更。

3. CEO 在外兼职

目前有关于 CEO 在外兼职方面的研究主要集中于 CEO 在外兼职为公司带来业绩、融资等方面的正面影响和对其薪酬、过度投资等的负面影响。

学者们大多认为高管在其他单位兼任能促进公司业绩的提升，因为高管在外兼职能使企业有更多的社会资源和商业机会。沈和坎内拉（Shen & Cannella，2002）认为管理者兼职行为能够帮助公司获得外部资源，从而能更好地调用社会资源，为公司的投融资决策提供有效的外部资源。国内研究者杨鹏鹏（2005）认为公司领导者的个人经历、背景影响其社会关系网络的构建和发展，而这又有助于其获取外部的资源和信息，是公司长远发展的社会资本。

也有研究指出 CEO 在外兼职不利于组织内控的实施。胡明霞（2015）选取了为期四年的我国沪深 A 股市场上市公司为考察对象，得出的结果证实了股东、高管之间的代理成本会因总经理的在外兼职而降低，这保证了公司技术创新投入的执行效率。刘锦和王学军等（2015）从管理者权力理论与高阶梯队理论出发，针对我国民营上市公司的样本数据，分类考察了 CEO 正式权力、非正式权力与企业绩效之间的联系。结果证明，CEO 正式权力与企业绩效呈倒 U 型关系，而 CEO 的非正式权力，比如在外兼职，会促进公司绩效的增长。

现有研究较少关注 CEO 在外兼职对董事会治理效率的影响，仅有少数学者做出实证检验，例如石军伟等（2007）的研究发现，有较多社会资本的高管人员在企业中能够掌控更多的决策权。通常认为，若 CEO 在本企业之外有兼职时表明 CEO 可能具备更多的社会资本，从而降低他们被更换的概率。

4. CEO 任期

有关 CEO 任期与 CEO 变更可能性的研究，目前国际上存在两种具有代表性的、截然相反的观点。

其中一种是"壕沟效应"论断。通常，任期被解释为 CEO 过度控制和董事会监督强度弱化的标志。该论断认为 CEO 任职越久，其拥有的社会关系网络、权利强度和权力延伸范围就越多，对公司形成的控制程度就越高，就越有可能在公司内部形成抵御外界压力的权力圈，从而大大降低他们被更换的概率。根据该观点，CEO 任期与其职位壕沟效应呈正相关，公司业绩对于 CEO 强制性变更的可能性会随着 CEO 任期的延长而减少。查甘蒂和塞姆哈雅（Chaganti & Sambharya, 1987）的研究发现年资较长的 CEO 被迫离职的可能性较低。因为任职期限较长的 CEO 更为熟悉公司内、外部的环境和战略决策，所以运作公司时更倾向于采取较为稳健的策略，并且学者们也认为任期较长的 CEO 对公司的忠诚度和凝聚组织力量的向心力较高，因而更易取得董事会和股东的信任，从而降低他们被变更的可能性。此外，CEO 任期越长，对公司的了解就越深入，经验越丰富，地位也越牢固，对董事会的影响也随之加深。郭佩文（2004）、吴明霞（2018，2019）的实证研究也证明了这种论断。劳斯腾（Lausten，2002）和冈萨雷斯等（González et al.，2015）也认为在做此领域研究时应加入 CEO 任期。李济含等（2016）的研究也发现，CEO 任期的长短也会影响股东对其能力的掌握，通常情况下，股东对于任期较长的 CEO 的能力的掌控较为清晰，愿意给予其机会来重新制定、调整公司战略并实现扭亏为盈，也就是股东对于任期较长的 CEO 容忍度更强，反观任期较短的 CEO，由于股东对其能力的估计有着较大的不确定性，因而容忍度会大幅下滑，使得 CEO 因业绩差而被迫离职的可能性大大增加。

另一种截然相反的观点是"学习论断"。该观点认为，在 CEO 新上任的初期，CEO 变更率较低，因为此时董事会对刚上任的 CEO 的经营管理能力缺乏足够的认识，因此对公司低劣业绩的容忍程度较高，但是随着时间的推移，董事会对 CEO 经营管理能力的了解会逐渐深入，一旦 CEO 不能迅速扭转公司业绩低劣的局面，董事会就会降低对他的信任度，此时变更 CEO 的概率会大大增加。目前国内在这方面的研究甚少，仅宋德舜和宋逢明（2005）研究发现 CEO 任职期限越长，被更换的可能性越大；但是，在考察任期是否超过 3 年对业绩敏感度的影响时，发现 CEO 任期降低了业绩对 CEO 变更的敏感度。

2.2.3　CEO 变更后果相关文献回顾

当组织内部管理者的变更不可避免又极为重要时，研究高管变更给组织带来的变化就变得尤其重要了。在 20 世纪 60 年代学者们以运动项目团队作为研究案例探索 CEO 变更对团队绩效的影响后，对企业 CEO 变更带来的经济后果的考察成为高管变更领域的核心问题之一，是高管变更领域研究不断丰富、成熟的重要逻辑起点。纵观 CEO 变更议题的研究，国内外学者的关注点主要集中在动因、影响因素和经济后果三方面，其中多数学者将公司前期业绩作为前置因素，探讨其对 CEO 变更的影响，而针对 CEO 变更经济后果的实证研究数量较少。目前，有关 CEO 变更对公司业绩影响的实证研究结论存在较多分歧，总的来说，可分为三种结论："业绩改善说"（Common Sense Theory）、"替罪羊假说"（Ritual Scapegoating Theory）和"恶性循环说"（Vicious-circle Theory）。

1. 业绩改善说

"业绩改善说"认为不称职的 CEO 被更换后，继任 CEO 通过努力可以使公司业绩得到改善，因此，CEO 更换后公司业绩会得到改善，即便是小幅度的改善。赫尔米希（Helmich, 1974）发现 CEO 的变更常常带来公司业绩的提高。丹尼斯和丹尼斯（Denis & Denis, 1997）通过实证检验高管变更与变更后公司业绩之间的关系，发现高管正常变更后公司业绩呈小幅上升趋势，而强制性变更后公司业绩在第二年有明显改善。康和施瓦达萨尼（1995）以日本上市公司为研究对象，发现 CEO 变更且继任者来自外部的公司，其未来业绩会有所提高。赫森等（2003）发现强制性的高管变更会显著带来正向的市场业绩回报和正向的会计业绩回报。游家兴（2010）对我国 1998～2008 年被特别处理的公司进行实证研究，发现公司业绩在高管人员变更后有了显著的提高。伯纳德等（Bernard et al., 2018）对法国 88 家公共企业横跨 13 年的数据进行的研究显示，CEO 强制变更与五年后公司可持续绩效间存在显著正向效应。

2. 替罪羊假说

"替罪羊假说"认为高管变更后公司业绩并不太可能得到显著提升，被解聘的 CEO 只是"替罪羊"，即使更换后的公司业绩有所提高也不一定是由高管变更所导致的。非自愿的 CEO 变更只是表明公司对低劣业绩不能容忍的一种态度。因为 CEO 在公司中是一种标志性角色，更换 CEO 可以作为一种向外界发送的积极信号，能够帮助内部和外部加深关于公司形象的理解并恢复他人对公司未来前景的信心，表明将来公司的业绩会提高。另外，很多时候公司业绩的低下并不是 CEO 一个人的责任，因而被更换的 CEO 很可能是董事会为抵御外部压力的"替罪羊"，即使 CEO 被更换了，也没有从根本上解决问题，公司业绩自然也不会大幅上升。扎亚克（Zajac, 1990）分析了 118 个 CEO 离职事件，发现 CEO 变更并没有对公司业绩产生明显的影响。赫森等（2001）利用美国上市公司 1971～1994 年的数据进行实证检验分析，结果发现虽然在此期间美国公司的内外部治理机制发生了很大变化，但 CEO 被迫离职的可能性与公司业绩之间的关系并没有发生显著变化，说明 CEO

被迫离职与公司业绩间不存在明显的相关性。弗斯等（2006）针对我国上市公司 CEO 变更与经营业绩间的关系进行研究后发现，CEO 变更使得公司业绩短暂得到提升，但于长期业绩无益，说明 CEO 变更并没有对业绩提升起到真正的作用。克莱顿等（Clayton et al.，2005）认为董事会只有不断解雇那些绩效差的 CEO，才能促使其他经理努力工作。CEO 被解聘不是因为能力不强或存在败德行为，而是充当了替罪羊。西丽等（Hillie et al.，2005）也对 CEO 变更前的公司业绩和变更后的公司业绩分别进行了研究，发现 CEO 强制变更仅对短期公司业绩产生明显的先下降后上升的影响趋势，但对公司长期业绩没有任何影响。国内学者朱红军（2002）发现低劣业绩的公司更易发生高管更换行为，但高管更换并没有显著改善公司长期业绩，公司短期经营业绩的提高也主要依赖于高管的盈余管理。奚俊芳和于培友（2006）也证实了继任 CEO 所谓的业绩改善是来自盈余管理。丁友刚和宋献中（2011）通过研究发现，在政府控制的情况下，高管非升迁与公司业绩间确实存在负相关关系，但这种负相关关系只是在经济业绩比较低迷时才显著。

事实上，很多时候公司业绩的低下并不是 CEO 一个人的责任，董事会出于对自身利益的考量，往往不深究业绩下滑背后的真正原因，统统将责任归咎于 CEO 能力不足或不尽力，甚至是经济不景气的大环境使然或 CEO 业绩表现需要较长时间才能考察清楚，也会要求辞退现任 CEO，因此被更换的 CEO 很可能是董事会为抵御外部压力的"替罪羊"。即使 CEO 被更换了，也没有从根本上解决问题，公司业绩自然也不会大幅上升。

3. 恶性循环说

第三种是以沃纳等（1988）为首提出的"恶性循环说"。"恶性循环说"认为在各种原因导致的 CEO 变更后，公司业绩可能会变得更差，因为每一次 CEO 变更都有可能引起组织的中断和分裂，打乱企业的行为模式和组织关系，尤其当继任新 CEO 来自公司外部时。外部继任的新 CEO 虽然能带来新的知识和技术，但由于不了解公司运作，会打乱组织内部的行为模式和组织关系的非正式网络，从而引起公司内部组织结构和战略的调整以及人事变动，所以新任 CEO 需要重构组织内主要关系网络；同时，经历了 CEO 变更的组织成员会担心其安全感、地位以及权力等的丧失,所以不会全力以赴地投身于工作中,这些都可能导致公司业绩变得更差。国内学者陈璇、淳伟德(2006)也发现国有控股公司业绩在 CEO 变更后呈现显著下降趋势。吴良海、谢志华和周可跃(2013)运用事件研究法,以 61 天为窗口期,检验我国上市公司 CEO 和董事长变更事件的市场效应,结果发现 CEO 和董事长变更后公司股累计平均超常收益率显著为负。

国内外学者们针对 CEO 变更对公司未来业绩影响的研究结论如此大相径庭的潜在原因是:现有研究未全面考察情境因素对 CEO 变更给公司未来业绩波动带来的影响。公司在盈利还是亏损、国有控股还是民营控股的不同情境因素下,CEO 变更的经济结果也可能有所不同。张和王(2009)检验了中国国有控股上市公司 CEO 变更与公司业绩间的关系,发现不同情境下二者间关系有所不同,亏损公司 CEO 变更后的业绩有所提升,而盈利公司业绩在 CEO 变更后未产生显著变化。

2.2.4 文献述评

CEO 变更是现代企业公司治理的内外机制对公司代理人——CEO 的激励、约束机制。CEO 变更机制的最终目的是通过约束代理人的道德风险等多种机会主义行为使得 CEO 的管理经营行为与股东利益最大化要求一致。本章从公司治理的角度对 CEO 变更相关文献进行了系统梳理,分别从股权结构、董事会治理、CEO 特征等角度阐述了公司治理机制对 CEO 变更的影响,并述评了 CEO 变更行为对公司未来业绩波动的影响。总体而言,关于 CEO 变更的相关文献,国内研究基本上沿袭国外的研究脉络,检验 CEO 变更前置因素和影响后果,取得了一定的研究成果,但本土化研究进展缓慢。部分研究也指出公司前期业绩在 CEO 变更决策中起到导向作用,但不是所有业绩表现差的 CEO 都得到了惩罚,还存在其他因素影响董事会决策。例如,CEO 可能会利用其特有资本所构筑的职位壕沟,弱化公司治理对其应有的监督和约束,同时也不利于外部经理人市场的健康有序发展。目前鲜有研究直接涉及 CEO 职位壕沟对变更决策的作用机制,也仅有少数文献基于国有股权等反映中国特有制度背景展开研究,结论并不统一,且研究视角并未完全展开。针对 CEO 变更议题的研究,国内外学者主要从 CEO 变更动因、影响因素和经济后果三方面展开讨论、分析，其中多数学者将公司前期业绩作为前置因素，探讨其对 CEO 变更的影响，而针对 CEO 变更经济后果的实证研究数量较少，且研究结论目前存在较多分歧。本节通过国内外研究成果进行系统、综合比较分析与回顾梳理，发现以往研究主要存在以下问题，这为我们的研究提供了一定的空间。

第一，研究问题的角度越来越丰富，但仍须从新的视角对 CEO 变更进行研究。在研究时代背景不同的情况下，新问题不断出现，针对新问题的研究视角也越来越多，不断丰富着从公司治理角度研究 CEO 变更的内容。本书认为在 CEO 变更成因的相关研究中，有关公司业绩对 CEO 变更影响作用的研究较为充分，但其他影响 CEO 变更因素的相关研究仍需进一步深化。董事会规模和结构、股权性质、CEO 个人特征等会影响 CEO 变更的可能性。CEO 变更是公司治理中内外部治理机制共同作用的结果，对 CEO 变更问题的研究离不开对公司治理机制及其效率的分析。本书通过分析构成 CEO 职位壕沟和自我防御的因素，探讨了 CEO 职位壕沟对其变更的业绩敏感性，进而分析对公司治理有效性的影响，但现有研究对这些影响因素重视程度不足，这一过程中相关因素的影响机制值得未来的研究进一步加以关注和深入。

第二，研究中未充分考虑治理情景因素，缺乏对背景特征的全面分析。各个国家的社会和经济制度背景存在很大差异，而且国家间的公司治理状况的完善程度也不尽相同。对于中国这个处于转轨经济的大国而言，特殊的制度背景也导致我国实证研究从设计到结果均呈现出与西方不同的特点。转轨经济环境下，我国公司治理的一个客观背景是政府对经济的干预，所以对我国 CEO 变更问题的研究也离不开这一背景，国有控股公司与民营控股公司中公司治理的结果或许会有所差别，国内学者对于 CEO 变更的研究缺乏全面的分析，基本照搬国外方法，忽略制度背景特征，研究缺乏深度。本书将采取对比分析的方法研究本书主要研究问题在这两类公司中的差别，或许有利于揭示 CEO 职位壕沟影响 CEO 变更及对未来业绩影响的内在机理。

第三，验证方法还未形成共识。研究者在采集实证研究数据上的方法和样本数量不同。大多文献采取的研究方法是传统配对方法，仅根据公司业绩、规模、行业和年份进行一一配对，这种局部配对方法可能会导致参数估计偏差，匹配效果难以令人满意。事实上，公司其他因素

（如公司股权性质、CEO 个人特征等）也会对 CEO 变更后的公司业绩波动产生影响。为了克服该问题，本书采取倾向得分匹配法（Propensity Score Matching，PSM），通过将多个特征浓缩为一个指标——倾向得分值 PS（Propensity Score），在多个维度上完成协变量的数据平衡，达到多元匹配的结果和目的，因此能在一定程度上解决选择性偏差问题。

　　总之，CEO 变更是现代公司治理领域研究的热点。本书拟将 CEO 职位壕沟纳入董事会对其变更决策的分析框架中，借以探索 CEO 变更与业绩敏感度的边界条件，揭示 CEO 职位壕沟对其业绩—变更敏感性的影响机制。同时，加入 CEO 变更前后公司业绩波动的分析，能够使得 CEO 变更的整体架构更全面，或许更有助于得到有价值的发现。

2.3　本章小结

　　鉴于各国公司治理实践的特殊性和 CEO 变更问题的复杂性，任何单一理论都不足够对 CEO 变更问题进行全面解释，CEO 变更是组织缓解代理人机会主义行为的重要手段，是组织适应组织内外环境的重要途径。因此，本书认为在分析上市公司 CEO 变更前置因素及其他各种影响时需采用全面的观点进行综合分析，才能得到较为科学、合理的结论。本章从公司治理理论入手，通过委托—代理理论、资源依赖理论和管理防御理论阐释了本书的理论基础。委托—代理理论认为 CEO 作为代理人与股东利益存在不一致的地方，行事的标准有可能是自身利益最大化而非股东利益最大化，公司治理理论指出董事会应及时识别这种不称职或能力低的 CEO 并进行更换，但资源依赖理论和管理防御理论指出 CEO 有可能利用其自身资源形成职位壕沟，抵抗董事会对其的监督，本书的逻辑起点即在于此。本书根据我国特有的制度背景，依据委托—代理理论、资源依赖理论和管理防御理论，以 CEO 变更作为董事会监督有效性的代理变量，通过对导致 CEO 变更的影响因素的梳理，对 CEO 职位壕沟的存在是否影响其变更进行实证分析，探讨其对董事会职能发挥的有效性的影响，同时采用 PSM 方法进行配对，针对不同公司经营状态、不同最终控制人性质、不同背景的 CEO 变更对公司业绩波动的影响进行实证检验，借以考察 CEO 变更的情境对公司未来业绩的影响。

　　本章还从 CEO 变更前置影响因素、CEO 变更职位壕沟、CEO 变更后果三个层面对相关文献研究进行了回顾和评述，发现在 CEO 变更研究领域，国内研究基本上遵循国外研究的脉络。多数国内学者探讨的是 CEO 变更前置影响因素，而鲜有国内学者进行 CEO 变更经济后果的实证研究，并且研究结论存在较多分歧。究其原因，可能是未将其他影响董事会决策的因素纳入考量范围内。例如，少有文献直接涉及 CEO 职位壕沟对变更决策的作用机制研究，也仅有少数文献基于国有股权等反映中国特有制度背景展开研究，并且研究结论也不统一。

第 3 章 公司业绩对 CEO 变更影响的理论分析与理论模型构建

3.1 问题提出

现代公司制度中所有权和控制权的分离使得人们开始关注作为代理人的 CEO 是否会按照股东利益最大化的目标去运营公司。杰森和梅克林（1976）的代理理论认为，公司 CEO 出于私利，其行为可能会损害股东利益，这种委托人和代理人之间的利益偏差可能会导致公司低效率。于是作为解决委托代理冲突的一种制度安排——公司治理机制应运而生。好的公司治理机制可以提高效率并能惩戒那些业绩较差的代理人。也就是说，提高公司治理效率的一个重要的内部约束机制就是董事会解聘表现不佳的 CEO。导致 CEO 变更的原因有公司经营业绩下滑、控制权变更和财务丑闻等。其中真正能够反映公司治理效率的就是 CEO 因经营业绩差而受到惩罚，故本书仅将研究聚焦于 CEO 被解雇是由于经营业绩不佳这一领域。

科斯纳和赛博拉（1994）认为 CEO 变更过程应包含四个关键要素：第一，前任 CEO；第二，CEO 变更事件和过程；第三，CEO 变更给企业带来的影响；第四，CEO 变更所发生的情境。而芬克尔斯坦等（2009）则从变更事件、变更的前置要素，变更的后果三个层面对 CEO 变更过程加以划分。本书第三、第四、第五、第六章将以此为基础，分别从 CEO 变更前置因素、CEO 变更所发生的情境和 CEO 变更后果三个层面对 CEO 变更过程进行实证分析研究。

3.2　理论分析及研究假设

本章以公司前期业绩对 CEO 变更的影响为出发点，分析和检验以下三个问题：①影响 CEO 变更的前置因素有哪些？②CEO 变更所发生的情境因素是否会对其变更产生影响？③CEO 职位壕沟是否会对公司业绩与 CEO 变更间的关系产生影响？基于以上问题，本章将在对以往文献述评的基础上进行理论分析并提出研究假设。

3.2.1　公司前期业绩与 CEO 变更

目前有关 CEO 变更前置因素的研究主要围绕公司经营业绩、控制权转移和财务丑闻三个方面展开。中国的证券市场经过二十余年的发展已初具规模，西方国家较为成熟的公司治理理念和结构也逐渐被我国上市公司所采纳。在这个意义上，中国上市公司的 CEO 们表现得更像他们在西方国家的同行，其责任就是最大化股东的财富。关于 CEO 被迫离职的研究基本是基于委托代理理论和早期公司治理理论框架展开的。杰森和梅克林（1976）的代理理论认为，公司 CEO 出于私利，其行为可能会损害股东利益，这种委托人和代理人之间的利益偏差可能会导致公司低效率。好的治理机制可以提高效率并能惩戒业绩不佳的代理人，即当 CEO 不能有效实现作为委托人的意愿时，将招致董事会的变更惩罚。作为股东（委托人）和 CEO（代理人）联系纽带的董事会主要通过激励（CEO 薪酬设计）和监督（CEO 变更决策）两种手段降低经理对股东的代理冲突以及发挥公司治理机制的作用。董事会的重要职责是监管 CEO 和更替不称职的 CEO。CEO 变更通常用以衡量董事会治理的有效性，若业绩不佳的 CEO 被变更，说明董事会的监督职能得到了有效发挥。代理理论认为，成熟的经理人市场能够给予公司 CEO 足够的压力，对其经营行为形成强有力的约束，从而促使 CEO 努力工作。因此，在职业经理人市场比较成熟的国家，若代理权竞争机制有效，当经营业绩下滑时，作为代理人的 CEO 应对公司业绩负责，董事会应做出解雇 CEO 的决定。这是评价董事会能否有效发挥监督控制职能的重要方面，为董事会有效性研究提供了新的视角，因此本书仅聚焦因公司经营业绩差而导致的 CEO 被迫离职行为。

针对上市公司经营业绩与 CEO 变更关系的讨论，学术界形成了两种基本观点：一种观点是基于经理能力假说，认为不佳的公司经营业绩将导致 CEO 变更。另一种观点是公司业绩对 CEO 变更没有显著的影响。以上两种观点都有实证支持，但仅有少数学者支持第二种观点，大多数国外学者支持第一种观点：股东回报或公司业绩与 CEO 变更间存在显著的负相关关系。考夫兰和施密特（1985）的研究发现，公司业绩（用股票价格表示）越差，CEO 变更的概率越大；沃纳等（1988）的研究也表明公司高管变更的可能性与股票收益呈负相关；维斯巴赫（1988）以资产回报率作为公司业绩变量，发现在 CEO 离职前的 1~3 年中，该公司的资产回报率与同行业公司资产回报率的均值相比明显较低；德丰和亨（2004）的研究表明，在法律监管与投资者保护缺失的市场环境当中，公司会计业绩能够更好地解释 CEO 变更的原因。随后学术界对公司业绩与高管变更的研究逐步由美国市场向其他发达国家的证券市场延伸。卡普兰（1993）、沃尔平（2002）、劳斯腾（2002）、安倍（Abe，1997）、阿克本—塞尔库克和阿尔蒂奥基—耶尔马兹（2016）等分别对德国、意大利、丹麦、日本和土耳其公司的研究得到了与前述相似的结论。珍特和卡南（Jenter & Kanaan，2015）的研究也发现公司业绩不佳显著提高了 CEO 被迫离职的概率；依沙克（Ishak，2015）对 2010 年马来西亚 44 起 CEO 变更事件的研究发现，CEO 被迫离职与公司业绩显著负相关。

上述观点在我国也得到了多数学者的印证。龚玉池（2001）发现，我国上市公司高管更换的概率与公司业绩显著负相关，特别是用经产业调整后的收益率度量公司业绩时；朱红军（2002）证实了前一年度的经营业绩水平与高管变更显著负相关；皮莉莉等（2005）通过分析上市公司年报中关于总经理变更的原因发现，公司业绩差是强制性变更的重要原因，这表明变更作为对经理人的约束手段，在中国上市公司治理机制中发挥着显著作用。宋德舜和宋逢明（2005）、陈璇和淳伟德（2006）、周建等（2009）、丁友刚和宋献中（2011）、刘星等（2012）、刘青松和肖星（2015）、李维安等（2017）、吴明霞和谢永珍（2018）等的研究均表明业绩不佳是导致高管变更的根本原因。

　　学者们关于 CEO 变更和公司业绩间关系的研究结论为什么如此不一？本书认为研究公司业绩与 CEO 变更间关系应基于情景因素而定，分类研究更有助于得到有价值的发现。鉴于我国特殊的大股东控制的股权结构特征，不同所有权性质的控股股东在公司业绩、公司治理效率等方面有所差异，对 CEO 经营业绩考核的重视程度也不同，因此引发 CEO 变更的原因和可能性也有所不同。对于民营企业而言，经营目的较为简单，对经济效益的追求更为直接和强烈，考核 CEO 表现的主要依据就是公司财务业绩，再加上民营企业在经营上更具灵活性，公司治理效率更高，CEO 也面临着更多的来自公司内部和外部市场的监督和激励，因而变更的可能性较大。尽管近几十年来全球出现大规模的私有化浪潮，但从全球来看，在一些行业中特别是在如电信、能源、公用事业、银行业等至关重要的行业中，仍然留有国有企业。中国转轨经济最显著的特征之一就是政府强力干预经济，国有企业是政府参与和干预经济的重要工具。在中国国有企业，国有股股东并非公司真正的所有者，而是政府官员代表政府去运营公司。作为政府的代理人，CEO 的决策可能会受到政府的影响和控制，这往往会促使 CEO 使用公司的资源来促进社会和政治目标的实现。类似于传统代理模式中的 CEO，国有企业的CEO 也可以在运营公司的过程中同时获得多种个人利益，如个人财富的积累、工作保障等。因此，国有企业一个显著的特征就是多重目标的存在。相对于民营企业来说，除了经济目标，国有企业还承担了其他一些复杂的非经济目标，例如提供更多的就业机会、保证社会稳定等。这些非经济目标的存在使得 CEO 努力的方向存在多样性，对 CEO 业绩的考核也就存在很大困难，考核对经营业绩的依赖性也就相对越弱，多重治理目标的存在可能使得国有控股公司 CEO 变更对经营业绩的敏感度降低。杰森（2002）认为，当公司具有多重目标需要权衡时，任何时候都不可能最大化超过一个的目标。因此，公司所有者需要衡量不同目标的重要性并排序。通常情况下公司股东没有很强的意愿去最大化公司财务业绩，因为政治和个人目标的实现经常会减少事后公司利润。丁烈云和刘荣英（2008）认为相较于国有股股东公司，在非国有股股东作为第一大股东的公司中，制度环境越好，公司业绩与 CEO 变更间的负相关关系越强。

　　在职业经理人市场比较成熟的国家，公司股票价格反映了 CEO 的经营能力，那些不能为投资者带来满意回报的 CEO 具有较高的被解雇的概率。因此，经营业绩是决定 CEO 变更的关键因素，并且解雇表现不佳的 CEO 是公司治理内部机制有效性的重要体现。不同于之前基于市场基础的 CEO 变更的文献，本书将目光定于公司会计业绩层面研究 CEO 变更，因为滋生于新兴加转轨阶段的中国股票市场的投机性色彩较浓，所以国外学者所采用的市场收益难以较好地反映中国上市公司 CEO 的经营能力。有学者认为，在新兴市场上，公司的会计业绩更能较好地反映 CEO 的内在经营能力，因此从公司会计业绩的角度探讨上市公司 CEO 变更问题在中国更有意义。

基于以上分析，本书提出以下研究假设：

H1：公司业绩与 CEO 变更间不存在显著的负相关关系。

H2a：在国有控股公司，公司业绩与 CEO 变更间不存在显著的负相关关系。

H2b：在民营控股公司，公司业绩与 CEO 变更的可能性呈负相关。

另外，尽管部分研究也指出陷入财务困境公司 CEO 的流动率明显高于未陷入财务困境的公司，但现有研究大多忽略了公司经营状态对公司业绩与 CEO 变更间关系的影响。针对不同公司经营状态、不同所有制的企业应区分对待。当公司盈利时，对于国有企业来说，可能非经济多元目标成为主导，而当企业陷入财务困境时，无论是国企还是民企，可能都会更看重公司未来业绩的改善。原因如下：第一，政府所有的国有企业一旦陷入困境，政府将面临较大压力，企业破产将与维持社会稳定或增加就业相悖。针对亏损的国有企业政府将伸出扶持之手，通过财政预算、减免税款等方式实施救助，但这对于政府是一种负担。因此，对于亏损的国有企业，政府更希望能够通过 CEO 的更换而带来业绩的改善。而对于先天优势就较差的民营控股企业来说，逃离破产风险更是迫在眉睫。第二，当国有企业陷入财务困境时，政府也可能会给银行施加压力，银行基于政府的压力而不得不给予还款的延期以及利率的优惠等，这不利于银行的发展。第三，来自外部的压力也可能会激励股东积极解聘业绩不佳的 CEO。出于上述原因，当企业亏损时，改善经营业绩将成为最重要的治理目标。因此本书假设相对于盈利的企业，亏损企业的股东将有更大的激励业绩监控 CEO，从而强化内部公司治理机制的有效性。

当股东更关注公司业绩的改善时，他们将更有动力更换不称职的
CEO。相反，当股东并未将公司业绩作为最重要的治理目标时，CEO 变
更可能是由除业绩之外的其他原因如组织政治或个人考虑所致，而这样
的变更有可能发生在具有多重目标和微薄利润动机的国有企业中。对于
盈利的企业而言，利润最大化这一目标可能不是最重要的指标，特别是
对于国有企业而言，有时可能仅保持微营的一种状态，但从政府的角度
看，这种公司表现不错，因为它提供了很多就业机会等，这有助于社会
问题的解决，并且与政府治理的目标一致。因此，即使业绩较差，出于
其他非经济因素的考量，董事会可能不会即刻变更 CEO。

基于以上分析，本书提出以下研究假设：

H2c：在亏损样本公司，公司业绩与 CEO 变更的可能性呈负相关。

H2d：在盈利样本公司，公司业绩与 CEO 变更间不存在显著的负相
关关系。

H2e：在国有控股亏损公司，公司业绩与 CEO 变更的可能性呈负
相关。

H2f：在民营控股亏损公司，公司业绩与 CEO 变更的可能性呈负
相关。

H2g：在国有控股盈利公司，公司业绩与 CEO 变更间不存在显著的
负相关关系。

H2h：在民营控股盈利公司，公司业绩与 CEO 变更间不存在显著的
负相关关系。

3.2.2　公司业绩、CEO 职位壕沟与 CEO 变更

公司业绩与 CEO 变更二者之间的关系还可能受制于各种条件和因
素的影响，不同治理模式下的上述关系可能存在差异。委托代理理论认
为 CEO 能利用其被正式授予或自身背景形成的权力来寻求自身利益最
大化或构筑职位壕沟，从而规避离职风险。相关实证研究也发现 CEO
自身的某些特征能形成"保护伞"，为其提供保护机制，从而降低其因
业绩表现差而被解聘的可能性，比如 CEO 的政治背景、CEO 的两职合
一、CEO 在外兼职以及 CEO 任期。

1. 公司业绩、CEO 政治背景与 CEO 变更

公司治理理论认为 CEO 的任免与公司业绩间应存在相关性关系。国外学者也证明，在公司治理机制较为完善的资本市场，由于投资者的利益能够得到最大限度的保护，当公司业绩下滑时，作为主要负责人的 CEO 理应受到变更的惩罚。然而在像中国这样的发展中国家或处于经济转轨时期的国家，一方面，相对薄弱的控制权市场、产品市场及不完善的法律环境、薄弱的制度建设使得投资者权益无法通过直接移植发达国家的公司治理模型得到保护；另一方面，正式的制度安排往往会被社会关系网络所替代。学者普遍认为政治关联是一种对不完善的市场经济机制十分重要的替代性机制，在企业绩效和战略选择等方面均发挥重要作用，并且政治关联总体强度在金融发展越落后、制度越不完善的发展中国家和地区越高。目前中国正处在新旧制度交替时期，制度空白与制度冲突在一定时期和范围内存在，市场机制难以有效发挥，因此企业往往会忽视公司内部治理在企业成长发展中的重要性，反而努力发展与政府的关系以保护自身权益。

在市场经济机制还处在不断完善过程中的中国，政府控制和掌握了大量重要和稀缺的资源，所以可以通过多种途径影响企业经营业绩和战略选择等。基于资源基础观，各种组织都需要从外部环境或其他组织中获取所需资源，因而中国企业花费大量时间和精力同政府及相关单位建立密切关系是有价值的，因为企业的这种政治关联能为企业带来有价值的稀缺资源，从而提高企业经营绩效。企业与政府保持良好关系还可能有效改善企业的经营环境，尤其是政治环境的不确定性，从而规避相关风险。此外，还可以获得各种有价值的信息或争取到相对风险小获利大的项目，从而在激烈的市场竞争中扬长避短、稳健前行。战略的制度基础观认为，企业的组织状况及其所处的制度环境的相互作用共同决定了企业的战略选择，进而影响企业绩效。制度不是一个企业战略分析的背景条件，而是决定企业战略与绩效的关键因素。正处于转型经济时期的中国，其相对不成熟的市场环境导致了正式制度供给相对不足，制度环境在一定程度上表现出非正式制度约束的主导特点，并且中国政府在这种制度环境中发挥了强大的主导作用。在这种情况下，作为企业最为重要的一种关系资源，政治关联对企业绩效的促进作用相对于西方发达国

家显然更为明显。曾萍和邓腾智（2012）采用 Meta 分析法，针对国内外学术界有关政治关联与企业绩效间关系的 33 篇文献进行的研究发现，在中国，政治关联对企业的价值和某些财务绩效指标有显著正面影响，且这种影响高于总体水平。

在中国，不同性质的企业在竞争中的地位存在显著差异。国有企业本身就变相体现着部分政府职能，部分企业的 CEO 直接由政府指派官员出任，他们与政府间存在十分密切的内在关联，因此国有企业在各方面都具有得天独厚的竞争优势，例如可以较为容易地获得政府管制下垄断资源的经营权、获取政治权力支配下的特许权、增强政府政策制定下的话语权等。相比之下，民营企业要想通过以上方式提高企业的效益、增强生存和竞争能力，一个重要途径就是雇佣具有政治背景的 CEO。CEO 的政治背景可为企业带来更多的银行贷款和政府补贴，可帮助企业在陷入困境时从政府那里获得援助之手，因而中国上市民营企业倾向于聘任具有政治背景的 CEO，特别是当它们处于财务困境时。此外，中国民营企业大都面临企业规模发展受限制的难题，而雇佣具有政治背景的 CEO 则有利于企业实现业务的行业多元化和地域多元化，因为 CEO 的政治背景有利于企业在资源获取上取得优势，从而缓解企业的外部环境约束，并通过其与政府间的关系帮助企业克服行业进入的管制壁垒以促进企业发展。

CEO 的政治背景不仅能为企业带来好处，同时也会明显削弱公司治理效率，使得基于委托代理理论而设计的公司治理机制更易被扭曲。首先，企业选聘具有政治背景的 CEO 强化了其与政府之间的关系，降低了政府干预的成本，从而推动了政府对企业过多干预的可能性。特别是，个别地方政府官员出于追求职位升迁等政治目的会对企业经营活动进行行政干预，这其中不免也包括了公司 CEO 的任免。有文献也证明高管变更不但与公司经营业绩有关，也与一些非经济的政治因素有关。因此，具有政治背景的 CEO 被变更不一定是出于全体股东利益最大化考虑，这显然背离了公司治理机制安排的初衷。其次，如前所述，政治关联是一种能从政府那儿得到的提升企业绩效和克服市场失灵的资源和保护，当具有政治背景的 CEO 发生变更时，企业可能会在各方面受到影响，例如企业的资本市场表现、投资活动等。因此，为了保证企业未来的业绩和多元化发展，它们情愿保留这些具有政治背景的 CEO，即使

63

他们业绩表现不佳。也就是说，具有政治背景的 CEO 变更可能取决于企业在发展中对政治关联的依赖程度。而且，对于企业而言，重新建立政治关联的成本可能高于变更业绩不好的 CEO 所能带来的收益。坎内拉和鲁巴肯（1993）的研究也表明管理者的社会政治势力会影响企业对管理层正常的选聘机制，从而弱化了高管变更与公司业绩之间的负相关关系。再次，当公司 CEO 与政府关系密切时，公司可能更倾向于聘请官员而不是具有专业背景的人士担任公司董事，这削弱了董事会对 CEO 的甄别、筛选、监督和惩罚的作用，从而削弱了公司内部治理机制的有效性。最后，从 CEO 个人角度来看，具有政治背景的 CEO 通常拥有较大的权力，会形成管理者的职位壕沟（Management Entrenchment），所以董事会在变更这类 CEO 时会面临较大压力，从而可能放弃对业绩不佳的具有政治背景的 CEO 的惩罚。因此，CEO 的政治背景可能成为 CEO 保住其职位的保护伞。

在我国新兴转轨市场中特有的制度背景下，相对于国企天然的竞争优势，民营控股公司需要与政府保持亲密、友好的关系，更看重 CEO 的政治背景带给公司的好处，因此民营控股公司不会轻易变更具有政治背景的 CEO 以维持这条公司与政府间的纽带。换言之，在中国民营控股公司样本组中，具有政治背景的 CEO 即使业绩表现较差，也较不易被变更。

公司的经营状态也会影响具有政治背景的 CEO 是否会因业绩表现差而被变更。当公司处于亏损状态时，公司急于提高未来业绩，因而会做出解聘业绩表现不佳的 CEO 的决策，即使该 CEO 具有的政治背景能为公司带来诸多好处。而当公司处于盈利状态时，提高公司未来业绩并不是企业考虑的首要目标，所以即使 CEO 表现较差，出于对其背景所带来的好处的考虑，也不会强制变更 CEO。CEO 的政治背景构筑了其职位壕沟，弱化了董事会对 CEO 的监督和约束机制，削弱了公司内部治理效率。

基于以上分析，本书提出假设：

H3a：CEO 的政治背景不会显著影响 CEO 变更和公司业绩间的负相关关系。

H3b：在亏损公司，CEO 的政治背景不会显著影响 CEO 变更和公司业绩间的负相关关系。

H3c：在盈利公司，CEO 的政治背景弱化了 CEO 变更和公司业绩间的负相关关系。

H3d：在国有控股公司，CEO 的政治背景不会显著影响 CEO 变更和公司业绩间的负相关关系。

H3e：在民营控股公司，CEO 的政治背景弱化了 CEO 变更和公司业绩间的负相关关系。

2. 公司业绩、CEO 与董事长两职合一与 CEO 变更

虽然从现代管家理论角度来看，董事长与 CEO 的两职合一有利于帮助企业适应复杂多变的外部市场环境，有助于提高企业的创新自由，进而有利于提高企业的经营业绩，但董事长与 CEO 的两职合一会明显弱化董事会对其的有效监督，降低了强制变更业绩表现差的 CEO 的可能性。第一，现代公司制的本质是委托代理关系，为了控制可能发生的潜在代理问题，有必要将决策权和控制权分开。而当公司高管在董事会中兼任董事甚至担任董事长一职时，会使执行层与管理层的职能混淆不清，从而大大地降低董事会对公司高管的监督和控制职能，以及决策的公正性，将影响董事会中其他董事的决策。第二，CEO 在董事会中兼任董事长，将导致 CEO 更容易与其他董事勾结，而且 CEO 可能会凭借其拥有的信息优势与多数董事勾结反过来控制董事会，致使董事会成为他的附庸，把董事会变成管理阶层的工具。这些均可导致公司董事会对在位 CEO 的约束失败，此时董事会不能有效地行使它的关键职能，包括评估和解聘不称职的 CEO。第三，CEO 兼任董事，会使其他董事谨慎地表达其对 CEO 的不满，以免同为董事的 CEO 难堪，这样会削弱董事会监督管理者的有效性，降低公司 CEO 的离职率。董事长和 CEO 两职合一，能够增加 CEO 对董事会决策的影响力，极大地增强 CEO 在公司中的权力，有利于 CEO 构建其职位壕沟。

委托—代理理论认为，董事长与 CEO 两职分置是现代企业内部控制机制（Internal Control Mechanisms）的重要组成部分。作为有助于完善公司内部权力制衡的制度安排，董事长与 CEO 两职分置可促进董事会成员对管理层进行更为有效的监督，可抑制管理层的职位壕沟效应，因此为维护董事会监督的有效性和独立性，董事长与 CEO 两职应进行分离。

当 CEO 同时担任董事长时，CEO 的管理权力和管理独断性会得到显著强化，其管理防御也会随之得到提升，因而董事会不能有效行使其关键职能，进而导致公司内部控制机制的失败。法玛和杰森（Fama & Jensen，1983b）认为，董事长和 CEO 的两职兼任会增加 CEO 对董事会决策的控制力，妨碍了董事会监督职能的行使，从而降低董事会监督 CEO 的有效性。戈亚尔和帕克（2002）的实证研究也证明，CEO 与董事长的两职兼任能够提高 CEO 在董事会战争（Boardroom War）中的谈判、防御能力，进而降低其业绩—变更敏感性，提高其固守职位的可能性，表明两职兼任确实会影响董事会独立性的发挥，妨碍董事会监督控制职能的发挥，降低了董事会对 CEO 的监督效率。

虽然自 20 世纪 80 年代初我国国有企业开始进行放权让利改革，但目前公司治理环境还相对孱弱，相应的监督约束制度还未有效建立，改制后的国企仍面临着管理层私立行为产生的风险。CEO 同时兼任董事长，实质上获取了对公司的重要控制权，在自利动机驱动下可能形成职位壕沟效应，从而削弱董事会对其监管职能有效性的发挥。资源依赖理论（Resource Dependence Theory）认为，环境的不确定性与否是影响董事会的结构及其作用的重要因素。相对于有着天然优势的国有企业，民营企业面临的环境更为艰难和不确定，在这种更强的外部监督下，民营企业会更加要求董事会有效发挥其监督职能，及时辨别及更换不称职的 CEO，从而进一步提高公司的治理和经营效率。此外，公司所处的经营状态也会影响董事会监督的独立性的发挥，影响 CEO 变更与公司业绩之间的敏感度。据此，本书假设：

H4a：CEO 的两职合一不会显著影响 CEO 变更和公司业绩间的负相关关系。

H4b：在亏损公司，CEO 的两职合一不会显著影响 CEO 变更和公司业绩间的负相关关系。

H4c：在盈利公司，CEO 的两职合一弱化了 CEO 变更和公司业绩间的负相关关系。

H4d：在国有控股公司，CEO 的两职合一弱化了 CEO 变更和公司业绩间的负相关关系。

H4e：在民营控股公司，CEO 的两职合一不会显著影响 CEO 变更和公司业绩间的负相关关系。

3. 公司业绩、CEO 在外兼职与 CEO 变更

资源依赖理论认为企业的成长和发展需要不断从外界吸收多种类型的资源，实现的途径之一就是雇佣具有特殊资源的 CEO，这样做还可以降低环境的不确定性、降低企业与外部环境交互的交易成本。因此，企业除了通过雇佣具有政治背景的 CEO 来获取相应的资源外，同样青睐于雇佣在外兼职的 CEO，以获得更多的社会资本来帮助企业发展。在外兼职的 CEO 能为企业创造更多的价值并降低组织面临的不确定性。当企业业绩下滑时，CEO 被强迫离职的可能性变大，但当 CEO 在外兼职时，可能具备更多的社会资本，其在企业中的决策权就会变大，因而公司业绩对 CEO 变更的影响可能会发生较大变化。

在市场体制比较完善的国家，CEO 的任免应与公司业绩高度相关，然而在市场体制不完善的环境，由于 CEO 在外兼职对企业发展的特殊性使得 CEO 的岗位根深蒂固，因此在外兼职的 CEO 即使业绩表现较差也不宜被更换。

随着 CEO 职位壕沟选择多样的增加，CEO 的在外兼职对其业绩—变更敏感性作用将会被弱化，当公司业绩表现不佳时，CEO 就该承担起经营不善的责任，此种情况下，CEO 在外兼职对其变更的作用应会被弱化。当企业处于盈利状态时，即使业绩出现下滑，大多数企业不会冒着巨大风险改变现状，此时董事会更倾向于保留在外兼职的 CEO，目的是继续获得 CEO 更多的社会资本的使用权以帮助企业发展。而当企业处于亏损状态时，企业可能更趋向于改变现状，可能会重新审视和规划公司战略，希望通过变更 CEO 这条途径来使企业未来业绩达到预期的目标，CEO 的在外兼职可能不会影响董事会对其的监督和约束作用。据此，本书提出如下假设：

H5a：CEO 在外兼职不会显著影响 CEO 变更和公司业绩间的负相关关系。

H5b：在亏损公司，CEO 在外兼职不会显著影响 CEO 变更和公司业绩间的负相关关系。

H5c：在盈利公司，CEO 在外兼职弱化了 CEO 变更和公司业绩间的负相关关系。

H5d：在国有控股公司，CEO 在外兼职弱化了 CEO 变更和公司业

绩间的负相关关系。

H5e：在民营控股公司，CEO 在外兼职不会显著影响 CEO 变更和公司业绩间的负相关关系。

4. 公司业绩、CEO 任期与 CEO 变更

任期通常被看作 CEO 过度控制和董事会监督强度弱化的标志。CEO 任职时间越长，其积累的个人威信也越高，地位随之也越为稳固，对企业和董事会的控制能力也就越强，随着 CEO 任期的不断延长，其有可能在公司内部构筑利益团体，对变更加以抵制，即使出现能力不足或败德行为时也难以受到解聘的惩罚。莫克等（1988）提出的"壕沟效应"论断也认为 CEO 任期的增长可使得其所拥有的社会关系网络逐渐广阔，拥有的社会资本更高，在公司内部形成一种抵御外界压力的权力圈，形成管理壕沟，从而降低其被迫离职的概率。

此外，CEO 任期的长短也会影响股东对其能力的掌握。随着 CEO 任期的不断增加，股东和董事会对其能力的把握逐渐精确，股东和董事会对任期较长 CEO 能力的预估值要远远高于人气较短的 CEO。面对企业发生同等程度的业绩下滑甚至是业绩"跳水"的难容局面时，股东和董事会面对不同任期长度的 CEO 做出的反应是不同的。通常情况下，股东对于任期较长的 CEO 的容忍度更强，因为股东对其能力的掌控较为清晰，愿意给予其机会来重新制定、调整公司战略并实现扭亏为盈，董事会对 CEO 的监督力度较为低下，而对于任期较短的 CEO 而言，股东对其能力的估计有着较大的不确定性，容易对其能力的定位产生较大幅度的转变，因而继续留用的容忍度会大幅下滑，此时 CEO 因业绩差而被迫离职的可能性极高。

CEO 任期对于其业绩—变更敏感性的作用也可能随不同的公司股权性质、不同的公司经营状态而表现出较大差异。相对于中国民营控股公司来说，国有企业的 CEO 相对可以有多种渠道形成固守职位的资本，CEO 任期长短可能不是其职位壕沟的关键形成因素，并不能显著降低董事会的监督功能的有效发挥，而且国有企业 CEO 的聘任和考核本身的影响因素就很多，因而在中国国有企业，CEO 任期可能不会显著影响 CEO 因业绩表现差而被变更的可能性。同样的，当公司处于盈利状态时，虽然公司前期业绩出现下滑趋势，但董事会可能会在解聘任期较长

CEO 的成本和收益中进行权衡，暂缓对业绩表现不佳 CEO 的惩罚，但若公司处于亏损状态，快速提高公司未来业绩便占据上风，从而减弱 CEO 较长任期带来的职位壕沟效应。

基于以上分析，本书提出以下假设：

H6a：CEO 任期不会显著影响 CEO 变更和公司业绩间的负相关关系。

H6b：在亏损公司，CEO 任期不会显著影响 CEO 变更和公司业绩间的负相关关系。

H6c：在盈利公司，CEO 任期弱化了 CEO 变更和公司业绩间的负相关关系。

H6d：在国有控股公司，CEO 任期不会显著影响 CEO 变更和公司业绩间的负相关关系。

H6e：在民营控股公司，CEO 任期弱化了 CEO 变更和公司业绩间的负相关关系。

3.3　样本选择及变量定义

69

3.3.1　样本选择与数据来源

本章的研究以 2007～2015 年在深、沪两市 A 股上市的所有公司为初始研究样本。之所以从 2007 年开始选择样本是因为中国上市公司从 2007 年开始实行新的会计标准。根据研究需要，本书对样本按以下标准进行筛选：①剔除了会计制度和行业监管具有特殊性的金融、保险类上市公司；②剔除了样本年度发生控制权转移的公司；③剔除了相关 CEO 信息或相关财务数据缺失的样本；④对同年发生多次 CEO 变更的样本，以第一次被更换的 CEO 作为观测对象；⑤为消除极端值的影响，本书对所用到的所有连续变量中小于 1% 和大于 99% 的极端样本进行了标准化处理。根据上述标准，最终筛选得到 2494 家上市公司和 15441 个公司—年度观测值。本书有关公司和 CEO 方面的数据从国泰安（CS-MAR）数据库获取；同时从 2007～2015 年上市公司年报以及网络信息中手工收集得到有关 CEO 政治背景的相关数据。本章实证分析时采用的软件是 Stata15。

3.3.2 变量定义

1. 被解释变量

由于中国的相关法规中并不存在 CEO 这个术语，所以首先要定义本书中的 CEO 指代的究竟是谁。如前所述，我国国家企业中领导的称呼逐渐与国际接轨，CEO 的称呼在企业中逐渐兴起，但是国内相关研究对 CEO 的界定并不清晰，目前主要有董事长和总经理两种情况，其中多数学者认为中国的 CEO 指代的就是总经理，中国上市公司的总经理往往兼任董事长、副董事长，与国外的 CEO 具有相似的权力，并且总经理在很多上市公司的重大决策，特别是生产经营决策的制定和执行中，发挥了关键作用。因此，本书倾向认为总经理更可能是中国上市公司的 CEO。另外，随着近年市场经济体制的完善与公司治理改革的推进，职业经理人市场初见端倪，公司治理实践中董事长与总经理两职日益分离，总经理的地位日渐凸显，因而对总经理变更进行研究的重要性也越来越明显。因此，本书视总经理为 CEO，并以 CEO 变更为研究对象，重点研究 CEO 变更的影响因素，以及 CEO 变更后对公司业绩的影响。

本书的被解释变量为中国上市公司 CEO 变更，是指总经理由于种种原因不再拥有总经理这一头衔。如前所述，对于 CEO 变更，国内外学者们根据其变更的原因分为常规（正常、自愿）变更与强制（非正常、被迫）变更两类。其中，常规变更是指因 CEO 个人年龄、身体健康或其他不可控的意外事故等原因造成的高管人员的离职行为，例如退休、重病、死亡等，通常不是公司内外部治理机制的约束行为，也与公司的业绩无关。而强制变更是指在公司业绩不佳的情况下，由公司的内外部治理机制对公司管理控制权主体的战略调整而造成的高管人员离任行为，通常是由董事会的决策、大股东的变更或者战略并购等行为造成的。

强制变更是企业试图调整战略决策以适应环境并提高公司业绩时所采取的方法，也是企业管理者激励约束机制的一部分，它是委托人即公司用终止契约作为约束经营管理层的极端手段，也是为挽救公司生存和提升公司业绩而实施的战略决策。因此，只有强制变更才体现了董事会（或股东、债权人等）对 CEO 的监督作用，另外，现有涉及 CEO 变更的国内外文献大多将研究集中于强制性变更而非常规变更，因此本书的研究对象也限定为 CEO 强制变更。因中国上市公司对总经理变更原因的信息披露相对模糊，实际上很难准确区分常规和强制变更。

本书在参考现有文献的基础上，根据国泰安数据库统计的总经理离职原因，将其中的退休、任期届满、控制权变动、健康原因、完善公司法人治理结构和涉案等原因发生的总经理变更划分为常规变更，其余原因引起的变更为强制变更，包括工作调动、辞职、解聘、个人、其他和结束代理等原因。本书将任期不到一年的 CEO 变更划分为常规变更，因为这么短的时间不能真实反映出 CEO 的真实业绩；将辞职原因是退休但离职的 CEO 年纪小于 60 岁的 CEO 变更划分为强制变更。总经理与董事长的相互调任不属于本书研究范畴。

本章实证研究的样本是公司—年度数据，规定若某一年发生了 CEO 变更情况，则设置虚拟变量 CEO 变更（CEO_TO_{it}），并取值为 1，反之则取值为 0。

2. 解释变量

学者们用来衡量公司业绩的指标大概有 Tobin's Q 值、ROA 和 ROE。Tobin's Q 值反映的是一个企业两种不同价值估计的比值，用企业的市场价值与战略价值之比来衡量。本书不选择 Tobin's Q 值作为衡量公司业绩指标的原因主要有两点。第一，在中国上市公司里衡量 Tobin's Q 值较为困难，可能存在研究偏误。从 2005 年起，中国开始启动股权分置改革，以后的几年中，很多公司的非流通股变为流通股，再加上存在一个解禁期，这就使得公司的股票价格不能真正反映公司的业绩表现，因此作为依赖于股票价格计算的 Tobin's Q 值自然也不能真正用来衡量国内公司的业绩；第二，虽然公司在聘任 CEO 时也希望 CEO 能够为公司的远期目标有所作为，但从实践中来看，公司在跟 CEO 签订聘任合约时，通常会重点强调 CEO 在较短的合约期内（一般在 2~5 年）公司会计层面的业绩（例如 ROA、ROE 等），这会导致董事会在衡量 CEO 个人业绩时，通常比较短视，重点看短期的业绩。而 Tobin's Q 值反映的是长期投资的机会，因此用 Tobin's Q 值作为衡量公司业绩的指标不太合适。

基于以上分析，本书采用基于盈余的会计业绩总资产收益率 ROA 来衡量公司业绩。本书也会采用 ROE 作为稳健性检验时公司业绩的衡量指标。考虑到 CEO 变更主要是根据前期业绩作为决策依据，故应选取 CEO 变更前一年的公司业绩作为解释变量。为了部分解决内生性问题，本书根据赫森等（2001）、张和王（2009）的研究又进一步规定，若 CEO 变更发生在当年上半年则采用去年的公司业绩；若 CEO 变更发生在当年下半年就采用当年的公司业绩，统一都用 $Perf_{it-1}$ 来表示。

3. 调节变量

本书用变量 Entrenchment 来表示 CEO 职位壕沟，分别采用 CEO 政治背景、两职合一的领导结构、CEO 在外兼职和 CEO 任期来衡量。

（1）CEO 政治背景。

在中国特有的制度背景下，企业建立政治关联关系最为便捷的方法便是雇佣具有政治背景的 CEO。参考已有文献，本书定义若 CEO 是政府或军队现任或前任官员、人大代表及政协委员，则认定该 CEO 具有政治背景。本书用虚拟变量 $PolBg$ 来表示 CEO 是否具有政治背景，若有则取值为 1，反之为 0。通过手工查找各个样本公司年报中的 CEO 个人简历获取相关信息，若个人简历缺失或简历中没有相关信息，再通过新浪财经和百度搜索进行查询和确认。

（2）两职合一。

董事长和 CEO 两职合一或二职兼任也会影响到董事会对不称职的 CEO 做出解聘的决定。因为董事长和 CEO 两职合一会使得权力过分集中于一人手中，这会大大地降低董事会对 CEO 的监督和控制职能，以及决策的公正性，从而减弱公司内部治理机制的效率。国内外很多学者通过实证研究均发现两职合一的公司高管变更与业绩的敏感性显著弱于两职分离的公司。本书用虚拟变量 $Dual_{it}$ 来表示 CEO 是否两职合一，当 CEO 兼任董事长时，$Dual_{it}$ 取值为 1，否则取值为 0。

（3）在外兼职。

通常认为，有较多社会资本的高管人员在企业中能够掌控更多的决策权，因此，若 CEO 在本企业之外有兼职则表明 CEO 可能具备更多的社会资本，从而降低他们因业绩差被更换的可能性。基于此，本书也选取了 CEO 在外是否兼职这一变量。用 $Adjunt_{it}$ 来代表 CEO 是否在外兼职，若 CEO 在外有兼职，则取 $Adjunt_{it}$ 值为 1，若 CEO 在外无兼职，则取值为 0。

（4）任期。

选择 CEO 任期作为控制变量的原因是西方学者认为 CEO 变更与其任期有关，尽管在这一问题上存在两种截然不同的结论。多数学者认为，CEO 任期越长，对公司了解就越深，经验也就越丰富，从而能够加深其对董事会决策的影响，有利于其固守职位。本书采用 $Tenure_{it}$ 来代表 CEO 的任期。

4. 控制变量

借鉴既有文献，本书分别从企业特征、公司治理结构和 CEO 特征三个方面选取那些对解雇 CEO 有影响但不属于本书解释变量与调节变量的因素作为控制变量。

企业特征方面的控制变量有企业规模（$Size_{it-1}$）和资产负债率（Lev_{it-1}），选取企业规模（$Size$）作为控制变量的原因是不同规模的企业在 CEO 变更决策中的行为是有差异的。公司规模和 CEO 变更之间的关系究竟是怎样的，目前存在异质性结论。有学者认为公司规模越大，内部的代理链就越长，内部信息不对称程度就越高，加剧了代理问题，降低了管理质量，董事会对 CEO 的监督成本、监督难度也就越大。因此，规模越大的董事会监督效率越低，CEO 变更的概率也相应下降。弗斯等（2006）从其他角度解释了其研究结论——规模越大的公司因公司业绩下滑而变更 CEO 的可能性越小，原因可能是规模越大的公司对 CEO 能力的要求越高，但高能力的 CEO 往往供不应求，为避免出现 CEO 空缺，规模较大的公司往往对业绩表现差的 CEO 有较强的忍耐力。而赫森等（2001）及法雷尔和韦德比（Farrell & Whidbee，2003）的结论是公司规模与 CEO 变更显著正相关。朱红军（2004）、张和王（2009）及游家兴等（2010）则认为公司规模与 CEO 变更间不存在显著的相关性。因此本书选取企业规模 $Size_{it-1}$ 作为控制变量，定义为公司总资产的对数。为衡量企业不同的负债水平对 CEO 变更决策是否有影响，设置资产负债率（Lev_{it-1}）变量，计算公式为年末总负债除以总资产。高资产负债率代表公司面临破产的风险较高，面对因破产而丧失经营权的威胁，CEO 可能会减少以牺牲股东权益为代价的自利行为。因此，资产负债率和 CEO 变更之间可能存在负相关关系，但也有学者发现二者之间的相关性并不显著。

公司治理结构涉及的主要因素是董事会结构方面的控制变量，主要包含董事会规模（$Board_{it-1}$）、董事会会议次数（$Bdtime_{it-1}$）和独立董事比例（$Indt_{it-1}$），延续之前做法，若 CEO 变更发生在当年下半年就采用当年的数据；若 CEO 变更发生在当年上半年则采用上一年的数据。一般认为董事会规模会直接影响董事会的运作效率。通常来说，较小的董事会规模更利于控制，更容易形成凝聚力，内部沟通时更为顺畅，因而在监督高管人员方面效果更佳。过多人数的董事会易出现成员间相互推诿责任、"搭便车"的现象，同时也增加了成员间沟通和协调的困难，影响了董事会运作效率，不利于董事会高效解决相关问题。因此董事会规模越小，越有可能在公司业绩不良时解聘总经理。杰森（1993）认为董事会规模不宜过大，主要原因在于人数较多的董事会容易引起决策低效、风险厌恶等问题导致成本增加，以致得不偿失。但也有学者的实证结果不同，例如沈艺峰和张俊生（2001）的研究表明在被 ST 时，董事会规模与公司总经理离职概率呈现显著正相关关系，而马磊（2008）和法勒耶（Faleye，2007）则认为董事会规模对高管变更的影响并不显著。因此，本书也将董事会规模纳入控制变量的考虑范围内。近些年，也有学者以董事会的会议次数作为衡量董事会工作积极性的指标，但是董事会会议次数的多少与其工作效率并非完全一致，因而对于董事会行为对更换高管决策的影响，学者们持有两种不同的观点：一是认为董事会会议次数与其工作效率呈正相关，二是认为董事会议次数的多少并没有对公司高管起到很大的约束作用。因此，我们也需将董事会会议次数纳入控制变量中。独立董事的职业前景主要取决于其在经理人市场的价值，而不是依赖于 CEO，因此他们相对独立于 CEO，为了创造及维护其专家的声誉，能够有效地监督管理 CEO，改善公司内部治理效率。维斯巴赫（1988）的研究证明外部独立董事比例越高，董事会越可能更换业绩低劣的 CEO，即增强了 CEO 业绩—变更敏感性。但也有学者的研究存在不同观点，认为独立董事比例与 CEO 变更间不存在显著相关关系。因此，本书将独立董事比例纳入控制变量之中，以控制董事会独立性对 CEO 变更的影响。

CEO 特征方面的控制变量选取的是 CEO 年龄（Age_{it}）。已有研究大多认为，在公司绩效持续低劣的情况下，CEO 的年龄与其变更可能性之间呈反比关系，即在对等条件下，年轻的高管更可能受到被更换的威胁。原因可能是总经理年龄越大，其在公司中的影响力一般也越大，就越不可能因为业绩差等原因而离职。

各变量具体定义如表 3 - 1 所示。

表 3 - 1　　　　　　　　　　　主要变量与衡量方法

变量	符号	变量定义或计算方法
被解释变量		
CEO 变更	CEO_TO_{it}	是否发生了 CEO 变更，虚拟变量，是 =1，否 =0
解释变量		
公司业绩	$Perf_{it-1}$	总资产收益率，ROA =净利润/总资产，上半年变更的用前一年的数据，下半年变更的用当年的数据
调节变量		
CEO 政治背景	$PolBg_{it}$	CEO 是否具有政治背景，虚拟变量，是 =1，否 =0
CEO 两职合一	$Dual_{it}$	董事长和 CEO 的兼任情况，两职合一 =1，非两职合一 =0
CEO 在外兼职	$Adjunct_{it}$	CEO 是否在外有兼职，有 =1，没有 =0
CEO 任期	$Tenure_{it}$	CEO 的任职期限，从 CEO 在本公司担任本职位算起
控制变量		
企业规模	$Size_{it-1}$	公司总资产的对数，Size = ln（总资产），上半年变更的用前一年的数据，下半年变更的用当年的数据
资产负债率	Lev_{it-1}	Lev =负债总额/资产总额，上半年变更的用前一年的数据，下半年变更的用当年的数据
独立董事比例	$Indt_{it-1}$	Indt =独立董事人数/董事会总人数，上半年变更的用前一年的数据，下半年变更的用当年的数据
董事会规模	$Board_{it-1}$	董事会总人数，上半年变更的用前一年的数据，下半年变更的用当年的数据

变量	符号	变量定义或计算方法
董事会会议次数	$Bdtime_{it-1}$	董事会会议次数，上半年变更的用前一年的数据，下半年变更的用当年的数据
CEO 年龄	Age_{it}	CEO 真实年龄
年度	$Year$	虚拟变量，控制年度差异
行业	$Industry$	虚拟变量，控制行业差异

3.4　模　型　构　建

关于影响 CEO 变更的前置因素的分析主要集中于以下四个问题。第一，CEO 业绩表现不佳是否会被强制变更？第二，CEO 变更与业绩间关系在不同情境下是否存在差异？第三，CEO 的职位壕沟对其业绩—变更敏感性的影响是什么？第四，其影响在不同情境下是否存在差异？

为了解决上述问题，根据被解释变量的特点，本书采用二元 Logistic 回归对假设予以验证。构建的理论模型如下：

$$\ln\left[\frac{P(CEO\_TO)}{1-P\ (CEO\_TO)}\right] = \beta_0 + \beta_1 Perf + \beta_2 Size + \beta_3 Lev + \beta_4 Indt + \beta_5 Board$$
$$+ \beta_6 Bdtime + \beta_7 Age + Year + Industry + \varepsilon_i \quad (3.1)$$

$$\ln\left[\frac{P(CEO\_TO)}{1-P\ (CEO\_TO)}\right] = \beta_0 + \beta_1 Perf + \beta_2 Entrenchment + \beta_3 Perf * Entrenchment$$
$$+ \beta_4 Size + \beta_5 Lev + \beta_6 Indt + \beta_7 Board + \beta_8 Bdtime$$
$$+ \beta_9 Age + Year + Industry + \varepsilon_i \quad (3.2)$$

模型（3.2）中，能够反映 CEO 监管机制有效性的 CEO_TO_{it} 用变更来测量（测定方法如上）；其他变量定义如上；同时本书也控制了行业和年度的固定效应。如前所述，为了部分解决内生性问题，本书定义：若 CEO 变更发生在当年下半年就采用当年的公司业绩；若 CEO 变更发生在当年上半年则采用去年业绩。$Entrenchment_{it}$ 为本书研究的 CEO 职位壕沟，分别用 $PolBg_{it}$、$Dual_{it}$、$Adjunct_{it}$、$Tenure_{it}$ 进行测度。

模型（3.1）用以检验公司前期业绩对 CEO 变更的影响，若假设成立，则预期 β_1 的符号为负[①]，表明 CEO 变更的可能性与公司业绩呈负相关。同时，本书将样本分别分为亏损样本组和盈利样本组、国企样本组和民企样本组，以观察上述问题的结果分别在以上两类两组中是否存在差异。本书利用模型（3.2）重点考察 CEO 职位壕沟在公司业绩与其变更间的调节作用，若假设成立，则预期 β_1 和 β_2 为负号，且 β_3 为正号。即表明 CEO 变更的概率与公司前期业绩呈负相关，而 CEO 的职位壕沟会显著降低这种负相关关系。本书也将样本分别分为亏损样本组和盈利样本组、国企样本组和民企样本组，观察上述问题的结果分别在以上两类两组中是否存在差异。

本章的机理模型如图 3 - 1 所示。

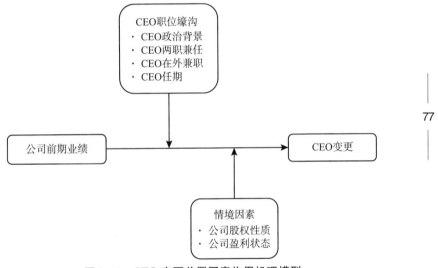

图 3 - 1　CEO 变更前置因素作用机理模型

3.5　本　章　小　结

本章以公司前期业绩对 CEO 变更的影响为出发点，分析和检验以下三个问题：①影响 CEO 变更的前置因素有哪些？②CEO 变更所发生

---

①　模型中的 β 为系数，但本书输出结果是发生比率比（Odds Ratio），而非系数，详见第 4 章 4.3 部分说明。

的情境因素是否会对其变更产生影响？③CEO 职位壕沟是否会对公司业绩与 CEO 变更间的关系产生影响？基于以上问题，本章在对以往文献述评的基础上进行理论分析并提出不同治理情境下的关于公司业绩、CEO 职位壕沟与 CEO 变更关系的研究假设。

本章的研究以 2007~2015 年在深、沪两市 A 股上市的所有公司为初始研究样本，并对样本按如下标准进行筛选：①剔除了会计制度和行业监管具有特殊性的金融、保险类上市公司；②剔除了样本年度发生控制权转移的公司；③剔除了相关 CEO 信息或相关财务数据缺失的样本；④对同年发生多次 CEO 变更的样本，以第一次被更换的 CEO 作为观测对象；⑤为消除极端值的影响。最终筛选得到 2494 家上市公司和 15441 个公司—年度观测值。

本章研究的被解释变量为虚拟变量 CEO 变更，解释变量为公司前期业绩，采用 ROA 来衡量，调节变量为 CEO 职位壕沟，分别以 CEO 政治背景、领导权结构、CEO 兼职情况以及 CEO 任期来衡量。借鉴既有文献，分别从企业特征、公司治理结构和 CEO 特征三个方面选取那些对解雇 CEO 有影响但不属于本书解释变量与调节变量的因素作为控制变量。企业特征方面的控制变量有企业规模和资产负债率；公司治理结构涉及的主要因素是董事会结构方面的控制变量，主要包含董事会规模、董事会会议次数和独立董事比例；CEO 特征方面的控制变量选取的是 CEO 年龄。

本章最后介绍了公司前期业绩、CEO 职位壕沟与 CEO 变更关系的模型和机理。

第4章 公司前期业绩、CEO 职位壕沟与其变更的实证检验

4.1 变量描述统计

表 4-1 从股权性质角度描述了每年公司数量及比例。表 4-1 显示 2007~2015 年，全样本中的公司数目逐年上升，说明近年来随着资本市场的不断发育完善，中国整体经济处于上升的趋势，行业景气，越来越多的公司达到上市的要求；全样本中的国企数目较为稳定，在 754~887 家，但在全体上市公司中所占比例逐年下降；同时民企的数量逐年大幅增加，所占比例也逐年上升。

表 4-1 样本区间内每年公司数量及比例

年度	全样本（1）	国企样本		民企样本	
		数量（2）	比例（3）=（2）/（1）%	数量（4）	比例（5）=（4）/（1）%
2007	1277	754	59.04	478	37.43
2008	1367	789	57.72	523	38.26
2009	1479	816	55.17	593	40.09
2010	1539	823	53.48	640	41.59
2011	1648	837	50.79	726	44.05
2012	1887	871	46.16	917	48.60
2013	2034	878	43.17	1039	51.08
2014	2091	887	42.42	1082	51.75

续表

年度	全样本 (1)	国企样本		民企样本	
		数量 (2)	比例 (3) = (2)/(1) %	数量 (4)	比例 (5) = (4)/(1) %
2015	2119	883	41.67	1109	52.34
合计	15441	7538	48.82	7107	46.03

资料来源：笔者依据国泰安等数据库整理。

　　表 4-2 分别从公司经营状态和 CEO 的背景对样本进行分组，观察每年公司数量及比例。从全样本来看，亏损公司只占少数，说明我国上市公司整体业绩不错，其中 2008 年亏损公司比例最高，原因是当年暴发于美国的金融危机也波及我国上市公司；之后亏损公司比例有所回落，但2015 年比例相对较高，这从一个侧面折射出经济转型的迫切性。从 CEO背景进行分组的数据来看，大部分上市公司的 CEO 是不具有政治背景的，但 CEO 具有政治背景的上市公司比例几乎逐年上升。面板 B 和面板 C 同时显示，2007~2010 年国企样本中的亏损公司比例相较于民企样本较低，而从 2011 年开始，情况出现逆转，国企样本中的亏损公司比例相较于民企样本出现较大幅度增长，原因在于近些年国家出台的各种民营企业优惠政策发挥了作用，这还从一个侧面反映出国企改革的必要性和迫切性。从面板 B 和面板 C 还可以看出，相较于国企样本，民企样本中 CEO 具有政治背景的公司比例较高，显示出在市场和制度相对薄弱的中国，民营上市公司更偏爱雇佣能为公司带来诸多好处的具有政治背景的 CEO。

表 4-2　　　　　　　　　　样本区间分组每年公司数量及比例

年度	样本数 (1)	亏损公司样本		盈利公司样本		CEO 具有政治 背景的公司		CEO 无政治 背景的公司	
		数量 (2)	占样本比例 (3) = (2)/(1) %	数量 (4)	占样本比例 (5) = (4)/(1) %	数量 (6)	占样本比例 (7) = (6)/(1) %	数量 (8)	占样本比例 (9) = (8)/(1) %
面板 A：全样本									
2007	1277	170	13.31	1107	86.69	165	12.92	1112	87.08
2008	1367	335	24.51	1032	75.49	198	14.48	1169	85.52

续表

年度	样本数 (1)	亏损公司样本		盈利公司样本		CEO 具有政治 背景的公司		CEO 无政治 背景的公司	
		数量 (2)	占样本比例 (3)= (2)/(1) %	数量 (4)	占样本比例 (5)= (4)/(1) %	数量 (6)	占样本比例 (7)= (6)/(1) %	数量 (8)	占样本比例 (9)= (8)/(1) %
面板 A：全样本									
2009	1479	252	17.04	1227	82.96	210	14.20	1269	85.80
2010	1539	199	12.93	1340	87.07	224	14.55	1315	85.45
2011	1648	245	14.87	1403	85.13	259	15.72	1389	84.28
2012	1887	361	19.13	1526	80.87	306	16.22	1581	83.78
2013	2034	358	17.60	1676	82.40	316	15.54	1718	84.46
2014	2091	378	18.08	1713	81.92	332	15.88	1759	84.12
2015	2119	442	20.86	1677	79.14	389	18.36	1730	81.64
合计	15441	2740	17.74	12701	82.26	2399	15.54	13042	84.46
面板 B：国企样本									
2007	754	79	10.48	675	89.52	88	11.67	666	88.33
2008	789	177	22.43	612	77.57	103	13.05	686	86.95
2009	816	132	16.18	684	83.82	102	12.50	714	87.50
2010	823	100	12.15	723	87.85	95	11.54	728	88.46
2011	837	130	15.53	707	84.47	101	12.07	736	87.93
2012	871	194	22.27	677	77.73	96	11.02	775	88.98
2013	878	175	19.93	703	80.07	98	11.16	780	88.84
2014	887	190	21.42	697	78.58	102	11.50	785	88.50
2015	883	215	24.35	668	75.65	121	13.70	762	86.30
合计	7538	1392	18.47	6146	81.53	906	12.02	6632	87.98
面板 C：民企样本									
2007	478	85	17.78	393	82.22	70	14.64	408	85.36
2008	523	149	28.49	374	71.51	88	16.83	435	83.17
2009	593	110	18.55	483	81.45	100	16.86	493	83.14

续表

年度	样本数 (1)	亏损公司样本		盈利公司样本		CEO 具有政治背景的公司		CEO 无政治背景的公司	
		数量 (2)	占样本比例 (3) = (2)/(1) %	数量 (4)	占样本比例 (5) = (4)/(1) %	数量 (6)	占样本比例 (7) = (6)/(1) %	数量 (8)	占样本比例 (9) = (8)/(1) %
面板 C：民企样本									
2010	640	93	14.53	547	85.47	122	19.06	518	80.94
2011	726	110	15.15	616	84.85	151	20.80	575	79.20
2012	917	158	17.23	759	82.77	199	21.70	718	78.30
2013	1039	172	16.55	867	83.45	207	19.92	832	80.08
2014	1082	174	16.08	908	83.92	218	20.15	864	79.85
2015	1109	208	18.76	901	81.24	252	22.72	857	77.28
合计	7107	1259	17.71	5848	82.29	1407	19.80	5700	80.20

资料来源：笔者依据国泰安等数据库整理。

表 4 - 3 是分别对本章全样本、国企样本和民企样本的 CEO 变更情况的总体描述。面板 A 显示，在 2007～2015 年的 15441 个样本观测值中，发生 CEO 变更的样本总数是 3064 个，占全样本的比例为 19.84%，整体出现先下降后略有上升的趋势；其中，发生 CEO 变更的样本总数是 1797 个，比例占变更样本的 58.65%，即每年发生的 CEO 变更中多数都属于变更。同时可发现 2008 年上市公司中发生 CEO 变更的公司比例相对较高，且在发生了变更的公司中占比最高，追其原因是当年华尔街金融危机波及全世界，对我国实体经济影响很大，一些中小外贸企业纷纷倒闭或破产，外资企业也纷纷撤资，经济下滑导致许多公司出现业绩下滑等现象，因此变更率较高。2009 年 CEO 变更率也较高，这是金融危机后果的延续，但从 2010 年开始，CEO 变更在发生了变更的上市公司中所占的比例比较稳定，以上从侧面验证了本章数据的可靠性。

表 4 - 3   CEO 变更的样本统计

年度	上市公司（1）	发生 CEO 变更的上市公司（2）	CEO 强制变更的上市公司（3）	强制变更率 1（4）=（3）/（2）%	强制变更率 2（6）=（3）/（1）%	总变更率（6）=（2）/（1）%
面板 A：全样本						
2007	1277	298	207	69.46	16.21	23.34
2008	1367	270	221	81.85	16.17	19.75
2009	1479	294	220	74.83	14.87	19.88
2010	1539	272	169	62.13	10.98	17.67
2011	1648	323	168	52.01	10.19	19.60
2012	1887	320	158	49.38	8.37	16.96
2013	2034	379	197	51.98	9.69	18.63
2014	2091	422	193	45.73	9.23	20.18
2015	2119	486	264	54.32	12.46	22.94
合计	15441	3064	1797	58.65	11.64	19.84
面板 B：国企样本						
2007	754	147	103	70.07	13.66	19.50
2008	789	143	120	83.92	15.21	18.12
2009	816	165	130	78.79	15.93	20.22
2010	823	145	97	66.90	11.79	17.62
2011	837	171	101	59.06	12.07	20.43
2012	871	137	79	57.66	9.07	15.73
2013	878	186	111	59.68	12.64	21.18
2014	887	191	93	48.69	10.48	21.53
2015	883	212	123	58.02	13.93	24.01
合计	7538	1497	957	63.93	12.70	19.86
面板 C：民企样本						
2007	478	133	93	69.92	19.46	27.82
2008	523	120	94	78.33	17.97	22.94
2009	593	121	85	70.25	14.33	20.40

续表

年度	上市公司 (1)	发生 CEO 变更的上市公司 (2)	CEO 强制变更的上市公司 (3)	强制变更率 1 (4) = (3)/(2) %	强制变更率 2 (6) = (3)/(1) %	总变更率 (6) = (2)/(1) %
			面板 C：民企样本			
2010	640	113	65	57.52	10.16	17.66
2011	726	138	61	44.20	8.40	19.01
2012	917	164	69	42.07	7.52	17.88
2013	1039	171	74	43.27	7.12	16.46
2014	1082	207	89	43.00	8.23	19.13
2015	1109	237	128	54.01	11.54	21.37
合计	7107	1404	758	53.99	10.67	19.76

注：强制变更率 1 为强制变更占变更上市公司之比；强制变更率 2 为 CEO 强制变更占上市公司之比；总变更率为 CEO 变更占上市公司之比。

资料来源：笔者依据国泰安等数据库整理。

面板 B 和面板 C 分别从不同股权性质角度分类描述 CEO 变更情况。面板 B 显示，在 2007~2015 年的 7538 个国企公司—年度样本观测值中，有 63.93% 的变更属于强制变更。面板 C 显示，在 2007~2015 年的 7107 个公司—年度样本观测值中，有 53.99% 的变更属于强制变更。面板 B 和面板 C 显示，相对于民企样本，国企样本中发生 CEO 变更的概率较高，说明民企更少变更业绩较差的 CEO，在一定程度上反映出 CEO 的职位壕沟效应对民企公司董事会监督有效性发挥的影响。

鉴于本章的研究目的是检验 CEO 职位壕沟对由业绩不佳导致的 CEO 变更的影响，本章余下部分会集中于变更的研究。表 4-4 是从公司经营状态入手，将全样本分成亏损公司样本和盈利公司样本分别统计 CEO 的变更情况。研究发现，在 1797 个发生 CEO 变更的样本中，393 个样本的 CEO 发生变更时公司处于亏损状态。表 4-4 也报告了亏损公司样本中 CEO 发生变更的比例平均为 14.34%，此比例明显高于盈利公司样本中 CEO 发生变更的比例（11.05%），本书同时也进行了 T 检验，结果表明公司经营状态对 CEO 变更率的影响整体在 1% 的水平上显著。

表 4 – 4   CEO 变更与公司经营状态的样本统计

年度	CEO强制变更数（1）	亏损公司样本（loss = 1）				盈利公司样本（loss = 0）				T 检验
		亏损公司数（2）	亏损公司CEO强制变更数（3）	占CEO强制变更样本比例（4）=（3）/（1）%	占亏损公司样本比例（5）=（3）/（2）%	盈利公司数（6）	盈利公司CEO强制变更数（7）	占CEO强制变更样本比例（8）=（7）/（1）%	占盈利公司样本比例（9）=（7）/（6）%	
面板 A：全样本										
2007	207	170	39	18.84	22.94	1107	168	81.16	15.18	– 2.5623 **
2008	221	335	58	26.24	17.31	1032	163	73.76	15.79	– 0.6557
2009	220	252	49	22.27	19.44	1227	171	77.73	13.94	– 2.2404 **
2010	169	199	21	12.43	10.55	1340	148	87.57	11.04	0.2070
2011	168	245	34	20.24	13.88	1403	134	79.76	9.55	– 2.0666 **
2012	158	361	31	19.62	8.59	1526	127	80.38	8.32	– 0.1633
2013	197	358	50	25.38	13.97	1676	147	74.62	8.77	– 3.0225 ***
2014	193	378	44	22.80	11.64	1713	149	77.20	8.70	– 1.7891 *
2015	264	442	67	25.38	15.16	1677	197	74.62	11.75	– 1.9327 *
合计	1797	2740	393	21.87	14.34	12701	1404	78.13	11.05	– 4.8723 ***
面板 B：国企样本										
2007	103	79	17	16.50	21.52	675	86	83.50	12.74	– 2.1533 **
2008	120	177	26	21.67	14.69	612	94	78.33	15.36	0.2184
2009	130	132	28	21.54	21.21	684	102	78.46	14.91	– 1.8122 *
2010	97	100	13	13.40	13.00	723	84	86.60	11.62	– 0.4012
2011	101	130	24	23.76	18.46	707	77	76.24	10.89	– 2.4411 **
2012	79	194	16	20.25	8.25	677	63	79.75	9.31	0.4521
2013	111	175	32	28.83	18.29	703	79	71.17	11.24	– 2.5167 **
2014	93	190	23	24.73	12.11	697	70	75.27	10.04	– 0.8219
2015	123	215	38	30.89	17.67	668	85	69.11	12.72	– 1.8245 *
合计	957	1392	217	22.68	15.59	6146	740	77.32	12.04	– 3.5936 ***

续表

年度	CEO 强制变更数 (1)	亏损公司样本（loss＝1）				盈利公司样本（loss＝0）				T 检验
		亏损公司数 (2)	亏损公司 CEO 强制变更数 (3)	占 CEO 强制变更样本比例 (4)＝(3)/(1)%	占亏损公司样本比例 (5)＝(3)/(2)%	盈利公司数 (6)	盈利公司 CEO 强制变更数 (7)	占 CEO 强制变更样本比例 (8)＝(7)/(1)%	占盈利公司样本比例 (9)＝(7)/(6)%	
面板 C：民企样本										
2007	93	85	21	22.58	24.71	393	72	77.42	18.32	−1.3482
2008	94	149	31	32.98	20.81	374	63	67.02	16.84	−1.0638
2009	85	110	20	23.53	18.18	483	65	76.47	13.46	−1.2757
2010	65	93	8	12.31	8.60	547	57	87.69	10.42	0.5359
2011	61	110	9	14.75	8.18	616	52	85.25	8.44	0.0903
2012	69	158	15	21.74	9.49	759	54	78.26	7.11	−1.0308
2013	74	172	18	24.32	10.47	867	56	75.68	6.46	−1.8674*
2014	89	174	21	23.60	12.07	908	68	76.40	7.49	−2.0162**
2015	128	208	26	20.31	12.50	901	102	79.69	11.32	−0.4794
合计	758	1259	169	22.30	13.42	5848	589	77.70	10.07	−3.4973***

注：* 、** 、*** 分别表示 p＜0.1、p＜0.05、p＜0.01。
资料来源：笔者依据国泰安等数据库整理。

表 4－4 也同时列示了按不同实际控制人分类的样本分布情况。数据显示，2007～2015 年，国企样本中共发生 957 例变更，其中亏损国企发生 CEO 变更的平均比例为 15.59%，而盈利国企发生变更的平均比例为 12.04%，且两组差异基本通过了 T 检验，这表明在国企样本组，亏损公司的 CEO 更容易被变更。在民企样本中，亏损民企发生 CEO 变更的比例相对于盈利民企也较高，且两组差异基本也通过了 T 检验，说明在民企样本组，公司经营状态也影响了 CEO 变更概率。对比面板 B 和面板 C 的数据，可以发现相对于盈利国企样本，盈利民企样本中 CEO 变更率从 6.46% 到 18.32%，波动较大，可见除了公司经营状态，还存在其他因素影响民企的 CEO 变更概率，例如 CEO 是否具有政治背景。

通过 CEO 变更及其政治背景的样本统计（见表 4－5）可以发现，在 1797 个发生 CEO 变更的样本中，206 个样本的 CEO 发生变更时具有政治背景。同时表 4 – 5 也报告了具有政治背景的 CEO 中发生变更的比例平均为 8. 59%，此比例明显低于没有政治背景的 CEO 发生变更的比例平均（12. 20%），本书同时也进行了 T 检验，结果表明 CEO 的政治背景对其平均变更率的影响在 1% 的水平上显著。

　　表 4 – 5 也同时列示了按不同实际控制人分类的样本分布情况。数据显示，在所有年度中，CEO 具有政治背景的国企发生变更的比例极不稳定，而 CEO 没有政治背景的国企发生变更的比例相对比较稳定，这从侧面反映出：虽然 CEO 的政治背景可能会影响其变更概率，但可能存在其他因素减弱 CEO 的职位壕沟效应，例如公司经营状态等。同时，在国企发生 CEO 变更的样本中，具有政治背景的 CEO 的比例为 9. 71%，而无政治背景的 CEO 的比例为 13. 10%，两者差异基本通过了 T 检验，初步说明国企样本组中无政治背景的 CEO 更容易发生变更。在民营样本中，2007 ~ 2015 年共发生 758 次 CEO 变更，其中，具有政治背景的 CEO 发生变更比例为 7. 68%，而无政治背景的 CEO 发生变更的比例为 11. 40%，且两组差异基本通过了 T 检验，这表明在民企样本组，无政治背景的 CEO 也更容易被变更。发生了变更的民企样本中具有政治背景的 CEO 所占比例几乎逐年上升，说明民企样本中 CEO 的政治背景对其的保护作用正逐渐下降，这在一定程度上反映出民企公司治理效率正逐渐得到改善。

表 4 – 5　　　　　　　　CEO 变更及其政治背景的样本统计

年度	CEO 强制变更数 (1)	具有政治背景（PolBg = 1）				无政治背景（PolBg = 0）				T 检验
		CEO 具有政治背景的公司数目 (2)	CEO 强制变更数 (3)	占 CEO 强制变更样本比例 (4) = (3)/(1) %	占 CEO 具有政治背景的公司样本比例 (5) = (3)/(2) %	CEO 没有政治背景的公司数目 (6)	CEO 强制变更数 (7)	占 CEO 强制变更样本比例 (8) = (7)/(1) %	占 CEO 没有政治背景的公司样本比例 (9) = (7)/(6) %	
面板 A：全样本										
2007	207	165	16	7. 73	9. 70	1112	191	92. 27	17. 18	2. 4364**
2008	221	198	22	9. 95	11. 11	1169	199	90. 05	17. 02	2. 0914**
2009	220	210	24	10. 91	11. 43	1269	196	89. 09	15. 45	1. 5153

年度	CEO 强制变更数 (1)	具有政治背景（$PolBg=1$）				无政治背景（$PolBg=0$）				T 检验
		CEO 具有政治背景的公司数目 (2)	CEO 强制变更数 (3)	占 CEO 强制变更样本比例 (4)=(3)/(1)%	占 CEO 具有政治背景的公司样本比例 (5)=(3)/(2)%	CEO 没有政治背景的公司数目 (6)	CEO 强制变更数 (7)	占 CEO 强制变更样本比例 (8)=(7)/(1)%	占 CEO 没有政治背景的公司样本比例 (9)=(7)/(6)%	
面板 A：全样本										
2010	169	224	19	11.24	8.48	1315	150	88.76	11.41	1.2940
2011	168	259	17	10.12	6.56	1389	151	89.88	10.87	2.1049 **
2012	158	306	16	10.13	5.23	1581	142	89.87	8.98	2.1710 **
2013	197	316	23	11.68	7.28	1718	174	88.32	10.13	1.5743
2014	193	332	23	11.92	6.93	1759	170	88.08	9.66	1.5804
2015	264	389	46	17.42	11.83	1730	218	82.58	12.60	0.4185
合计	1797	2399	206	11.46	8.59	13042	1591	88.54	12.20	5.0743 ***
面板 B：国企样本										
2007	103	88	7	6.80	7.95	666	96	93.20	14.41	1.6592 *
2008	120	103	10	8.33	9.71	686	110	91.67	16.03	1.6679 *
2009	130	102	14	10.77	13.73	714	116	89.23	16.25	0.6502
2010	97	95	11	11.34	11.58	728	86	88.66	11.81	0.0665
2011	101	101	9	8.91	8.91	736	92	91.09	12.50	1.0378
2012	79	96	5	6.33	5.21	775	74	93.67	9.55	1.3967
2013	111	98	10	9.01	10.20	780	101	90.99	12.95	0.7700
2014	93	102	8	8.60	7.84	785	85	91.40	10.83	0.9251
2015	123	121	14	11.38	11.57	762	109	88.62	14.30	0.8063
合计	957	906	88	9.20	9.71	6632	869	90.80	13.10	2.8761 ***

续表

年度	CEO 强制变更数 (1)	具有政治背景（*PolBg* = 1)				无政治背景（*PolBg* = 0)				T 检验
		CEO 具有政治背景的公司数目 (2)	CEO 强制变更数 (3)	占 CEO 强制变更样本比例 (4) = (3)/(1) %	占 CEO 具有政治背景的公司样本比例 (5) = (3)/(2) %	CEO 没有政治背景的公司数目 (6)	CEO 强制变更数 (7)	占 CEO 强制变更样本比例 (8) = (7)/(1) %	占 CEO 没有政治背景的公司样本比例 (9) = (7)/(6) %	
面板 C：民企样本										
2007	93	70	7	7.53	10.00	408	86	92.47	21.08	2.1693 **
2008	94	88	11	11.70	12.50	435	83	88.30	19.08	1.4664
2009	85	100	8	9.41	8.00	493	77	90.59	15.62	1.9856 **
2010	65	122	8	12.31	6.56	518	57	87.69	11.00	1.4629
2011	61	151	8	13.11	5.30	575	53	86.89	9.22	1.5454
2012	69	199	11	15.94	5.53	718	58	84.06	8.08	1.2065
2013	74	207	12	16.22	5.80	832	62	83.78	7.45	0.8278
2014	89	218	15	16.85	6.88	864	74	83.15	8.56	0.8082
2015	128	252	28	21.88	11.11	857	100	78.13	11.67	0.2433
合计	758	1407	108	14.25	7.68	5700	650	85.75	11.40	4.0608 ***

注：＊、＊＊、＊＊＊分别表示 p < 0.1、p < 0.05、p < 0.01。
资料来源：笔者依据国泰安等数据库整理。

表 4-6 统计了 CEO 个人特征方面的样本分布情况。结果表明，2007 ~ 2015 年两职合一的 CEO 样本总数量为 2841，比例为 18.40%，并且有逐年上升而后略有下降的趋势；兼任其他公司的 CEO 样本总数量为 7518，比例为 48.69%，也呈现先上升后下降的趋势。表 4-6 同时也分别罗列了国企样本和民企样本的相关数据，结果发现国企样本中 CEO 两职合一的比例（9.86%）远远小于民企样本中 CEO 两职合一的比例（27.58%），原因可能在于相较于民企，国家对国企高管两职合一的规定更为严格；国企样本中 CEO 在外兼职的比例整体呈现先上升后下降的趋势，原因可能与 2011 年各地级市陆续出台国企高管不得擅自兼职的文件有关。而民企样本中 CEO 在外兼职比例呈现逐年上升趋

势，整体看来，国企样本中 CEO 在外兼职的比例（45.61%）小于民企样本中 CEO 在外兼职的比例（52.01%）。出于以上分析，本书应考虑 CEO 两职合一和在外兼职对回归模型的影响，应将两者纳入 Logistic 回归模型中。

表 4 - 6　　　　　　　　　　CEO 个人特征情况统计

变量	2007	2008	2009	2010	2011	2012	2013	2014	2015	合计
面板 A：全样本										
公司数	1277	1367	1479	1539	1648	1887	2034	2091	2119	15441
CEO 两职合一（1，0）	152	185	218	248	281	402	446	453	456	2841
占比（%）	11.90	13.53	14.74	16.11	17.05	21.30	21.93	21.66	21.52	18.40
CEO 在外兼职（1，0）	563	628	719	765	844	927	990	1021	1061	7518
占比（%）	44.09	45.94	48.61	49.71	51.21	49.13	48.67	48.83	50.07	48.69
面板 B：国企样本										
国企公司数	754	789	816	823	837	871	878	887	883	7538
CEO 两职合一（1，0）	62	73	76	77	73	94	96	101	91	743
占比（%）	8.22	9.25	9.31	9.36	8.72	10.79	10.93	11.39	10.31	9.86
CEO 在外兼职（1，0）	340	362	390	394	409	383	376	391	393	3438
占比（%）	45.09	45.88	47.79	47.87	48.86	43.97	42.82	44.08	44.51	45.61
面板 C：民企样本										
民营公司数	478	523	593	640	726	917	1039	1082	1109	7107
CEO 两职合一（1，0）	81	103	133	163	196	291	330	328	335	1960
占比（%）	16.95	19.69	22.43	25.47	27.00	31.73	31.76	30.31	30.21	27.58
CEO 在外兼职（1，0）	208	240	290	331	392	493	558	577	607	3696
占比（%）	43.51	45.89	48.90	51.72	53.99	53.76	53.71	53.33	54.73	52.01

资料来源：笔者依据国泰安等数据库整理。

表 4 - 7 从公司经营状态和 CEO 的背景入手分别将全样本、国企样本和民企样本分成亏损和盈利样本组、CEO 具有政治背景和没有政治背景组，以分别对 CEO 个人情况进行统计。为简洁起见，本书仅报告总体的数据，不报告年度数据。

表 4 - 7　　　　　　　CEO 个人特征情况分组统计

变量	亏损公司样本	盈利公司样本	CEO 具有政治背景的公司样本	CEO 没有政治背景的公司样本
面板 A：全样本				
公司数	2740	12701	2399	13042
CEO 两职合一（1，0）	495	2346	874	1967
占比（%）	18.07	18.47	36.43	15.08
CEO 在外兼职（1，0）	1134	6384	1468	6050
占比（%）	41.39	50.26	61.19	46.39
面板 B：国企样本				
国企公司数	1392	6146	906	6632
CEO 两职合一（1，0）	138	605	208	535
占比（%）	9.91	9.84	22.96	8.07
CEO 在外兼职（1，0）	543	2895	501	2937
占比（%）	39.01	47.10	55.30	44.29
面板 C：民企样本				
民营公司数	1259	5848	1407	5700
CEO 两职合一（1，0）	334	1626	632	1328
占比（%）	26.53	27.80	44.92	23.30
CEO 在外兼职（1，0）	552	3144	907	2789
占比（%）	43.84	53.76	64.46	48.93

资料来源：笔者依据国泰安等数据库整理。

数据显示，盈利全样本公司 CEO 两职合一的比例比亏损全样本公司略高，无论是亏损国企还是盈利国企，CEO 两职合一的比例差不太多，而民企样本中，盈利公司 CEO 两职合一的比例略高于亏损公司；无论是全样本、国企还是民企样本，盈利公司 CEO 在外兼职比例都比亏损公司高，原因可能在于在外兼职的 CEO 有更大可能性拥有更多资源，而在制度还在不断完善的中国市场，公司发展需要通过各种途径获取资源，拥有越多资源的公司其业绩可能会越好。

从全样本来看，在 CEO 具有政治背景的公司中，CEO 两职合一和在外兼职的比例都比 CEO 没有政治背景的公司高得多，说明 CEO 若具有政治背景则更容易两职合一和在外兼职。通过对面板 B 和面板 C 的比较还发现，相对于国企，民企更愿意雇佣两职合一和在外兼职的 CEO。

表 4 - 8 是对本章模型中部分变量的描述性统计结果。从全样本看，CEO 政治背景的均值是 0.1554，这说明上市公司全样本中有 15.54% 的 CEO 具有政治背景。中国上市公司的前一年业绩最大值为 36.0908，而最小值为 - 51.2978，这表明中国上市公司的盈利能力差异较大。企业规模的平均值为 21.9170，最大值和最小值分别为 30.6568 和 13.0760，说明中国上市公司的规模差异不大。中国上市公司的资产负债率均值（0.5150）和标准差（0.8840）说明企业普遍资产负债率较高；最大值（82.56）和最小值（0）说明中国上市公司资产负债率存在较大差异。表 4 - 8 也显示，中国上市公司董事会独董比例平均为 0.3664，即约有三分之一的董事会成员是外部独立董事，刚刚达到证监会的要求。董事会人数的最大值为 22，最小值为 3，说明中国上市公司的董事设置符合《中华人民共和国公司法》的规定。董事会会议次数最大值为 57，最小值为 0，说明不同上市公司每年的董事会开会次数存在很大差异。在 CEO 个人情况方面，年龄的均值为 49，说明中国上市公司可能要求 CEO 具备较丰富的工作经验；任期的均值为 4.1557，说明平均 4 年多会更换一任 CEO，更换频率略高。以上分析说明本书研究应将上面这些因素纳入 Logistic 回归模型的分析中。

表 4 - 8 也同时列示了按不同实际控制人分类的样本分布情况。两类不同实际控制人公司在公司规模、独董比例、董事会会议次数和 CEO 任期方面相差无几；样本公司总资产收益率均值为 3.29%，说明上市

公司间差异非常大，其中，国企的业绩高于民企的业绩（国企的业绩均值为 3.42%，民企的业绩均值为 3.06%）且业绩波动相对于民企更稳定些（国企的业绩最小值为 -6.7760，最大值为 8.4414，民企的业绩最小值为 -51.2978、最大值为 36.0908）；上市公司平均资产规模为 21亿元，上市公司资产规模差异并不很大，国企资产规模略高于民企，但差异不大；民企的资产负债率均值为 49.89%，相对国企略低些（52.59%），但民营上市公司之间的财务杠杆差异远高于国企；民企的独董比例约为 37%，较 2002 年独立董事指导意见规定的 33% 仅高约 4个百分点，国企与民企在此方面也相差无几，说明上市公司之间的独立董事差异较小，反映上市公司引入独立董事主要是合规性的约束；国企的董事会人数略多于民企的董事会人数（国企董事会人数均值为9.5514，民企董事会人数均值为 8.5660）；董事会会议平均为 9 次，标准差约为 4 次，部分上市公司董事会次数过多，可能存在议而不决或干预管理层的现象；民企 CEO 更年轻化，并且差异较大，多数 CEO 处于年富力强的阶段，精力充沛，经验也较丰富；民企在 CEO 的政治背景、是否两职合一和是否在外兼职方面的均值都高于国企，原因可能是相对于拥有较多资源的国企，民企更倾向于通过雇佣自身资源较多的 CEO来提高公司业绩。通过以上分析，初步发现国企业绩变化较为平稳，再加上国企的目标是多元化的，因此 CEO 的变更可能不是由于其业绩表现差而导致的；CEO 的政治背景相对于民企而言更为重要，因此当民企的 CEO 业绩表现较差时，公司可能会因为 CEO 的政治背景为其带来的好处而暂缓对其进行惩罚。

表 4-8　　　　　　　　　变量的描述性统计结果

变量	样本量	均值	标准差	最小值	最大值
面板 A：全样本					
资产收益率（%）	15441	3.29	66.10	-5129.78	3609.08
公司规模（亿元）	15441	21.917	1.4708	13.076	30.6568
资产负债率（%）	15441	51.50	88.40	0.00	8255.96
独董比例（%）	15168	36.64	5.36	9.09	80.00

续表

变量	样本量	均值	标准差	最小值	最大值
面板 A：全样本					
董事会规模（人）	15168	9.1304	1.9775	3	22
董事会会议次数（次）	15427	9.2998	3.7605	0	57
CEO 的政治背景（0，1）	15441	0.1554	0.3623	0	1
CEO 年龄（岁）	15379	48.6729	6.3717	25	77
CEO 任期（年）	15378	4.1557	2.6681	0.01	44.5
两职合一（0，1）	15077	0.1884	0.3911	0	1
在外兼职（0，1）	15367	0.4892	0.4999	0	1
面板 B：国企样本					
资产收益率（%）	7538	3.42	16.29	−677.60	844.14
公司规模（亿元）	7538	22.26	1.3548	18.4747	28.5087
资产负债率（%）	7538	52.59	21.84	1.03	861.18
独董比例（%）	7374	36.32	5.37	9.09	80.00
董事会规模（人）	7374	9.5514	1.9665	4	19
董事会会议次数（次）	7535	9.1403	3.8229	2	57
CEO 的政治背景（0，1）	7538	0.1202	0.3252	0	1
CEO 年龄（岁）	7499	49.3815	5.6899	32	75
CEO 任期（年）	7499	4.1082	2.7024	0.01	44.5
两职合一（0，1）	7344	0.1012	0.3016	0	1
在外兼职（0，1）	7496	0.4586	0.4983	0	1
面板 C：民企样本					
资产收益率（%）	7107	3.06	95.94	−5129.78	3609.08
公司规模（亿元）	7107	21.398	1.1449	13.076	25.5132

变量	样本量	均值	标准差	最小值	最大值
面板 C：民企样本					
资产负债率（%）	7107	49.89	128.03	0.00	8255.96
独董比例（%）	7016	37.00	5.33	14.29	66.67
董事会规模（人）	7016	8.5660	1.5812	3	15
董事会会议次数（次）	7096	9.4047	3.6274	0	44
CEO 的政治背景（0，1）	7107	0.1980	0.3985	0	1
CEO 年龄（岁）	7097	47.7810	6.8751	25	75
CEO 任期（年）	7096	4.2169	2.6405	0.01	17.42
两职合一（0，1）	6967	0.2813	0.4497	0	1
在外兼职（0，1）	7091	0.5212	0.4996	0	1

资料来源：笔者依据国泰安等数据库整理。

　　为初步观察发生 CEO 变更和未发生 CEO 变更的公司间变量是否存在差异，表 4-9 进一步按照公司在观测年度内是否发生了 CEO 的变更进行分组，分别对变量进行了描述性统计，结果发现未发生 CEO 变更组的具有政治背景的 CEO 的比例高达 16.07%，高于发生变更组的 11.46%，并且通过了 T 检验，这说明没有政治背景的 CEO 较具有政治背景的 CEO 更容易发生变更。同时发现，发生变更的公司的前一年业绩均值为负数（-0.46%），而未变更的公司的前一年业绩均值为正数（3.78%），且通过了 T 检验，这初步说明公司前期业绩差将导致 CEO 发生变更。资产负债率在两组中的均值也有差别，分别为 53.50% 和 51.24%，这说明资产负债率较大的公司较易出现问题，从而导致 CEO 的被迫离职。表 4-9 还显示，相对于发生 CEO 变更的样本组，未发生 CEO 变更样本组的 CEO 任期较长、两职合一和在外兼职均值都较大，初步说明，CEO 任期、两职合一和在外兼职能形成 CEO 的管理壕沟效应，从而降低 CEO 因业绩表现差而受到解聘的惩罚概率。两组样本在独董比例、董事会人数、董事会会议次数和 CEO 年龄方面的均值和标准差都较为接近，差异不太明显。

表 4-9 变量的描述性统计（分组）

面板 A：全样本

变量	发生 CEO 变更					未发生 CEO 变更					T 检验
	样本量	均值	标准差	最小值	最大值	样本量	均值	标准差	最小值	最大值	
资产收益率（%）	1797	-0.46	121.46	-5129.78	175.63	13644	3.78	54.77	-4831.59	3609.08	2.5565 **
公司规模（ln）	1797	21.8726	1.4979	14.1082	30.5097	13644	21.9229	1.4671	13.076	30.6568	1.3632
资产负债率（%）	1797	53.50	44.13	0.00	1362.91	13644	51.24	92.67	0	8255.96	-1.0185
独董比例（%）	1750	36.84	5.47	13.33	80.00	13418	36.62	5.35%	9.09	71.43	-1.6124
董事会规模（人）	1750	9.0251	1.9492	4	19	13418	9.1441	1.9808	3	22	2.3679 **
董事会会议次数（次）	1796	9.5050	3.5922	2	34	13631	9.2728	3.7814	0	57	-2.4607 **
CEO 的政治背景（0，1）	1797	0.1146	0.3187	0	1	13644	0.1607	0.3673	0	1	5.0743 ***
CEO 年龄（岁）	1796	48.3190	6.1447	29	75	13583	48.7197	6.3999	25	77	2.5050 **
CEO 任期（年）	1796	3.8049	2.6516	0.13	16.03	13582	4.2021	2.6669	0.01	44.5	5.9367 ***
两职合一（0，1）	1704	0.1479	0.3551	0	1	13373	0.1936	0.3951	0	1	4.5472 ***
在外兼职（0，1）	1790	0.4112	0.4922	0	1	13577	0.4995	0.5000	0	1	7.0394 ***

续表

面板 B：国企样本

变量	发生 CEO 变更					未发生 CEO 变更					T 检验
	样本量	均值	标准差	最小值	最大值	样本量	均值	标准差	最小值	最大值	
资产收益率（%）	957	2.27	7.02	-58.60	33.21	6581	3.59	17.22	-677.60	844.14	2.3334**
公司规模（ln）	957	22.2661	1.3795	19.2419	28.4052	6581	22.2591	1.3513	18.4747	28.5087	-0.1497
资产负债率（%）	957	54.15	20.59	1.03	203.27	6581	52.36	22.00	1.56	861.18	-2.3758**
独董比例（%）	928	36.69	5.57	13.33	80.00	6446	36.26	5.33	9.09	71.43	-2.2751**
董事会规模（人）	928	9.4267	1.9813	4	18	6446	9.5693	1.9639	4	19	2.0661**
董事会会议次数（次）	957	9.0940	3.4767	2	33	6578	9.1470	3.8709	2	57	0.4004
CEO 的政治背景（0，1）	957	0.0920	0.2891	0	1	6581	0.1243	0.3299	0	1	2.8761***
CEO 年龄（岁）	957	48.8882	5.4632	33	73	6542	49.4537	5.7191	32	75	2.8730***
CEO 任期（年）	957	4.1353	2.7084	0.13	16	6542	4.1042	2.7017	0.01	44.5	-0.3329
两职合一（0，1）	902	0.1075	0.3100	0	1	6442	0.1003	0.3004	0	1	-0.6771
在外兼职（0，1）	954	0.4245	0.4945	0	1	6542	0.4636	0.4987	0	1	2.2642**

续表

面板 C: 民企样本

变量	发生 CEO 变更					未发生 CEO 变更					T 检验
	样本量	均值	标准差	最小值	最大值	样本量	均值	标准差	最小值	最大值	
资产收益率 (%)	758	-4.30	186.84	-5129.78	175.63	6349	3.94	78.31	-4831.59	3609.08	2.2335**
公司规模 (ln)	758	21.2669	1.2584	14.1082	25.0286	6349	21.4137	1.1297	13.076	25.5132	3.3387***
资产负债率 (%)	758	52.48	63.42	0.00	1362.91	6349	49.59	133.67	0.00	8255.96	-0.5893
独董比例 (%)	741	37.08	5.34	22.22	66.67	6275	36.99	5.33	14.29	66.67	-0.4333
董事会规模 (人)	741	8.4426	1.5832	4	15	6275	8.5806	1.5805	3	15	2.2460**
董事会会议次数 (次)	757	9.9485	3.5936	3	27	6339	9.3398	3.6262	0	44	-4.3692***
CEO 的政治背景 (0, 1)	758	0.1425	0.3498	0	1	6349	0.2046	0.4034	0	1	4.0608***
CEO 年龄 (岁)	757	47.4108	6.8126	29	75	6340	47.8252	6.8817	25	75	1.5676
CEO 任期 (年)	757	3.4172	2.5555	0.23	16.03	6339	4.3124	2.6345	0.01	17.42	8.8647***
两职合一 (0, 1)	723	0.1964	0.3976	0	1	6244	0.2912	0.4543	0	1	5.3746***
在外兼职 (0, 1)	755	0.3934	0.4888	0	1	6336	0.5365	0.4987	0	1	7.4674***

注: *、**、*** 分别表示 p<0.1、p<0.05、p<0.01。
资料来源: 笔者依据国泰安等数据库整理。

表 4-9 进一步按照不同实际控制人对样本进行分类，结果发现两类样本在资产收益率、财务杠杆、董事会会议次数、CEO 任期、是否两职合一、是否在外兼职方面明显存在不同。在民企，发生 CEO 变更组资产收益率为负（-4.30%）而未发生 CEO 变更组资产收益率为正（3.94%），民企的资产收益率在 CEO 发生和未发生变更组的不同初步说明公司前期业绩差会导致 CEO 变更；国企在发生 CEO 变更组和未发生 CEO 变更组的资产收益率虽有显著不同，但差异性相较民企要小。此外，在发生 CEO 变更和未发生 CEO 变更的国企两类样本组中，公司规模、资产负债率、独董比例、董事会会议次数、董事会人数、CEO 任期、是否两职合一、是否在外兼职方面的数据基本都相同，说明对于国企而言，CEO 变更可能与上述经济因素关系不大，可能与其他的非经济因素相关。在发生 CEO 变更和未发生 CEO 变更的民企两类样本组中，资产收益率、资产负债率、CEO 政治背景、CEO 任期、是否两职合一、是否在外兼职方面的数据有明显差距，初步说明对于民企而言，CEO 变更应与上述因素相关。

4.2　单变量统计分析

为了初步验证上章假设，先对被解释变量与主要变量进行单变量分析。由于本部分研究的模型为 Logistic 模型，故不适合观察用来度量解释变量和被解释变量见线性相关关系强弱的 Pearson 积矩相关系数（Pearson Product-moment Correlation Coefficient），而应通过观察 Spearman 秩相关系数（非参数相关关系）来度量变量间单调的函数关系强弱（见表 4-10）。

通过表 4-10 可以发现，CEO 变更与公司前一年业绩负相关但不显著，并不能表明上市公司前期业绩表现越差越容易导致 CEO 变更。CEO 变更与其政治背景显著负相关，说明相对于没有政治背景的 CEO，有政治背景的 CEO 较难被变更，这与本书的研究假设一致。企业规模越大，CEO 发生变更的概率越小。CEO 变更与企业的资产负债率显

表4-10　全样本中主要变量的 Spearman 相关系数

	CEO_TO_{it}	$Perf_{it-1}$	$PolBg_{it}$	$Size_{it-1}$	Lev_{it-1}	$Indt_{it-1}$	$Board_{it}$	$Bdtime_{it-1}$	Age_{it}	$Tenure_{it}$	$Dual_{it}$	$Adjunct_{it}$
CEO_TO_{it}	1.000											
$Perf_{it-1}$	-0.006	1.000										
$PolBg_{it}$	-0.050***	-0.003	1.000									
$Size_{it-1}$	-0.004	-0.064***	0.016*	1.000								
Lev_{it-1}	0.027***	0.063***	-0.006	-0.107***	1.000							
$Indt_{it-1}$	0.014	0.006	0.021**	0.033***	0.001	1.000						
$Board_{it-1}$	-0.020***	-0.019**	-0.003	0.299***	-0.010	-0.336***	1.000					
$Bdtime_{it-1}$	0.043***	-0.007	-0.005	0.194***	-0.000	0.025***	0.000	1.000				
Age_{it}	0.016*	0.001	0.073***	0.131***	-0.019**	0.001	0.068***	-0.041***	1.000			
$Tenure_{it}$	-0.043***	-0.006	0.060***	0.108***	-0.022**	-0.015*	0.050***	-0.043***	0.200***	1.000		
$Dual_{it}$	-0.059***	-0.006	0.208***	-0.166***	0.015*	0.072***	-0.138***	-0.049***	0.136***	0.040***	1.000	
$Adjunct_{it}$	-0.059***	0.010	0.118***	0.087***	-0.014	0.023***	0.024***	0.008	0.029***	0.079***	0.195***	1.000

注：*、**、*** 分别表示 $p<0.1$、$p<0.05$、$p<0.01$。

著正相关，因为公司负债比率越高，越容易使公司陷入财务困境，从而导致 CEO 的被迫离职。CEO 变更与其年龄在 10% 的水平上呈正相关，表明 CEO 年龄越大，越易被变更；与其任期显著负相关，表明 CEO 任期越短，越易被迫离职。两职合一和在外兼职也会显著降低 CEO 变更的可能性。董事会会议次数越多，可能越表明公司存在问题需要开会解决，因此会增加 CEO 变更的概率，正如表 4 – 10 所显示的结果。董事会规模与 CEO 变更间存在显著负相关关系，说明董事会规模越小越易形成凝聚力，因此效率越高，越易在公司业绩差时对 CEO 进行惩罚。CEO 变更与独董比例相关关系不大，这可能与中国特有的制度背景有关，各大上市公司的独董比例都大致相同。

表 4 – 11 和表 4 – 12 显示了国企和民企样本主要变量的 Spearman 相关系数，具体来说，国企样本的 Spearman 相关系数表显示，CEO 变更与公司前期业绩、公司规模、CEO 年龄、CEO 任期和是否两职合一均不相关，而与 CEO 的政治背景、CEO 在外兼职、资产负债率、独董比例和董事会规模相关。

民企样本的 Spearman 相关系数表显示，CEO 变更与公司前一年业绩显著负相关，表明民营控股上市公司业绩表现越差越容易导致 CEO 离职。企业规模越大，CEO 发生变更的概率越小。CEO 变更与企业的资产负债率显著正相关，原因是公司负债比率越高，越容易使公司陷入财务困境，从而导致 CEO 的离职。CEO 变更与其年龄间的正相关关系不显著，表明 CEO 年龄与其变更关系不大；与其任期显著负相关，表明 CEO 任期越短，越易发生变更。两职合一和在外兼职会显著降低 CEO 变更的可能性。董事会会议次数越多，可能越表明公司存在问题需要开会解决，因此会增加 CEO 变更的概率，正如表 4 – 12 所显示的结果。董事会规模与 CEO 变更间存在显著负相关关系，说明董事会规模越小越易形成凝聚力，因此效率越高，越易在公司业绩差时对 CEO 进行惩罚。CEO 变更与独董比例相关关系同样不大。

表 4 – 11　　国有控股公司样本中主要变量的 Spearman 相关系数

	CEO_TO_{it}	$Perf_{it-1}$	$PolBg_{it}$	$Size_{it-1}$	Lev_{it-1}	$Indt_{it}$	$Board_{it}$	$Bdtime_{it-1}$	Age_{it}	$Tenure_{it}$	$Dual_{it}$	$Adjunct_{it}$
CEO_TO_{it}	1.000											
$Perf_{it-1}$	-0.014	1.000										
$PolBg_{it}$	-0.036***	0.014	1.000									
$Size_{it-1}$	-0.008	0.051***	0.046***	1.000								
Lev_{it-1}	0.024**	-0.163***	-0.013	0.017	1.000							
$Indt_{it-1}$	0.024**	-0.025**	-0.011	0.153***	0.043***	1.000						
$Board_{it-1}$	-0.035***	0.029**	0.051***	0.246***	-0.018	-0.224***	1.000					
$Bdtime_{it-1}$	0.022*	-0.021*	0.002	0.156***	0.060***	0.041***	-0.016	1.000				
Age_{it}	0.006	0.041***	0.079***	0.149***	-0.033***	0.022*	0.042***	-0.048***	1.000			
$Tenure_{it}$	-0.009	0.032***	0.048***	0.078***	-0.034***	-0.020	0.037***	-0.046***	0.229***	1.000		
$Dual_{it}$	0.005	0.020	0.152***	-0.078***	0.043***	0.007	-0.048***	-0.030***	0.115***	0.063***	1.000	
$Adjunct_{it}$	-0.023**	0.044***	0.062***	0.136***	-0.017	0.014	0.058***	0.034***	0.040***	0.069***	0.153***	1.000

注：*、**、***分别表示 $p<0.1$，$p<0.05$，$p<0.01$。

表 4 - 12　　民营控股公司样本中主要变量的 Spearman 相关系数

	CEO_TO_{it}	$Perf_{it-1}$	$PolBg_{it}$	$Size_{it-1}$	Lev_{it-1}	$Indt_{it-1}$	$Board_{it}$	$Bdtime_{it-1}$	Age_{it}	$Tenure_{it}$	$Dual_{it}$	$Adjunct_{it}$
CEO_TO_{it}	1.000											
$Perf_{it-1}$	-0.067***	1.000										
$PolBg_{it}$	-0.035***	0.056***	1.00									
$Size_{it-1}$	-0.0230**	0.089***	0.062***	1.000								
Lev_{it-1}	0.060***	-0.354***	-0.034***	0.287***	1.000							
$Indt_{it-1}$	0.015	-0.018	0.029**	-0.016	-0.031***	1.000						
$Board_{it-1}$	-0.031**	0.048***	0.008	0.153***	0.091***	-0.521***	1.000					
$Bdtime_{it-1}$	0.061***	0.004	-0.004	0.232***	0.173***	0.011	0.004	1.000				
Age_{it}	-0.017	-0.026**	0.104***	0.045***	-0.037***	-0.006	0.010	-0.036***	1.000			
$Tenure_{it}$	-0.118***	0.044***	0.074***	0.110***	-0.092***	0.004	0.028**	-0.122***	0.220***	1.000		
$Dual_{it}$	-0.062***	0.027**	0.027**	-0.074***	-0.121***	0.104***	-0.158***	-0.010	0.212***	0.149***	1.000	
$Adjunct_{it}$	-0.088***	0.083***	0.083***	0.079***	-0.095***	0.013	0.019	-0.014	0.024*	0.148***	0.227***	1.000

注：*，**，*** 分别表示 $p < 0.1$，$p < 0.05$，$p < 0.01$。

4.3　CEO 变更前置因素影响的多元回归分析

通过多元回归分析，本章研究控制了其他变量可能对结果产生的影响，保证了结论的稳健性。将上述要素统一纳入二元 Logistic 回归模型中，可以观察在多个变量的交互作用下，CEO 职位壕沟对其业绩—变更敏感度的影响。所有模型运行过程中均采用以面板为聚类的聚类稳健标准误（Cluster-robust Standard Error）。对于 Logistic 回归而言，观察发生比率比（Odds Ratio）比观察系数更合理，且更容易解释回归结果。原因在于 Logistic 回归的被解释变量不是常规的连续变量，而是 logit（即对数发生比 $\ln[p/(1-p)]$），因此对应每个解释变量的估计系数便是该变量对 logit 的作用。尽管这种解释直截了当，但其实十分含糊，因为 logit 或对数发生比没有较直观的含义。通常，较方便的是将 logit 进行转换后再进行解释，而不是直接解释系数本身。如果将回归模型等式两侧取自然指数，便得到发生比 $odds[p/(1-p)]$。比较两组发生比的适当方法不是通过减法（即像计算百分点差异那样），而是通过除法得到发生比率比，在 logistic 回归中应用发生比率比来理解解释变量对事件概率的作用是最好的方法，因为发生比率比在测量关联时具有一些很好的性质，基于以上原因，本书 Logistic 回归结果报告的为发生比率比（Odds Ratio）而非系数[1]。解释变量和被解释变量间的相关关系应按照发生比率比的标准来判断。若发生比率比大于 1 即表明解释变量对事件概率有正向影响作用；若发生比率比小于 1 则表示解释变量对事件概率有负向影响作用。

4.3.1　公司业绩与 CEO 变更

表 4-13 中的模型（1）是对全样本的回归结果；模型（2）和模型（3）分别代表亏损和盈利的公司样本的回归结果；模型（4）和模型（5）分别是国企样本和民企样本的回归结果；模型（6）和模型（7）分

---

[1] 本书附表为汇报系数的相应结果，以供参考。

别代表国企亏损样本和盈利样本中公司业绩对 CEO 变更的影响结果；模型（8）和模型（9）分别是民企亏损样本和盈利样本中公司业绩对 CEO 变更的影响结果。表 4-13 各模型中报告的皆是发生风险，以 $Per-fi_{t-1}$ 为例，书中报告的发生风险，代表的是公司前期业绩每上升一个单位，相对于 CEO 未发生变更，CEO 发生变更的概率。模型（1）显示，公司前一年资产收益率与 CEO 变更呈负相关关系，但结果并不显著，但当按照公司的经营状态进行样本分组后的回归结果却显示，在亏损公司样本组，公司前一年资产收益率与 CEO 变更间存在负相关关系，且在 5% 的水平上显著，几率比为 0.1555，说明在亏损公司样本组公司前期业绩对 CEO 变更的概率有显著影响，且公司前期总资产收益率每降低一个单位，CEO 变更的发生概率上升 84.45%（1-0.1555），这表明在亏损公司样本组中，我国上市公司内部治理机制能够有效约束和惩戒不称职的 CEO；在盈利公司样本组中，公司前一年业绩与 CEO 变更间的负相关关系并不显著，以上结果验证了假设 H1、假设 H2c 和假设 H2d，说明公司的经营状态会影响公司业绩与 CEO 变更间的关系，但这种负相关关系受到公司经营状态的影响，只有在公司亏损状态时，公司前期业绩才与 CEO 变更显著相关，初步说明存在其他因素影响了 CEO 变更，影响了董事会监督功能的有效发挥。本书也按照公司的股权性质，将全样本分成了国有控股样本公司样本组和民企样本组进行回归检验，模型（4）和模型（5）的结果表明 CEO 变更与公司前一年业绩间的负相关关系仅在民企样本组显著，几率比为 0.1692，说明在中国民营控股上市公司中，公司前一年业绩每下降一个单位，CEO 发生变更的概率增加 83.08%（1-0.1692），在国有控股样本组结果虽为负值但却不显著（几率比为 0.8238），这说明公司的股权性质也会对公司业绩与 CEO 变更间的关系产生影响。相对于民企，在国企中，由于国家股东赋予其 CEO 更多的社会目标，因此在一定程度上会弱化甚至消除公司业绩与 CEO 变更之间的关系；相反，在民企中，公司治理机制运行较为有效率，董事会起到了监督和惩罚的作用，以上结果分析支持了假设 H2a、假设 H2b。本书继续从公司经营状态和股权性质将样本重新分组，结果发现仅有民营亏损企业样本组公司前期业绩显著负向影响了 CEO 变更的可能性，通过了假设 H2f、假设 H2g、假设 H2h，未通过假设 H2e。

表 4 - 13 **公司前期业绩对 CEO 发生变更的影响的**
Logistic 回归估计结果

	(1) 全样本	(2) 亏损样本	(3) 盈利样本	(4) 国企样本	(5) 民企样本	(6) 国有企业 亏损	(7) 国有企业 盈利	(8) 民营企业 亏损	(9) 民营企业 盈利
$\_cons$	0.5267 (-1.01)	1.8893 (0.56)	0.2568** (-1.98)	0.2141 (-1.64)	6.0674 (1.50)	0.3528 (-0.60)	0.1217** (-2.15)	215.7358*** (2.70)	0.9574 (-0.03)
$Perf_{it-1}$	0.8921 (-0.56)	0.1555** (-2.55)	0.9219 (-0.33)	0.8238 (-0.45)	0.1692** (-2.51)	0.8375 (-0.45)	0.9520 (-0.22)	0.1916* (-1.75)	0.7721 (-0.71)
$Size_{it-1}$	1.0615** (1.98)	1.0126 (0.24)	1.1032*** (2.96)	1.1472*** (3.15)	0.9310 (-1.37)	1.1404* (1.67)	1.1734*** (3.49)	0.7810*** (-2.89)	1.0294 (0.48)
Lev_{it-1}	2.1725*** (3.68)	1.6468 (1.57)	1.8989*** (2.67)	1.3878 (1.18)	4.5033*** (5.84)	1.5395 (0.95)	1.1723 (0.59)	1.7298 (1.31)	2.466** (2.08)
$Indt_{it}$	1.6028 (0.73)	6.0536 (1.57)	1.1307 (0.18)	4.3036 (1.53)	0.6259 (-0.47)	63.2837** (2.37)	2.6894 (0.98)	2.9675 (0.64)	0.3915 (-0.89)
$Board_{it}$	0.9376*** (-3.12)	0.9653 (-0.99)	0.9286*** (-3.29)	0.9226*** (-2.91)	0.9356* (-1.81)	0.8986** (-2.35)	0.9270** (-2.49)	1.0038 (0.06)	0.9221** (-2.07)
$Bdtime_{it-1}$	1.0222** (2.57)	1.0070 (0.41)	1.0254*** (2.78)	0.9993 (-0.06)	1.0571*** (4.03)	0.9825 (-0.75)	1.0026 (0.21)	1.0488* (1.95)	1.0622 (4.07)
Age_{it}	0.9772*** (-4.45)	0.9686*** (-3.35)	0.9783*** (-4.01)	0.9686*** (-3.75)	0.9772*** (-3.18)	0.9554*** (-2.91)	0.9719*** (-3.22)	0.9709** (-2.36)	0.9791*** (-2.87)
$Year$	已控制	已控制	已控制	已控制	已控制	已控制	已控制	已控制	已控制
$Industry$	已控制	已控制	已控制	已控制	已控制	已控制	已控制	已控制	已控制
$Pseudo\ R^2$	0.0168	0.0147	0.0175	0.0170	0.0382	0.0292	0.0155	0.0291	0.0296
$Prob > chi^2$	0.0000	0.0000	0.0000	0.0000	0.0000	0.0000	0.0000	0.0000	0.0000
N	15441	2740	12701	7538	7107	1392	6146	1259	5848

注:(1) *、**、*** 分别表示 $p < 0.1$、$p < 0.05$、$p < 0.01$。

(2) 表中报告的结果为 CEO 变更发生风险(比率比)而非一般意义上的回归系数;括号中的值非 T 值而为 Z 值。

(3) 表中报告的是 $Pseudo\ R^2$(即伪 R 方)而不是线性回归中的 R^2,原因在于逻辑回归的被解释变量是非连续变量,不能直接计算 R^2。

表 4-13 同样显示了对样本进行进一步细分后的结果，其中模型（6）和模型（7）是国企亏损样本和盈利样本中公司业绩对 CEO 变更的影响结果，模型（8）和模型（9）是民企亏损样本和盈利样本中公司业绩对 CEO 变更的影响结果。前面分析过模型（4）代表的民企样本组，民营控股公司 CEO 的变更与公司前期业绩不存在显著的相关性，但进一步将民企样本组分为民企亏损组［模型（8）］和民企盈利组［模型（9）］，却发现亏损民企中 $Perf_{it-1}$ 的 Z 值为负，数值为 0.7721 且在 10% 的水平上显著，盈利的民营控股公司中 $Perf_{it-1}$ 的 Z 值为正但不显著，表明在亏损的民营控股公司中较差的公司前期业绩更易导致 CEO 的变更，而盈利国企 CEO 的变更与公司前期业绩不相关，原因在于当国企处于盈利状态时，其多元目标成为主导，会弱化甚至消除公司业绩与 CEO 变更之间的负相关关系，而当国企陷入财务困境时，改善糟糕的经营状况是国企上市公司董事会面临的首要任务，因而会做出解聘不称职的 CEO 的决定。

以上分组回归结果表明不同公司经营状态、公司控制人性质的中国上市公司 CEO 变更与业绩的敏感度具有明显的不同，这些治理情景因素左右了董事会变更 CEO 的决策。上市公司 CEO 变更这一董事会治理机制的有效性仅体现在亏损样本、民企样本和民企亏损的样本中，初步验证了 CEO 的职位壕沟对 CEO 业绩—变更敏感性有影响。

4.3.2　CEO 职位壕沟对 CEO 业绩—变更的敏感性分析

1. CEO 政治背景对其业绩—变更敏感性的分析

表 4-14 报告了 CEO 政治背景对其业绩—变更敏感性分析多元回归结果。模型（1）代表全样本中 CEO 的政治背景对其业绩—变更敏感性的影响，模型（2）和模型（3）分别代表亏损公司样本组和盈利公司样本组的回归结果，模型（4）和模型（5）分别代表国企样本组和民企样本组的回归结果，模型（6）和模型（7）分别代表国企亏损样本和盈利样本组的回归结果，模型（8）和模型（9）分别代表民企亏损样本组和盈利样本组的回归结果。为了考察 CEO 的政治背景对其业绩—变更敏感性的影响，本书着重观察交互变量 $PerfPolBg_{it}$ 的系数。$PerfPolBg_{it}$ 由表示 CEO 是否具有

政治背景的虚拟变量 $PolBg_{it}$ 与表示公司前期业绩的 $Perf_{t-1}$ 相乘而得。

全样本回归结果显示，CEO 的背景并未影响公司前期业绩与 CEO 变更之间的负相关关系，通过假设 H3a。本书进一步按照公司的经营状态将样本分成了亏损公司样本组和盈利公司样本组，结果显示无论在亏损还是盈利公司样本组，CEO 的政治背景也未影响公司业绩—变更敏感性，即 CEO 的政治背景并未对其产生管理壕沟效应，当公司前期业绩表现较差时，董事会将履行其责任做出解聘 CEO 的决定，验证了假设 H3b，未验证假设 H3c。本书也按照公司的股权性质将样本分成了国企样本和民企样本进一步进行检验以考察 CEO 的政治背景对其业绩—变更敏感性的影响是否在两组中存在不同，结果显示：在国企样本组，CEO 的政治背景未影响公司业绩—变更敏感性，而在民企样本组，CEO 的政治背景在 1% 的水平上显著影响公司前期业绩与 CEO 变更间的负相关关系，这说明相对于国企，民企由于先天的劣势可能会更看重 CEO 的政治背景为公司带来的好处，即相对来说，不具有政治背景的 CEO 更易在业绩表现不佳时被变更。以上分析说明，CEO 的政治背景对其产生的管理壕沟效应仅存在于民企样本中，在国有控股公司中，CEO 的政治背景并不能保护其业绩表现差时免于受罚，CEO 的政治背景对公司业绩与 CEO 变更间关系的调节作用仅存在于民企样本中，验证了假设 II3d 和假设 H3c。表 4—14 也接着报告了国企亏损与盈利样本组、民企亏损与盈利样本组的回归结果，结果显示只有在民企盈利样本中，CEO 的政治背景在 5% 的水平上显著影响公司前期业绩与 CEO 变更间的负相关关系，以上分析进一步说明虽然民企由于先天的劣势可能会更看重 CEO 的政治背景为公司带来的好处，但当其陷入财务困境时，改善公司未来业绩将成为公司首先考虑的目标，因此需要变更业绩表现差的 CEO，不管其是否具有政治背景。

表 4-14　　　　　　　　CEO 背景对其发生变更的影响的结果

	(1) 全样本	(2) 亏损样本	(3) 盈利样本	(4) 国企样本	(5) 民企样本	(6) 国企亏损 样本	(7) 国企盈利 样本	(8) 民企亏损 样本	(9) 民企盈利 样本
_cons	0.1620 *** (-2.64)	0.6211 (-0.4)	0.0985 *** (-3.15)	0.1385 * (-1.94)	0.1225 (-1.57)	0.0798 (-1.42)	0.1310 * (-1.89)	0.0509 * (-1.94)	5.5414 (0.79)
$PerfPolBg_{it}$	0.5947 (-0.34)	0.6528 (-0.19)	0.4145 (-0.49)	4.7199 (0.54)	1.1315 *** (3.14)	198.8511 (1.48)	0.3616 (-0.26)	1.0819 (0.03)	1.1052 ** (2.37)

续表

	（1）全样本	（2）亏损样本	（3）盈利样本	（4）国企样本	（5）民企样本	（6）国企亏损样本	（7）国企盈利样本	（8）民企亏损样本	（9）民企盈利样本
$PolBg_{it}$	0.8344* (−1.75)	0.7103* (−1.66)	0.8642 (−1.33)	0.6409** (−2.25)	1.1914* (−0.95)	0.5849 (−1.31)	0.6954* (−1.76)	0.7776 (−1.52)	1.6392* (−1.69)
$Perf_{it-1}$	0.0500*** (−5.29)	0.1682** (−2.21)	0.0876*** (−3.52)	0.0284*** (−3.69)	0.9996* (−1.89)	0.1121 (−1.62)	0.0516*** (−2.59)	0.0800** (−2.25)	0.9997*** (−8.36)
$Size_{it-1}$	1.1494*** (4.38)	1.0777 (1.39)	1.1782*** (4.77)	1.1414*** (2.76)	1.1252** (2.03)	1.2119** (2.2)	1.1324** (2.42)	1.1630** (2.24)	0.9429 (−0.66)
Lev_{it-1}	1.9865*** (3.66)	1.4063 (1.05)	1.9946*** (3.38)	0.5054** (−2.02)	1.0421 (1.06)	0.4787 (−1.36)	0.4938* (−1.92)	4.6458*** (4.94)	1.0035 (0.47)
$Indt_{it}$	1.6358 (0.77)	9.6903* (1.93)	1.0897 (0.13)	4.3408 (1.42)	3.7618 (1.23)	6.3334 (1.03)	4.3934 (1.34)	2.4017 (0.75)	10.0470 (1.14)
$Board_{it}$	0.9122*** (−4.35)	0.9687 (−0.88)	0.9008*** (−4.53)	0.9044*** (−3.04)	0.9465 (−1.42)	0.8606** (−2.65)	0.9151*** (−2.53)	0.9157*** (−2.13)	1.04526 (0.62)
$Bdtime_{it-1}$	1.0181** (2.18)	0.9838 (−1.030)	1.0246*** (2.84)	0.9506*** (−3.19)	1.0525*** (3.7)	0.9230*** (−2.72)	0.9568*** (−2.62)	1.0403** (2.62)	1.0141 (0.54)
Age_{it}	1.0049 (0.88)	0.9957 (−0.42)	1.0067 (1.16)	1.0108 (1.19)	1.0053 (0.69)	1.0106 (0.6)	1.0111 (1.16)	1.0075 (0.89)	0.9933 (−0.49)
$Tenure_{it}$	0.7201*** (−28.97)	0.7211*** (−14.41)	0.7189*** (−26.56)	0.7530*** (−16.88)	0.6913*** (−18.02)	0.7671*** (−7.44)	0.7497*** (−15.48)	0.6935*** (−16.73)	0.6647*** (−9.86)
$Dual_{it}$	0.7305*** (−3.67)	0.8774 (−0.84)	0.7021*** (−3.87)	1.1037 (0.59)	0.7831** (−2.1)	0.9277 (−0.24)	1.1612 (0.82)	0.7681** (−2.11)	1.0074 (0.03)
$Adjunct_{it}$	0.6459*** (−6.73)	0.6565*** (−3.34)	0.6488*** (−6.26)	0.8168* (−1.95)	0.5220*** (−6.3)	0.8886 (−0.63)	0.8065* (−1.91)	0.5457*** (−5.48)	0.6356** (−2.17)
$Year$	已控制	已控制	已控制	已控制	已控制	已控制	已控制	已控制	已控制
$Industry$	已控制	已控制	已控制	已控制	已控制	已控制	已控制	已控制	已控制
$Pseudo\ R^2$	0.1317	0.1274	0.1305	0.0835	0.1469	0.0949	0.0800	0.1700	0.1652
$Prob > chi^2$	0.0000	0.0000	0.0000	0.0000	0.0000	0.0000	0.0000	0.0000	0.0000
N	15441	2740	12701	7538	7107	1392	6146	1259	5848

注：（1）＊、＊＊、＊＊＊分别表示 p<0.1、p<0.05、p<0.01。

（2）表中报告的结果为 CEO 变更发生风险（比率比）而非一般意义上的回归系数；括号中的值非 T 值而为 Z 值。

（3）表中报告的是 $Pseudo\ R^2$（即伪 R 方）而不是线性回归中的 R^2，原因在于逻辑回归的被解释变量是非连续变量，不能直接计算 R^2。

此外，表 4 - 14 的各个分组结果还显示，大体上董事会人数、CEO 任期在外兼职与 CEO 变更间基本呈现显著负相关关系，董事会会议次数、公司规模与 CEO 变更间基本呈现显著正相关关系，这说明 CEO 任期和在外兼职会形成管理壕沟效应，从而降低 CEO 变更的概率；公司业绩表现差可能会使得董事会会议次数更为频繁；公司规模越大公司越正规，董事会的职能发挥越好，从而能更好地监督 CEO。其他因素几乎与 CEO 变更的可能性不相关。

2. CEO 两职合一对其业绩—变更敏感性的分析

表 4 - 15 报告了本书研究的 CEO 两职合一对其业绩—变更敏感性分析多元回归结果。模型（1）代表全样本中 CEO 和董事长两职合一对其业绩—变更敏感性的影响，模型（2）和模型（3）分别代表亏损公司样本组和盈利公司样本组的回归结果，模型（4）和模型（5）分别代表国企样本组和民企样本组的回归结果，模型（6）和模型（7）分别代表国企亏损样本组和盈利样本组的回归结果，模型（8）和模型（9）分别代表民企亏损样本组和盈利样本组的回归结果。为了考察 CEO 两职合一对其业绩—变更敏感性的影响，本书着重观察交互变量 $PerfDual_{it}$ 的系数。$PerfDual_{it}$ 由表示 CEO 是否与董事长两职合一的虚拟变量 $Dual_{it}$ 与表示公司前期业绩的 $Perf_{t-1}$ 相乘而得。

全样本回归结果显示，CEO 两职合一并未影响公司前期业绩与 CEO 变更之间的负相关关系，通过假设 H4a。本书进一步按照公司的经营状态将样本分成了亏损公司样本组和盈利公司样本组，结果显示在亏损公司样本组，CEO 两职合一未影响公司业绩—变更敏感性，即 CEO 两职合一并未对其产生管理壕沟效应，当公司前期业绩表现较差时，董事会将履行其责任做出解聘 CEO 的决定；但在盈利样本组，CEO 两职合一在 1% 的水平上显著影响公司前期业绩与 CEO 变更间的负相关关系，表明 CEO 两职合一可以保护其业绩表现差时免于被惩罚。以上结果分析验证了假设 H4b 和假设 H4c，说明当公司处于盈利状态时，公司可能更看重于 CEO 两职合一为公司带来的益处，而当公司处于亏损状态时，改善公司未来业绩将成为公司首先考虑的目标，因此需要变更业绩表现差的 CEO，不管其是否与董事长两职合一。

表 4 - 15　　　　　　　CEO 两职合一对其发生变更的影响的结果

	（1）全样本	（2）亏损样本	（3）盈利样本	（4）国企样本	（5）民企样本	（6）国企亏损样本	（7）国企盈利样本	（8）民企亏损样本	（9）民企盈利样本
_cons	0.1991 *** （－5.50）	1.1682 （0.22）	0.0911 *** （－7.29）	0.8330 *** （－5.40）	0.3171 ** （－2.02）	0.2123 （－1.41）	0.0467 *** （－5.98）	13.9641 ** （2.30）	0.0297 *** （－5.21）
$PerfDual_{it}$	1.0128 （0.72）	1.0023 （0.41）	1.4679 *** （2.76）	6.1435 *** （3.82）	1.0078 （0.46）	0.8570 （－0.08）	12.1000 *** （3.97）	1.0004 （0.14）	1.1755 （0.67）
$Dual_{it}$	0.7173 *** （－6.84）	0.8931 （－1.04）	0.6666 *** （－7.31）	0.8267 ** （－2.13）	0.7660 *** （－4.07）	0.9015 （－0.53）	0.7692 ** （－2.54）	0.9978 （－0.02）	0.7189 *** （－4.47）
$Perf_{it-1}$	0.9994 （－0.54）	0.9997 （－0.30）	0.6969 *** （－2.66）	0.2109 *** （－3.39）	0.9995 （－0.50）	0.8880 （－0.35）	0.1031 *** （－3.69）	0.9997 （－0.28）	0.8665 （－0.59）
$Size_{it-1}$	1.1364 *** （9.60）	1.0452 （1.45）	1.1810 *** （10.95）	1.1941 *** （8.35）	1.0977 *** （3.87）	1.1591 *** （2.97）	1.2268 *** （8.59）	0.9090 ** （－1.98）	1.237 *** （7.36）
Lev_{it-1}	1.0677 *** （3.18）	1.0099 （1.00）	1.2268 *** （4.46）	1.3932 ** （2.58）	1.0048 ** （2.57）	1.6727 * （1.93）	1.1063 （0.67）	1.0018 （0.25）	1.2188 *** （3.42）
Age_{it}	1.0041 （1.44）	0.9923 （－1.14）	1.0066 ** （2.09）	0.9983 （－0.36）	1.0054 （1.38）	0.9774 ** （－2.00）	1.0035 （0.69）	0.9944 （－0.63）	1.0071 （1.60）
$Bdtime_{it-1}$	1.0273 *** （5.70）	0.9953 （－0.42）	1.0312 *** （5.84）	0.9989 （－0.17）	1.0575 *** （7.44）	0.9780 （－1.48）	1.0028 （0.38）	1.0397 （1.08）	1.0579 *** （6.70）
$Indt_{it}$	1.9671 * （1.93）	9.8072 *** （2.85）	1.2345 （0.53）	3.1568 ** （2.32）	1.4315 （0.65）	43.8012 *** （3.00）	1.8681 （1.14）	5.9720 （1.55）	0.9338 （－0.11）
$Board_{it}$	0.9261 *** （－7.42）	0.9982 （－0.07）	0.9059 *** （－8.62）	0.9248 *** （－5.66）	0.9502 *** （－2.71）	0.9342 ** （－2.03）	0.9220 *** （－5.32）	1.0397 （0.90）	0.9196 *** （－3.94）
$PolBg_{it}$	0.8136 *** （－4.07）	0.7567 ** （－2.23）	0.8470 *** （－2.97）	0.7882 *** （－2.98）	0.8624 ** （－2.13）	0.5991 *** （－2.62）	0.8277 ** （－2.15）	1.0189 （0.11）	0.8715 * （－1.78）
$Adjunct_{it}$	0.6273 *** （－13.07）	0.6777 *** （－4.59）	0.6386 *** （－11.28）	0.7819 *** （－4.79）	0.4871 *** （－13.33）	0.7687 ** （－2.14）	0.7938 *** （－4.06）	0.5866 *** （－4.26）	0.4896 *** （－11.77）
$Tenure_{it}$	0.7217 *** （－38.55）	0.7217 *** （－17.34）	0.7226 *** （－34.21）	0.7405 *** （－25.81）	0.6936 *** （－27.36）	0.7619 *** （－10.54）	0.7359 *** （－23.42）	0.6906 *** （－12.71）	0.6952 *** （－24.08）
Year	已控制	已控制	已控制	已控制	已控制	已控制	已控制	已控制	已控制
Industry	已控制	已控制	已控制	已控制	已控制	已控制	已控制	已控制	已控制
Pseudo R^2	0.1202	0.1208	0.1224	0.1061	0.1515	0.1087	0.1055	0.1554	0.1563

续表

	(1) 全样本	(2) 亏损样本	(3) 盈利样本	(4) 国企样本	(5) 民企样本	(6) 国企亏损样本	(7) 国企盈利样本	(8) 民企亏损样本	(9) 民企盈利样本
$Prob > chi^2$	0.0000	0.0000	0.0000	0.0000	0.0000	0.0000	0.0000	0.0000	0.0000
N	15441	2740	12701	7538	7107	1392	6146	1259	5848

注：（1）* 、** 、*** 分别表示 $p < 0.1$、$p < 0.05$、$p < 0.01$。

（2）表中报告的结果为 CEO 变更发生风险（比率比）而非一般意义上的回归系数；括号中的值非 T 值而为 Z 值。

（3）表中报告的是 $Pseudo\ R^2$（即伪 R 方）而不是线性回归中的 R^2，原因在于逻辑回归的被解释变量是非连续变量，不能直接计算 R^2。

本书也按照公司的股权性质将样本分成了国企样本和民企样本，进一步进行检验以考察 CEO 两职合一对其业绩—变更敏感性的影响是否在两组中存在不同，结果显示在民营控股样本组，CEO 两职合一未影响公司业绩—变更敏感性，而在国有控股样本组，CEO 两职合一在 1% 的水平上显著影响公司前期业绩与 CEO 变更间的负相关关系，这说明在治理环境相对孱弱的国有企业，CEO 与董事长两职合一更易使得 CEO 获得重要控制权，从而形成职位壕沟效应，削弱董事会的对其监管职能有效性的发挥，即相对来说两职分离的 CEO 更易在业绩表现不佳时被变更；而相对于有着天然优势的国有企业，面临环境更为艰难和不确定的民营企业在这种更强的外部监督下，更加要求董事会有效发挥其监督职能，及时辨别及更换不称职的 CEO，从而进一步提高公司的治理和经营效率。以上分析说明，CEO 两职合一对其产生的管理壕沟效应仅存在于公司处于盈利状态和国有控股的样本中，在民营控股公司中，CEO 两职合一并不能保护其业绩表现差时免于受罚，CEO 两职合一对公司业绩与 CEO 变更间关系的调节作用仅存在于盈利样本和国企样本中，验证了假设 H4d 和假设 H4e。表 4-15 也接着报告了国企亏损与盈利样本组和民企亏损与盈利样本组的回归结果，结果显示只有在国企盈利样本中，CEO 两职合一在 1% 的水平上显著影响公司前期业绩与 CEO 变更间的负相关关系，以上分析进一步说明虽然国有企业 CEO 与董事长两职合一极易形成 CEO 职位壕沟，减弱了董事会对其的监督作用，但当其陷入财务困境时，改善公司未来业绩还是会成为公司首先考虑的目标，因此需要变更业绩表现差的 CEO，不管其是否与董事长两职合一。

3. CEO 在外兼职对其业绩—变更敏感性的分析

表 4 - 16 报告了本书研究的 CEO 在外兼职对其业绩—变更敏感性分析多元回归结果。模型（1）代表全样本中 CEO 在外兼职对其业绩—变更敏感性的影响，模型（2）和模型（3）分别代表亏损公司样本组和盈利公司样本组的回归结果，模型（4）和模型（5）分别代表国企样本组和民企样本组的回归结果，模型（6）和模型（7）分别代表国企亏损样本组和盈利样本组的回归结果，模型（8）和模型（9）分别代表民企亏损样本组和盈利样本组的回归结果。为了考察 CEO 在外兼职对其业绩—变更敏感性的影响，本书着重观察交互变量 $PerfAdjunct_{it}$ 的系数。$PerfAdjunct_{it}$ 由表示 CEO 是否在外兼职的虚拟变量 $Adjunct_{it}$ 与表示公司前期业绩的 $Perf_{t-1}$ 相乘而得。

全样本回归结果显示，CEO 在外兼职并未影响公司前期业绩与 CEO 变更之间的负相关关系，验证了假设 H5a。本书进一步按照公司的经营状态将样本分成了亏损公司样本组和盈利公司样本组，结果显示在亏损公司样本组，CEO 在外兼职未影响公司业绩—变更敏感性，即 CEO 在外兼职并未对其产生管理壕沟效应，当公司前期业绩表现较差时，董事会将履行其责任做出解聘 CEO 的决定；但在盈利样本组，CEO 在外兼职在 1% 的水平上显著影响公司前期业绩与 CEO 变更间的负相关关系，表明 CEO 在外兼职可以保护其业绩表现差时免于被惩罚。以上结果分析验证了假设 H5b 和假设 H5c，说明当公司处于盈利状态时，公司可能更看重于 CEO 在外兼职为公司带来的益处，而当公司处于亏损状态时，改善公司未来业绩将成为公司首先考虑的目标，因此需要变更业绩表现差的 CEO，不管其是否在外有兼职。

表 4 - 16　　　　CEO 在外兼职对其发生变更的影响的结果

	（1） 全样本	（2） 亏损样本	（3） 盈利样本	（4） 国企样本	（5） 民企样本	（6） 国企亏损 样本	（7） 国企盈利 样本	（8） 民企亏损 样本	（9） 民企盈利 样本
_cons	0.2018 *** （ -5.02）	0.6543 （ -0.56）	0.0202 *** （ -5.56）	0.0516 *** （ -3.02）	1.2226 （0.26）	0.1763 （ -0.99）	0.0292 *** （ -3.46）	11.8320 （1.85）	0.0979 * （ -1.73）
$PerfAdjunct_{it}$	0.9997 （ -0.20）	0.9997 （ -0.20）	1.1231 *** （1.09）	1.1316 * （1.92）	0.9852 （ -0.52）	0.1188 （ -1.03）	1.1497 ** （1.96）	0.9997 （ -0.17）	0.9731 （ -0.92）

	(1) 全样本	(2) 亏损样本	(3) 盈利样本	(4) 国企样本	(5) 民企样本	(6) 国企亏损 样本	(7) 国企盈利 样本	(8) 民企亏损 样本	(9) 民企盈利 样本
$Adjunct_{it}$	0.6766 *** (−10.54)	0.6888 *** (−4.34)	0.7702 ** (−3.31)	0.7921 ** (−2.50)	0.7218 *** (−3.98)	0.7551 (−1.59)	0.7975 ** (−2.27)	0.5921 *** (−4.11)	0.5343 *** (−5.89)
$Perf_{it-1}$	0.1653 *** (−5.89)	0.3371 ** (−2.14)	0.1988 ** (−1.98)	0.0443 *** (−3.96)	0.0737 *** (−5.41)	0.2581 (−1.14)	0.0747 *** (−2.60)	0.4078 (−1.44)	0.3780 (−1.18)
$Size_{it-1}$	1.1417 *** (8.90)	1.0662 * (1.96)	1.0529 (1.47)	1.2326 *** (4.64)	0.9048 *** (−3.15)	1.1829 ** (2.11)	1.2608 *** (4.82)	0.9095 * (−1.69)	1.1728 *** (2.75)
Lev_{it-1}	1.6574 *** (6.38)	1.2105 (1.48)	0.9264 (−0.39)	0.9701 (−0.10)	1.3125 ** (2.31)	1.2609 (0.51)	0.8239 (−0.60)	0.9697 (−0.20)	2.7290 *** (4.30)
Age_{it}	1.0049 (1.61)	0.9931 (−0.99)	1.0105 (1.54)	0.9999 (−0.01)	1.0090 (1.57)	0.9763 (−1.43)	1.0050 (0.53)	0.9955 (−0.49)	1.0089 (1.07)
$Bdtime_{it-1}$	1.0103 ** (2.09)	0.9944 (−0.50)	0.9709 ** (−2.50)	0.9927 (−0.63)	1.0495 *** (4.86)	0.9773 (−1.05)	0.9958 (−0.34)	1.0165 (0.92)	1.0342 ** (2.38)
$Indt_{it}$	2.0092 * (1.93)	9.7151 *** (2.82)	2.5801 (1.30)	3.6994 (1.43)	1.5939 (0.63)	38.0927 ** (2.11)	2.4353 (0.91)	6.8581 * (1.66)	0.7868 (−0.22)
$Board_{it}$	0.9222 *** (−7.66)	1.0005 (0.02)	0.9712 (−1.28)	0.9267 *** (−2.74)	0.9514 * (−1.95)	0.9365 (−1.43)	0.9244 *** (−2.56)	1.0554 (1.22)	0.9184 *** (−2.18)
$PolBg_{it}$	0.8344 *** (−3.44)	0.7496 ** (−2.29)	0.6204 *** (−3.54)	0.7950 (−1.41)	0.9342 (−0.69)	0.6062 * (−1.67)	0.8377 (−1.04)	0.9940 (−0.03)	0.8932 (−0.73)
$Dual_{it}$	0.7822 *** (−4.83)	0.9297 (−0.66)	0.7453 ** (−2.32)	0.8707 (−0.90)	0.7561 *** (−3.16)	0.9000 (−0.39)	0.8500 (−0.96)	1.0625 (0.42)	0.7860 ** (−1.95)
$Tenure_{it}$	0.7051 *** (−40.15)	0.7189 *** (−17.33)	0.9873 (−0.75)	0.7299 *** (−20.59)	0.8867 *** (−6.49)	0.7588 *** (−9.55)	0.7235 *** (−19.04)	0.6859 *** (−12.73)	0.6765 *** (−19.35)
Year	已控制	已控制	已控制	已控制	已控制	已控制	已控制	已控制	已控制
Industry	已控制	已控制	已控制	已控制	已控制	已控制	已控制	已控制	已控制

	（1） 全样本	（2） 亏损样本	（3） 盈利样本	（4） 国企样本	（5） 民企样本	（6） 国企亏损 样本	（7） 国企盈利 样本	（8） 民企亏损 样本	（9） 民企盈利 样本
$Pseudo\ R^2$	0.1371	0.1259	0.1004	0.1143	0.1472	0.1131	0.1132	0.1588	0.1758
$Prob > chi^2$	0.0000	0.0000	0.0000	0.0000	0.0000	0.0000	0.0000	0.0000	0.0000
N	15441	2740	12701	7538	7107	1392	6146	1259	5848

注：（1）＊、＊＊、＊＊＊分别表示 $p < 0.1$、$p < 0.05$、$p < 0.01$。

（2）表中报告的结果为 CEO 变更发生风险（比率比）而非一般意义上的回归系数；括号中的值非 T 值而为 Z 值。

（3）表中报告的是 $Pseudo\ R^2$（即伪 R 方）而不是线性回归中的 R^2，原因在于逻辑回归的被解释变量是非连续变量，不能直接计算 R^2。

　　本书也按照公司的股权性质将样本分成了国企样本和民企样本，进一步进行检验以考察 CEO 在外兼职对其业绩—变更敏感性的影响是否在两组中存在不同，结果显示在民营控股样本组，CEO 在外兼职未影响公司业绩—变更敏感性，而在国有控股样本组，CEO 在外兼职在 10% 的水平上显著影响公司前期业绩与 CEO 变更间的负相关关系，这说明国有控股公司 CEO 在外兼职可形成职位壕沟效应，从而削弱董事会对其监管职能有效性的发挥，即相对来说在外有兼职的 CEO 更不易在业绩表现不佳时被变更。CEO 在外兼职虽然可以增强企业融资能力，但同时也可能会导致其注意力的分散，减弱其对单一公司的关注，并且在外兼职的公司未必与现任公司有很大的关联度，给现任公司带来的积极影响也就不大，所以企业业绩表现较差。在这种情境下，民营控股公司董事会可能会更倾向于选取能够全身心投入到公司工作中的经营者，这意味着 CEO 更专注于本公司事业，获得良好结果，因此民营企业可能更加要求董事会有效发挥其监督职能，及时辨别及更换不称职的 CEO，从而进一步提高公司的治理和经营效率。以上分析说明，CEO 在外兼职对其产生的管理壕沟效应仅存在于公司处于盈利状态和国有控股的样本中，在民营控股公司中，CEO 在外兼职并不能保护其业绩表现差时免于受罚，CEO 在外兼职对公司业绩与 CEO 变更间关系的调节作用仅存在于盈利样本和国企样本中，验证了假设 H5d 和假设 H5e。表 4 - 16 也接着报告了国企亏损与盈利样本组和民企亏损与盈利样本组的回归结果，结果显示只有在国企盈利样本中，CEO 在外兼职在 5% 的水平上显著影响公司前期业绩与 CEO 变更间的负相关关系，以上分析进一步说明虽然国有企业 CEO 在外兼职极易形成 CEO 职位壕沟，减弱了董事会对其的监督作用，但当其陷入财务困境时，改善公司未来业绩还是会成为公司首先考虑的目标，因此需要变更业绩表现差的 CEO，不管其在外是否有兼职。

4. CEO 任期对其业绩—变更敏感性的分析

表 4 – 17 报告了本书研究的 CEO 任期对其业绩—变更敏感性分析多元回归结果。模型（1）代表全样本中 CEO 和董事长任期对其业绩—变更敏感性的影响，模型（2）和模型（3）分别代表亏损公司样本组和盈利公司样本组的回归结果，模型（4）和模型（5）分别代表国企样本组和民企样本组的回归结果，模型（6）和模型（7）分别代表国企亏损样本组和盈利样本组的回归结果，模型（8）和模型（9）分别代表民企亏损样本组和盈利样本组的回归结果。为了考察 CEO 任期对其业绩—变更敏感性的影响，本书着重观察交互变量 $PerfTenure_{it}$ 的系数。$PerfTenure_{it}$ 由表示 CEO 任期的虚拟变量 $Tenuret_{it}$ 与表示公司前期业绩的 $Perf_{t-1}$ 相乘而得。

表 4 – 17　　　　　　CEO 的任期对其发生变更的影响的结果

	（1）全样本	（2）亏损样本	（3）盈利样本	（4）国企样本	（5）民企样本	（6）国企亏损样本	（7）国企盈利样本	（8）民企亏损样本	（9）民企盈利样本
_cons	0.1986*** （−2.35）	0.4728 （−0.64）	0.1312 （−2.76）	0.0473*** （−3.10）	0.2879 （−1.00）	0.1514 （−1.05）	0.0290*** （−3.47）	5.1763 （−0.82）	0.1391 （−1.45）
$PerfTenure_{it}$	1.0145 （1.55）	1.0172 （0.68）	1.0117* （1.76）	1.055 （1.56）	1.0138* （1.8）	1.0247 （−0.23）	1.0533* （1.80）	1.0165 （0.64）	1.0115** （2.23）
$Tenure_{it}$	0.7037*** （−30.19）	0.7175*** （−14.52）	0.7002*** （−27.86）	0.7274*** （20.69）	0.6783*** （−20.66）	0.7553*** （−9.47）	0.7211*** （−19.23）	0.6850*** （−10.29）	0.6756*** （−19.35）
$Perf_{it-1}$	0.1136*** （−4.19）	0.1895** （−2.24）	0.2005** （−2.53）	0.0381*** （−3.83）	0.1368*** （−2.81）	0.1063* （−1.66）	0.0698** （−2.61）	0.1789* （−1.73）	0.2539 （−1.57）
$Size_{it-1}$	1.145*** （4.31）	1.0862 （1.58）	1.1698*** （4.59）	1.2434*** （4.79）	1.1058* （1.84）	1.2011* （2.22）	1.2626*** （4.85）	0.9488 （−0.60）	1.1525* （2.39）

续表

	（1）全样本	（2）亏损样本	（3）盈利样本	（4）国企样本	（5）民企样本	（6）国企亏损样本	（7）国企盈利样本	（8）民企亏损样本	（9）民企盈利样本
Lev_{it-1}	1.7201 *** (3.12)	1.2890 (0.90)	1.7610 *** (2.92)	0.9069 （-0.33）	2.6337 *** (4.20)	1.2562 (0.44)	0.8117 （-0.65）	1.0181 (0.05)	3.3320 *** (4.60)
Age_{it}	1.0057 (1.01)	0.9969 （-0.31）	1.0078 (1.30)	0.9999 （-0.02）	1.0080 (1.04)	0.9780 （-1.33）	1.0048 (0.50)	1.0039 (0.29)	1.0089 (1.08)
$Bdtime_{it-1}$	1.0084 (1.00)	0.9849 （-0.95）	1.0132 (1.50)	0.9921 （-0.68）	1.0301 * (2.23)	0.9732 （-1.23）	0.9959 （-0.33）	1.0050 (0.21)	1.0324 ** (2.24)
$Indt_{it}$	1.9314 (1.02)	10.8470 ** (2.06)	1.3035 (0.38)	3.3764 (1.33)	1.2598 (0.22)	28.8699 * (1.92)	2.4275 (0.90)	8.5560 (1.24)	0.7258 （-0.29）
$Board_{it}$	0.9170 *** （-4.05）	0.9763 （-0.66）	0.9051 *** （-4.27）	0.9248 *** （-2.79）	0.9373 （-1.75）	0.9244 * （-1.71）	0.9245 ** （-2.55）	1.0055 (0.08)	0.9192 ** （-2.15）
$PolBg_{it}$	0.8339 * （-1.72）	0.7060 * （-1.80）	0.8606 （-1.34）	0.7936 （-1.42）	0.9006 （-0.71）	0.5970 * （-1.72）	0.8380 （-1.03）	0.9022 （-0.38）	0.9030 （-0.66）
$Dual_{it}$	0.7786 *** （-2.84）	0.9133 （-0.58）	0.7481 *** （-3.06）	0.8933 （-0.72）	0.8188 * （-1.73）	1.0220 (0.08)	0.8511 （-0.95）	0.9736 （-0.13）	0.7921 ** （-1.87）
$Adjunct_{it}$	0.6739 *** （-5.93）	0.6643 *** （-3.22）	0.6797 *** （-5.44）	0.7904 *** （-2.51）	0.5339 *** （-6.24）	0.7500 （-1.61）	0.8028 ** （-2.20）	0.5627 *** （-2.96）	0.5333 *** （-5.89）
Year	已控制	已控制	已控制	已控制	已控制	已控制	已控制	已控制	已控制
Industry	已控制	已控制	已控制	已控制	已控制	已控制	已控制	已控制	已控制
$Pseudo\ R^2$	0.1378	0.1296	0.1380	0.1142	0.1746	0.1125	0.1134	0.1630	0.1785
$Prob > chi^2$	0.0000	0.0000	0.0000	0.0000	0.0000	0.0000	0.0000	0.0000	0.0000
N	15441	2740	12701	7538	7107	1392	6146	1259	5848

注：（1）＊、＊＊、＊＊＊分别表示 p ＜0.1、p ＜0.05、p ＜0.01。

（2）表中报告的结果为 CEO 变更发生风险（比率比）而非一般意义上的回归系数；括号中的值非 T 值而为 Z 值。

（3）表中报告的是 Pseudo R^2（即伪 R 方）而不是线性回归中的 R^2，原因在于逻辑回归的被解释变量是非连续变量，不能直接计算 R^2。

全样本回归结果显示，CEO 任期并未影响公司前期业绩与 CEO 变更之间的负相关关系，验证了假设 H6a。本书进一步按照公司的经营状态将样本分成了亏损公司样本组和盈利公司样本组，结果显示在亏损公司样本组，CEO 任期也未影响公司业绩—变更敏感性，即 CEO 任期长并未对其产生管理壕沟效应，当公司前期业绩表现较差时，董事会将履行其责任做出解聘 CEO 的决定；但在盈利样本组，CEO 任期在 10% 的水平上显著影响公司前期业绩与 CEO 变更间的负相关关系，表明 CEO 任期长可以保护其业绩表现差时免于被惩罚。以上结果分析验证了假设 H6b 和假设 H6c，说明当公司处于盈利状态时，随着任期的不断延长，CEO 有可能在公司内部构筑利益团体，对变更加以抵制，即使出现能力不足或败德行为时也难以受到解聘的惩罚；而当公司处于亏损状态时，董事会可能会在解聘任期较长 CEO 的成本和收益中进行权衡，更偏向于短时间内改善公司业绩的目标，从而减弱 CEO 较长任期带来的职位壕沟效应，提高董事会监管功能有效性的发挥，及时变更业绩表现不佳的 CEO。

本书也按照公司的股权性质将样本分成了国企样本和民企样本进一步进行检验以考察 CEO 任期对其业绩—变更敏感性的影响是否在两组中存在不同，结果显示在国有控股样本组，CEO 任期未影响公司业绩—变更敏感性，而在民营控股样本组，CEO 任期在 10% 的水平上显著影响公司前期业绩与 CEO 变更间的负相关关系，这说明在民营控股公司 CEO 任期的增长可使得其所拥有的社会关系网络逐渐广阔，拥有的社会资本更高，在公司内部形成一种抵御外界压力的权力圈，形成管理壕沟，从而降低其被迫离职的概率，同时对于任期较长的 CEO，由于股东对其能力掌控较为清晰，因而愿意给予其机会来重新制定、调整公司战略并实现扭亏为盈，从而弱化了董事会对 CEO 的监督力度，相对来说，在我国民营控股公司，任期较长的 CEO 更不易在业绩表现不佳时被变更。而对于国有控股公司而言，CEO 相对可以有更多种渠道形成固守职位的资本，CEO 任期长短可能不是其职位壕沟的关键形成因素，并且国有企业 CEO 的聘任和考核本身的影响因素就很多，因而在中国国有企业，CEO 任期长短可能不会显著影响 CEO 因业绩表现差而被变更的可能性。以上分析说明，CEO 任期长短对其产生的管理壕沟效应仅存在于公司处于盈利状态和民营控股的样本中，当公司处于亏损状态和在国有控股公司中，CEO 任期并不能保护其业绩表现差时免于受罚，通过了假设 H6d 和假设 H6e 的验证。表 4 - 17 也接着报告了国企亏损与盈利样本组和民企亏损与盈利样本组的回归结果，结果显示只有在国企盈利样本和民企盈利样本中，CEO 任期长短分别在 10% 和 5% 的水平上显著影响公司前期业绩与 CEO 变更间的负相关关系，以上分析进一步说明公司在盈利状态时，任期长的 CEO 极易形成 CEO 职位壕沟，减弱了董事会对其的监督作用，但当其陷入财务困境时，快速提高公司未来业绩便占据上风，从而减弱 CEO 任期较长带来的职位壕沟效应。

4.4　稳健性检验

为了检验以上结论的稳健性，本书做了如下敏性感测试：首先，本书采用不同总资产净利润率计算方法，得到 3 种结果，分别带入模型中进行检验，回归分析得到的主要研究结论未发生实质性的改变；然后，本书又采用公司业绩不同的衡量指标（例如净资产收益率 ROE）代入回归方程中，实证结果表明，上述做法也未对本书主要结论产生实质性影响；最后，本书借鉴其他论文的做法，剔除 ST 和 ST＊公司后形成新的样本，对此样本进行回归分析，基本结论的结果也未发生实质性改变。以上结果说明本书的结论具有较好的稳健性。为简洁起见，本书仅附上采取净资产收益率 ROE 作为公司业绩的衡量指标得到的结果（表 4 - 18、表 4 - 19、表 4 - 20、表 4 - 21 和表 4 - 22），与之前描述的原因相同，上半年发生 CEO 变更的采用前一年的 ROE 作为指代公司业绩的指标，而下半年发生 CEO 变更的采用当年的 ROE 作为指代公司业绩的指标。对照表 4 - 13、表 4 - 14、表 4 - 15、表 4 - 16 和表 4 - 17，表 4 - 18、表 4 - 19、表 4 - 20、表 4 - 21 和表 4 - 22 中的模型（1）、模型（2）、模型（3）、模型（4）、模型（5）、模型（6）、模型（7）、模型（8）、模型（9）也分别代表全样本、亏损公司样本、盈利公司样本、国企样本、民企样本、国企亏损样本、国企盈利样本、民企亏损样本、民企盈利样本的结果。结果显示，无论是采用 ROE 还是 ROA 作为公司业绩的衡量指标，本书的基本结论不变。

表 4-18　　公司前期业绩（ROE）对 CEO 发生变更的 Logistic 回归估计结果

	(1) 全样本	(2) 亏损样本	(3) 盈利样本	(4) 国企样本	(5) 民企样本	(6) 国有企业亏损	(7) 国有企业盈利	(8) 民营企业亏损	(9) 民营企业盈利
_cons	0.4938 (−1.18)	2.0559 (0.63)	0.1928** (−2.50)	0.2456 (−1.50)	7.3572 (1.64)	0.4237 (−0.51)	0.1214** (−2.16)	271.0523*** (2.84)	0.6566 (−0.34)
$Perf_{it-1}$	1.0061 (1.09)	0.6817** (−2.16)	1.0179 (1.36)	0.9942 (−0.39)	0.8374 (−0.85)	0.9751 (−1.21)	1.0270 (1.38)	0.7280 (−1.22)	1.0143 (0.61)
$Size_{it-1}$	1.0771*** (2.74)	1.0071 (0.13)	1.1255*** (3.84)	1.1335*** (2.94)	0.9156 (−1.65)	1.1175 (1.48)	1.1727*** (3.50)	0.7695*** (−3.05)	1.0563 (1.04)
Lev_{it-1}	1.0414 (0.75)	1.6058 (1.44)	1.2788 (1.20)	1.5894* (1.91)	52398*** (6.28)	1.7540 (1.58)	1.1927 (0.75)	1.7652 (1.30)	1.2514 (0.95)
$Indt_{it}$	1.7871 (−0.92)	6.3262 (1.59)	1.1619 (0.22)	4.7256 (1.64)	0.6413 (−0.45)	84.4134** (2.58)	2.6698 (0.97)	3.2661 (0.70)	0.4457 (−0.77)
$Board_{it}$	0.9470*** (−2.65)	0.9650 (−1.00)	0.9295*** (−3.23)	0.9246*** (−2.85)	0.9317* (−1.93)	0.9077** (−2.14)	0.9269** (−2.49)	1.0008 (0.01)	0.9248** (−2.00)
$Bdtime_{it-1}$	1.0281*** (3.3)	1.0064 (0.36)	1.0282*** (3.08)	1.0002 (0.01)	1.0571*** (3.97)	0.9880 (−0.52)	1.0027 (0.21)	1.0501* (1.89)	1.0687*** (4.56)

续表

	（1）全样本	（2）亏损样本	（3）盈利样本	（4）国企样本	（5）民企样本	（6）国有企业亏损	（7）国有企业盈利	（8）民营企业亏损	（9）民营企业盈利
Age_{it}	0.9759*** （-4.77）	0.9692*** （-3.23）	0.9780*** （-4.08）	0.9686*** （-3.76）	0.9786*** （-2.96）	0.9543*** （-2.99）	0.9720*** （-3.21）	0.9718** （-2.23）	0.9787*** （-2.95）
$Year$	已控制	已控制	已控制	已控制	已控制	已控制	已控制	已控制	已控制
$Industry$	已控制	已控制	已控制	已控制	已控制	已控制	已控制	已控制	已控制
$Pseudo\ R^2$	0.0108	0.0131	0.0146	0.0174	0.0343	0.0315	0.0157	0.0272	0.0219
$Prob > chi^2$	0.0000	0.0000	0.0000	0.0000	0.0000	0.0000	0.0000	0.0000	0.0000
N	15441	2740	12701	7538	7107	1392	6146	1259	5848

注：（1）*、**、*** 分别表示 p<0.1、p<0.05、p<0.01。
（2）表中报告的结果为 CEO 变更发生风险（比率比）而非一般意义上的回归系数；括号中的值非 T 值而为 Z 值。
（3）表中报告的是 Pseudo R^2（即伪 R 方）而非非线性回归中的 R^2，原因在于逻辑回归的被解释变量是非连续变量，不能直接计算 R^2。

表 4—19　CEO 的背景对其发生变更的影响的结果（公司业绩改用 ROE）

	(1) 全样本	(2) 亏损样本	(3) 盈利样本	(4) 国企样本	(5) 民企样本	(6) 国企亏损样本	(7) 国企盈利样本	(8) 民金亏损样本	(9) 民企盈利样本
$\_cons$	0.1591*** (−2.66)	1.3587 (0.26)	0.0725*** (−3.48)	0.1443* (−1.89)	0.1238 (−1.56)	0.0914 (−1.35)	0.1302* (−1.9)	0.0282** (−2.28)	5.6612 (0.8)
$PerfPolBg_{it}$	1.1068 (0.19)	0.9033 (−0.17)	2.1563 (0.72)	0.8421 (−0.2)	1.1015*** (2.58)	1.1198 (0.11)	0.3924 (−0.73)	1.0661 (0.04)	1.0781*** (4)
$PolBg_{it}$	0.8349* (−1.75)	0.7314 (−1.37)	0.8431 (−1.54)	0.6515** (−2.07)	0.7969 (−1.52)	0.4723* (−1.92)	0.7470 (−1.26)	0.8155 (−1.26)	1.1840 (0.62)
$Perf_{it-1}$	0.0322*** (−6.34)	3.3284* (1.74)	0.0268*** (−4.29)	0.4340*** (−2.97)	0.9996* (−1.86)	0.7265 (−0.94)	0.4748* (−1.88)	0.0283*** (−2.62)	0.9997*** (−8.3)
$Size_{it-1}$	1.1546*** (4.51)	1.0310 (0.57)	1.2119*** (5.43)	1.1290*** (2.54)	1.1247** (2.02)	1.2054** (2.16)	1.1219** (2.24)	1.2322*** (2.99)	0.9422 (−0.67)
Lev_{it-1}	1.8453*** (3.24)	1.3846 (1.07)	1.5467** (2.03)	0.6641 (−1.29)	1.0418 (1.05)	0.5059 (−1.27)	0.6528 (−1.24)	3.7075*** (3.97)	1.0033 (0.47)
$Indt_{it}$	1.6354 (0.77)	16.7256 (2.39)	0.9529 (−0.07)	4.5838 (1.48)	3.7616 (1.23)	5.9497 (1)	4.6861 (1.4)	1.3920 (0.28)	10.0100 (1.14)
$Board_{it}$	0.9119*** (−4.35)	1.0077 (0.2)	0.8955*** (−4.77)	0.9033*** (−3.09)	0.9465 (−1.43)	0.8620*** (−2.63)	0.9141*** (−2.57)	0.8979*** (−2.57)	1.0451 (0.62)

续表

	(1) 全样本	(2) 亏损样本	(3) 盈利样本	(4) 国企样本	(5) 民企样本	(6) 国企亏损样本	(7) 国企盈利样本	(8) 民企亏损样本	(9) 民企盈利样本
$Bdtime_{it-1}$	1.0183** (2.21)	0.9931** (-0.43)	1.0219** (2.51)	0.9511*** (-3.15)	1.0524*** (3.7)	0.9225*** (-2.74)	0.9571*** (-2.6)	1.0371** (2.37)	1.0140 (0.53)
Age_{it}	1.0046 (0.84)	0.9896 (-0.97)	1.0070 (1.2)	1.0104 (1.15)	1.0052 (0.69)	1.0098 (0.56)	1.0110 (1.15)	1.0070 (0.84)	0.9933 (-0.49)
$Tenure_{it}$	0.7195*** (-29)	0.7260*** (-13.75)	0.7152*** (-26.64)	0.7530*** (-16.91)	0.6914*** (-18.02)	0.7678*** (-7.44)	0.7497*** (-15.5)	0.6812*** (-16.93)	0.6648*** (-9.86)
$Dual_{it}$	0.7339*** (-3.61)	1.1030 (0.6)	0.6730*** (-4.29)	1.0998 (0.57)	0.7833** (-2.1)	0.9330 (-0.23)	1.1555 (0.79)	0.7309** (-2.48)	1.0083 (0.04)
$Adjunct_{it}$	0.6466*** (-6.7)	0.6085*** (-3.74)	0.6618*** (-5.96)	0.8143** (-1.98)	0.5219*** (-6.3)	0.8878 (-0.63)	0.8046* (-1.94)	0.5433*** (-5.53)	0.6353** (-2.17)
$Year$	已控制	已控制	已控制	已控制	已控制	已控制	已控制	已控制	已控制
$Industry$	已控制	已控制	已控制	已控制	已控制	已控制	已控制	已控制	已控制
$Pseudo\ R^2$	0.1331	0.1263	0.1326	0.0816	0.1469	0.0933	0.0788	0.1698	0.1724
$Prob > chi^2$	0.0000	0.0000	0.0000	0.0000	0.0000	0.0000	0.0000	0.0000	0.0000
N	15441	2740	12701	7538	7107	1392	6146	1259	5848

注：(1) *、**、***分别表示 p<0.1，p<0.05，p<0.01。
(2) 表中报告的结果为 CEO 变更发生风险（比率比）而非一般意义上的回归系数；括号中的值非 T 值而为 Z 值。
(3) 表中报告的是 Pseudo R^2（即伪 R 方）而不是线性回归中的 R^2，原因在于逻辑回归的被解释变量是非连续变量，不能直接计算 R^2。

123

表 4-20　　CEO 两职合一对其发生变更的影响的结果（公司业绩改用 ROE）

	(1) 全样本	(2) 亏损样本	(3) 盈利样本	(4) 国企样本	(5) 民企样本	(6) 国企亏损样本	(7) 国企盈利样本	(8) 民企亏损样本	(9) 民企盈利样本
$\_cons$	0.2003 *** (−5.49)	1.1138 (0.15)	0.0869 *** (−7.44)	0.0770 *** (−5.56)	0.3143 ** (−2.04)	0.2036 (−1.44)	0.0461 *** (−6.00)	12.1343 ** (2.20)	0.0286 (−5.27)
$PerfDual_{it}$	1.0024 (0.13)	0.9971 (−0.26)	1.0755 (1.31)	21.2803 *** (4.82)	0.9936 (−0.26)	1.0460 (1.04)	25.1120 *** (3.81)	0.9856 (−0.81)	1.1158 (1.36)
$Dual_{it}$	0.7179 *** (−6.82)	0.8957 (−1.02)	0.6722 *** (−7.16)	0.7901 *** (−2.58)	0.7671 *** (−4.15)	0.9154 (−0.45)	0.7364 *** (−2.82)	0.9987 (−0.01)	0.7167 *** (−4.55)
$Perf_{it-1}$	1.0099 (1.21)	1.0080 (0.94)	1.0004 (0.03)	0.0729 *** (−5.59)	1.0213 * (1.72)	0.9614 (−1.18)	0.0760 *** (−4.38)	1.0199 (1.31)	0.9384 (−0.97)
$Size_{it-1}$	1.1367 *** (9.62)	1.0477 (1.53)	1.1823 *** (11.00)	1.2044 *** (8.74)	1.0979 *** (3.89)	1.1615 *** (3.02)	1.2301 *** (8.69)	0.9150 * (−1.88)	1.2409 *** (7.45)
Lev_{it-1}	1.0325 *** (2.90)	1.0056 (0.71)	1.2263 *** (3.96)	1.2305 (1.64)	1.0309 *** (2.61)	1.6588 * (1.96)	1.0628 (0.41)	1.0014 (0.28)	1.2205 *** (3.68)
Age_{it}	1.0040 (1.41)	0.9923 (−1.14)	1.0066 ** (2.08)	0.9984 (−0.34)	1.0054 (1.37)	0.9773 ** (−2.01)	1.0035 (0.68)	0.9946 (−0.61)	1.0070 (1.56)
$Bdtime_{it-1}$	1.0276 *** (5.76)	0.9953 (−0.42)	1.0316 *** (5.91)	0.9986 (−0.21)	1.0578 *** (7.47)	0.9779 (−1.48)	1.0029 (0.38)	1.0193 (1.09)	1.0577 *** (6.67)

续表

	(1) 全样本	(2) 亏损样本	(3) 盈利样本	(4) 国企样本	(5) 民企样本	(6) 国企亏损样本	(7) 国企盈利样本	(8) 民企亏损样本	(9) 民企盈利样本
$Indt_{it}$	1.9885* (1.96)	9.8123*** (2.85)	1.2509 (0.57)	3.0443** (2.24)	1.4578 (0.68)	44.9882*** (3.02)	1.8409 (1.11)	5.9579 (1.55)	0.9099 (-0.15)
$Board_{it}$	0.9267*** (-7.38)	0.9983 (-0.07)	0.9059*** (-8.62)	0.9251*** (-5.62)	0.9509*** (-2.67)	0.9339** (-2.04)	0.9222*** (-5.31)	1.0395 (0.90)	0.9184*** (-3.99)
$PolBg_{it}$	0.8122*** (-4.10)	0.7517** (-2.28)	0.8469*** (-2.97)	0.7854*** (-3.02)	0.8605** (-2.16)	0.6007*** (-2.61)	0.8252** (-2.18)	1.0075 (0.04)	0.8712* (-1.79)
$Adjunct_{it}$	0.6251*** (-13.17)	0.6764*** (-4.61)	0.6377*** (-11.31)	0.7861*** (-4.68)	0.4860*** (-13.37)	0.7681** (-2.15)	0.7953*** (-4.02)	0.5862*** (-4.26)	0.4899*** (-11.76)
$Tenure_{it}$	0.7214*** (-38.59)	0.7212*** (-17.36)	0.7226*** (-34.21)	0.7406*** (-25.78)	0.6932*** (-27.39)	0.7621*** (-10.53)	0.7358*** (-23.42)	0.6895*** (2.20)	0.6951*** (-24.08)
$Year$	已控制	已控制	已控制	已控制	已控制	已控制	已控制	已控制	已控制
$Industry$	已控制	已控制	已控制	已控制	已控制	已控制	已控制	已控制	已控制
$Pseudo\ R^2$	0.1200	0.1208	0.1224	0.1081	0.1516	0.1098	0.1063	0.1561	0.1566
$Prob > chi^2$	0.0000	0.0000	0.0000	0.0000	0.0000	0.0000	0.0000	0.0000	0.0000
N	15441	2740	12701	7538	7107	1392	6146	1259	5848

注：(1) *、**、*** 分别表示 p <0.1、p <0.05、p <0.01。
(2) 表中报告的结果为 CEO 变更发生风险（比率比）而非一般意义上的回归系数；括号中的值非 T 值而为 Z 值。
(3) 表中报告的是 Pseudo R^2（即伪 R 方）而不是线性回归中的 R^2，原因在于逻辑回归的被解释变量是非连续变量，不能直接计算 R^2。

表 4－21　　CEO 在外兼职对其发生变更的影响的结果（公司业绩改用 ROE）

	(1) 全样本	(2) 亏损样本	(3) 盈利样本	(4) 国企样本	(5) 民企样本	(6) 国企亏损样本	(7) 国企盈利样本	(8) 民企亏损样本	(9) 民企盈利样本
$\_cons$	0.2045** (−2.39)	0.6803 (−0.35)	0.1193*** (−2.93)	0.0471*** (−3.10)	0.2512 (−1.16)	0.2328 (−0.84)	0.0287*** (−3.48)	12.4275 (1.33)	0.0981* (−1.74)
$PerfAdjunct_{it}$	0.8759 (−0.54)	0.7512 (−0.98)	1.1715 (0.41)	1.1347** (1.99)	0.7899 (−0.69)	0.5912 (−1.22)	1.1418* (1.95)	0.9323 (−0.17)	0.7435 (−0.56)
$Adjunct_{it}$	0.6807*** (−5.67)	0.6818*** (−3.11)	0.6689*** (−5.23)	0.7874** (−2.56)	0.5455*** (−5.90)	0.7641 (−1.52)	0.7981** (−2.26)	0.5878*** (−2.90)	0.5491*** (−5.16)
$Perf_{it-1}$	0.7370** (−2.06)	0.9359 (−0.39)	0.7048 (−1.49)	0.0453*** (−3.76)	0.8608 (−0.74)	0.9698 (−0.12)	0.0802** (−2.53)	0.9326 (−0.30)	0.9376 (−0.20)
$Size_{it-1}$	1.1337*** (4.19)	1.0632 (1.24)	1.1680*** (4.66)	1.2426*** (4.77)	1.1088** (2.01)	1.1563* (1.88)	1.2624*** (4.84)	0.9077 (−1.20)	1.1688*** (2.69)
Lev_{it-1}	1.9498*** (4.75)	1.2842 (1.34)	1.9291*** (3.88)	0.9138 (−0.30)	2.2532*** (4.53)	1.6690 (1.28)	0.8147 (−0.64)	1.0063 (0.03)	2.9893*** (4.84)
Age_{it}	1.0050 (0.88)	0.9926 (−0.75)	1.0081 (1.33)	1.0000 (−0.01)	1.0065 (0.83)	0.9773 (−1.37)	1.0049 (0.52)	0.9948 (−0.39)	1.0091 (1.10)
$Bdtime_{it-1}$	1.0106 (1.28)	0.9953 (−0.30)	1.0138 (1.58)	0.9920 (−0.68)	1.0034** (2.62)	0.9789 (−0.97)	0.9959 (−0.33)	1.0169 (0.75)	1.0341** (2.37)

续表

	（1）全样本	（2）亏损样本	（3）盈利样本	（4）国企样本	（5）民企样本	（6）国企亏损样本	（7）国企盈利样本	（8）民企亏损样本	（9）民企盈利样本
$Indt_{it}$	2.0713 (1.15)	10.0214** (2.11)	1.3944 (0.48)	3.4042 (1.34)	1.3033 (0.26)	41.0493** (2.16)	2.4310 (0.91)	6.8551 (1.21)	0.7767 (−0.23)
$Board_{it}$	0.9223*** (−3.83)	1.0011 (0.03)	0.9052*** (−4.29)	0.9247*** (−2.80)	0.9467 (−1.50)	0.9349 (−1.47)	0.9244** (−2.56)	1.0567 (0.83)	0.9170** (−2.22)
$PolBg_{it}$	0.8319* (−1.75)	0.7506 (−1.53)	0.8524 (−1.43)	0.7938 (−1.42)	0.8976 (−0.75)	0.5994* (−1.71)	0.8380 (−1.03)	0.9915 (−0.03)	0.8915 (−0.74)
$Dual_{it}$	0.7849*** (−2.78)	0.9411 (−0.40)	0.7454*** (−3.11)	0.8928 (−0.73)	0.8393 (−1.53)	0.9022 (−0.38)	0.8512 (−0.95)	1.0776 (0.37)	0.7865* (−1.94)
$Tenure_{it}$	0.7049*** (−30.34)	0.7185*** (−15.00)	0.7011*** (−27.78)	0.7289*** (−20.56)	0.6791*** (−20.94)	0.7577*** (−9.65)	0.7229*** (−19.06)	0.6853*** (−10.79)	0.6764*** (−19.33)
$Year$	已控制	已控制	已控制	已控制	已控制	已控制	已控制	已控制	已控制
$Industry$	已控制	已控制	已控制	已控制	已控制	已控制	已控制	已控制	已控制
$Pseudo\ R^2$	0.1360	0.1248	0.1369	0.1141	0.1705	0.1110	0.1134	0.1570	0.1755
$Prob > chi^2$	0.0000	0.0000	0.0000	0.0000	0.0000	0.0000	0.0000	0.0000	0.0000
N	15441	2740	12701	7538	7107	1392	6146	1259	5848

注：（1）*、**、***分别表示 p<0.1，p<0.05，p<0.01。
（2）表中报告的结果为 CEO 变更发生风险（比率比）而非一般意义上的回归系数；括号中的值非 T 值而为 Z 值。
（3）表中报告的是 $Pseudo\ R^2$（即伪 R 方）而不是线性回归中的 R^2，原因在于逻辑性回归的被解释变量是非连续变量，不能直接计算 R^2。

127

表 4－22　CEO 的任期对其发生变更的影响的结果（公司业绩改用 ROE）

	(1)全样本	(2)亏损样本	(3)盈利样本	(4)国企样本	(5)民企样本	(6)国企亏损样本	(7)国企盈利样本	(8)民企亏损样本	(9)民企盈利样本
$\_cons$	0.2035** (-2.33)	0.5276 (-0.55)	0.1282*** (-2.80)	0.0542 (-2.98)	0.3283 (-0.89)	0.1910 (-0.93)	0.0299*** (-3.45)	5.7881 -0.88	0.1356*** (-2.74)
$PerfTenure_{it}$	1.0067** (2.34)	1.0047 (1.43)	1.0070** (1.97)	1.0098 (1.31)	1.0053** (1.95)	1.0051 (0.77)	1.0356 (1.49)	1.0077 (0.71)	0.8254* -1.71
$Tenure_{it}$	0.7035*** (-30.17)	0.7169*** (-14.55)	0.7000*** (-27.83)	0.7280*** (-20.59)	0.6783*** (-20.62)	0.7547*** (-9.58)	0.7205*** (-19.06)	0.6840*** (-10.32)	0.6874*** (-20.74)
$Perf_{it-1}$	0.6300*** (-2.97)	0.7552 (-1.40)	0.7341 (-1.50)	0.5178*** (-2.67)	0.7466 (-1.35)	0.7860 (-0.81)	0.5184* (-1.83)	0.7297 (-1.01)	1.7434 (1.37)
$Size_{it-1}$	1.1347*** (4.05)	1.0709 (1.46)	1.1632*** (4.44)	1.2224*** (4.48)	1.0916 (1.60)	1.1840** (2.08)	1.2497*** (4.67)	0.9420 (-0.69)	1.1434*** (4.19)
Lev_{it-1}	2.0895*** (4.47)	1.3980 (1.24)	2.0439*** (3.90)	1.2397 (0.77)	3.1027*** (5.10)	1.5017 (0.83)	1.0404 (0.13)	1.0872 (0.25)	3.7316*** (8.86)
Age_{it}	1.0059 (1.05)	0.9969 (-0.31)	1.0080 (1.33)	0.9996 (-0.04)	1.0084 (1.08)	0.9782 (-1.32)	1.0067 (0.49)	1.0038 (0.28)	1.0093* (1.92)
$Bdtime_{it-1}$	1.0087 (1.03)	0.9855 (-0.91)	1.0133 (1.51)	0.9924 (-0.65)	1.0304** (2.25)	0.9720 (-1.30)	0.9964 (-0.29)	1.0065 (0.28)	1.0328*** (3.64)

续表

	(1) 全样本	(2) 亏损样本	(3) 盈利样本	(4) 国企样本	(5) 民企样本	(6) 国企亏损样本	(7) 国企盈利样本	(8) 民企亏损样本	(9) 民企盈利样本
$Indt_{it}$	2.0278 (1.10)	10.7132** (2.06)	1.3710 (0.46)	3.6855 (1.43)	1.2884 (0.25)	29.4697* (1.95)	2.5865 (0.97)	8.5458 (1.24)	1.7659 (−0.40)
$Board_{it}$	0.9173*** (−4.05)	0.9755 (−0.68)	0.9055*** (−4.26)	0.9240*** (−2.84)	0.9360* (−1.79)	0.9231* (−1.75)	0.9241** (−2.57)	1.0068 (0.09)	0.9180*** (−3.86)
$PolBg_{it}$	0.8310* (−1.75)	0.7090* (−1.78)	0.8579 (−1.37)	0.7971 (−1.40)	0.8937 (−0.77)	0.5975* (−1.73)	0.8406 (−1.01)	0.9060 (−0.37)	0.8989 (−1.31)
$Dual_{it}$	0.7797*** (−2.82)	0.9163 (−0.55)	0.7479*** (−3.06)	0.8891 (−0.76)	0.8209* (−1.70)	1.0286 (0.10)	0.8420 (−1.02)	0.9745 (−0.13)	0.7928*** (−3.00)
$Adjunct_{it}$	0.6715*** (−5.99)	0.6638*** (−3.23)	0.6785*** (−5.47)	0.7858*** (−2.59)	0.5334*** (−6.25)	0.7471 (−1.63)	0.7988** (−2.25)	0.5637*** (−2.95)	0.5319*** (−9.88)
$Year$	已控制	已控制	已控制	已控制	已控制	已控制	已控制	已控制	已控制
$Industry$	已控制	已控制	已控制	已控制	已控制	已控制	已控制	已控制	已控制
$Pseudo\ R^2$	0.1366	0.1288	0.1374	0.1121	0.1731	0.1108	0.1123	0.1623	0.1778
$Prob > chi^2$	0.0000	0.0000	0.0000	0.0000	0.0000	0.0000	0.0000	0.0000	0.0000
N	15441	2740	12701	7538	7107	1392	6146	1259	5848

注：（1）*、**、***分别表示 $p < 0.1$，$p < 0.05$，$p < 0.01$。

（2）表中报告的结果为 CEO 变更发生风险（比率比）而非一般意义上的回归系数；括号中的值非 T 值而为 Z 值。

（3）表中报告的是 $Pseudo\ R^2$（即伪 R 方）而不是线性回归中的 R^2，原因在于逻辑回归中的被解释变量是非连续变量，不能直接计算 R^2。

4.5　本章小结

本章进行了 CEO 变更前置因素研究的描述统计和 Logistic 回归验证。本章前半部分分别从公司股权性质、公司经营状态、CEO 职位壕沟的角度对我国上市公司 2007～2015 年的 CEO 变更情况进行了统计分析，包括 CEO 变更的数量与比例、CEO 强制变更的数量与比例、CEO 的年龄、任期、职务独立性、兼职情况等。总体来说，在 2007～2015 年中国上市公司 CEO 变更的平均比例较为稳定，明显高于西方发达国家的变更水平，但去除掉自愿变更后，中国上市公司 CEO 强制变更的平均比例低于西方发达国家的变更水平，这在一定程度上反映出我国上市公司 CEO 固守职位的可能性较高，CEO 职位壕沟影响了董事会监督有效性的发挥。从不同公司股权性质、公司经营状态和 CEO 职位壕沟进行分组统计的结果来看，上述治理情境确实会对我国上市公司 CEO 变更产生影响，并且不同治理情境下等公司业绩、资产负债率、董事会会议次数、CEO 年龄等方面都存在差异。针对 CEO 是否发生强制变更进行的分组统计结果显示，CEO 发生变更组的公司在业绩、董事会规模、董事会会议次数、CEO 背景、年龄、任期、领导权结构、兼职情况等方面存在明显差异，初步说明以上变量影响了 CEO 变更。

本章后半部分分别从公司股权性质、公司经营状态角度对我国上市公司在 2007～2015 年发生的 CEO 变更现象进行了实证分析，所得到的关于 CEO 变更与董事会监督机制之间关系的主要结论有以下三个方面。

1. 公司业绩与 CEO 变更

公司业绩与 CEO 变更间存在显著的负相关关系，且仅在亏损公司样本组、民营公司样本组和民营亏损公司样本组显著，说明上市公司 CEO 变更这一内部治理机制的有效性主要体现在经营状态是亏损时的公司和民营公司中。

2. CEO 职位壕沟与 CEO 变更

CEO 的某些个性特征影响董事会治理的有效性，CEO 政治背景、领导权结构、兼职情况及任期均在不同治理情境下影响 CEO 业绩与其变更之间的负相关关系。说明我国上市公司 CEO 易因某些自身资本构筑职位壕沟，影响了 CEO 业绩—变更敏感性，弱化了董事会对 CEO 的监督和约束机制发挥的有效性，削弱了公司内部治理效率。

3. 其他影响 CEO 变更的因素

在其他影响 CEO 变更的因素方面，本书发现：①独立董事比例与 CEO 变更几乎没有显著关系，仅在公司处于亏损状态时才显著；②董事会规模与 CEO 变更间基本呈现显著负相关关系，董事会规模越小，CEO 被迫离职的可能性越高；③董事会会议次数与 CEO 变更间基本呈现正相关关系，即董事会会议次数越多，CEO 变更越频繁；④公司规模与 CEO 变更间基本呈现显著正相关关系；⑤CEO 年龄与 CEO 变更间呈现显著负相关关系，即在对等条件下，年纪越大的 CEO 被强迫离职的可能性越小。

第5章 CEO 变更对公司未来业绩波动影响的研究设计与模型构建

5.1 理论分析及研究假设

现有文献说明无论是跟西方发达国家还是同等的市场经济国家相比，我国的 CEO 变动率（包含多次变更的数据）明显偏高。由此不禁需要思考：CEO 变更机制是否有效？CEO 的离任对公司未来绩效波动的影响到底有多大？国内外学者们有关 CEO 变更对公司业绩影响的实证研究目前存在三种结论：业绩改善说、替罪羊假说和恶性循环说。业绩改善说认为不称职的高管被更换后可以改善公司业绩；替罪羊假说认为高管变更后公司业绩并不太可能显著提高，被解聘的高管只是只替罪羊，即使更换后的公司业绩有所提高也不一定是由高管变更所导致的；恶性循环说认为各种原因导致经历了高管变更后，公司业绩可能会变得更差。

为什么大家的研究结论会如此不同？到底 CEO 变更对公司来说会提高未来业绩吗？根据公司治理理论，当公司业绩下滑时应对公司的 CEO 做出解聘的惩罚，但这仅是第一步，解聘业绩表现不佳的 CEO 的目的是为了提高公司业绩。因此，当 CEO 发生变更后应会带来公司未来业绩的提升，并且这一结果是通过威胁机制实现的。前任 CEO 是由于业绩表现差而被迫离职的，所以现任 CEO 会更加努力工作以避免被解聘的危险。但是威胁机制的存在并不代表继任 CEO 上任后一定会立刻带来公司业绩的提升。其原因可能有两点：第一，现任 CEO 有可能会进行盈余管理，将上任后第一年的业绩调低并将第二年的业绩调高以显示其能力；第二，新 CEO 的加入可能会破坏原有高管团队的凝聚力，这需要一定的时间才能重新形成，因此 CEO 变更后的公司业绩可能需要一段时间才能有所提升。

根据《中华人民共和国证券法》有关规定，若上市公司连续三年出现亏损就会受到暂停上市的处理，因此对于亏损企业来说，提高公司业绩迫在眉睫，相对来说，盈利企业面临公司业绩上升的压力要小很多。游家兴（2010）通过对我国 1998～2008 年被特别处理的公司进行实证研究，采用分位数回归的方法发现公司业绩在高管人员变更后有了显著的提高；而朱红军（2002）针对 1993～1999 年中国上市公司董事长和总经理的研究却表明高管更换并没有显著提高公司经营绩效，只导致了盈余管理的产生。因此，本章提出如下假设：

H7a：公司业绩在 CEO 变更后短期内并没有显著的提升，长期有了显著提升。

H7b：当公司处于亏损状态时，公司未来业绩会因 CEO 的变更而得到改善。

H7c：当公司处于盈利状态时，CEO 的变更对公司未来业绩影响不大。

相对于经营目的较为单纯的民企来说，除了经济目标，国企承担了一些其他复杂的非经济目标，例如提供更多的就业机会、保证社会稳定等。由于民企的经营目的较为单纯，因此当 CEO 业绩表现不佳时，董事会会对其做出解聘的惩罚行为；而国企由于国家赋予其很多的社会目标，因此可能会在一定程度上弱化甚至消除公司业绩与 CEO 变更之间的负相关关系。以上描述我们也可以这样理解，在国企，CEO 变更的目的可能不是为了提高公司未来的经营业绩，因此在我国国企中，CEO 的变更对公司未来业绩波动的影响可能不显著。反观民企，解聘业绩不佳的 CEO 的目的就是为了提高公司业绩。因此，本书预测在我国民企中，CEO 的变更会改善公司未来业绩，并提出如下假设：

H7d：在国有控股公司中，CEO 的变更对公司未来业绩波动影响不大。

H7e：在民营控股公司中，公司未来业绩会因 CEO 的变更而得到改善。

对于这种具有多元目标的国企，我们在分析的时候要特别小心，区分对待，因为在公司盈利的时候，多元目标可能成为主导，而当企业陷入财务困境的时候，可能会更偏重公司业绩上的改善。原因如下：第一，国有控股企业是政府所有的，一旦其陷入困境，政府会面临较大压力。亏损公司不能完全按照与市场化公司相似的手段进行处理，不能让其破产，因为一旦破产，就跟政府的另外一个目标相悖（维持社会稳定或尽量增加就业）。所以在这种情况下，政府往往会通过各种各样的方式出手救助这家公司，即伸出扶持之手，例如通过财政预算去进行补贴，甚至直接减免此公司的所得税。但无论是采用直接的还是间接的方式，对政府来讲都是一种负担，因此，政府不希望国企出现亏损。第二，银行也是国家所有的，所以当国企陷入财务困境时，政府也可能会给银行施加压力，要求银行给予其贷款上的延期或利率上的优惠等，这对于银行来说是很不利的。出于这些原因，当国企出现亏损时，经营业绩得到改善这一目标会战胜其他非财务的目标成为公司首要考虑的对象，因此，我们可以推断，此前因财务困境而导致 CEO 离任的这些公司，其后期业绩应该会有明显的改善。对于盈利的国企，利润最大化这一目标可能没那么重要，有时国有企业可能仅保持微营的一种状态，但从政府的角度看，这种企业表现不错，因为它提供了很多就业机会等。因此，对于发生了 CEO 变更的盈利的国有企业来说，公司后期的业绩波动可能不明显。结合以上分析，本书提出以下假设：

H7f：在国有控股亏损公司中，公司后期业绩会因 CEO 的变更而得到改善。

H7g：在国有控股盈利公司中，CEO 的变更对公司未来业绩波动影响不大。

市场化水平较低、政府干预性较强和产权保护程度弱的国家或地区，其公司内部治理机制的作用很有限，公司常常更加关注与政府构建密切的关系，已获得政策的优惠与资源的支持，其中重要的途径就是聘任具有政治背景的 CEO。法乔（Faccio，2006）通过对 42 个国家上市公司的研究发现，政治关联企业的股票收益较高，特别是在那些法律制度不健全的国家。

根据管理壕沟理论，CEO 的政治背景会形成管理壕沟效应，保护其免于因业绩表现差而受到惩罚。很多学者也通过实证研究说明，具有政治背景的高管即使业绩表现差也较不易被强制更换，即 CEO 的政治背景会减弱公司业绩—变更间的敏感性（Performance-turnover Sensitivity）。产生这种现象的原因可能在于 CEO 的政治背景给企业带来更多的优势，更换掉他们可能会带来失去政策优惠或者资源支持等更为严重的后果。

因此，更换具有政治背景的 CEO，公司未来业绩会下滑。综合考虑公司经营的状态以及 CEO 的政治背景，本书预测，当公司处于亏损状态时，若变更的 CEO 不具有政治背景，则公司的后期业绩会显著提高；而当公司处于盈利状态时，政治背景的壕沟效应会更加严重，更换具有政治背景的 CEO 会对公司未来业绩带来不利影响。结合不同公司经营状态和不同公司股权性质，本书提出以下假设：

H8a：具有政治背景的 CEO 发生变更后，公司未来业绩显著下滑。

H8b：当公司处于盈利状态时，具有政治背景的 CEO 发生变更后，公司未来业绩显著下滑。

H8c：当公司处于亏损状态时，没有政治背景的 CEO 发生变更后，公司未来业绩显著上升。

H8d：在国有控股公司中，具有政治背景的 CEO 发生变更后，公司未来业绩显著下滑。

H8e：在国有控股公司中，没有政治背景的 CEO 发生变更后，公司未来业绩变化不显著。

H8f：在民营控股公司中，具有政治背景的 CEO 发生变更后，公司未来业绩显著下滑。

H8g：在民营控股公司中，没有政治背景的 CEO 发生变更后，公司未来业绩显著上升。

H8h：在民营控股盈利公司中，具有政治背景的 CEO 发生变更后，公司未来业绩显著下滑。

H8i：在民营控股亏损公司中，没有政治背景的 CEO 发生变更后，公司未来业绩显著上升。

5.2　样本选择及变量定义

5.2.1　样本选择与数据来源

本章也以 2007～2015 年沪、深两市 A 股排除金融类公司的所有上市公司为样本，为了测量 CEO 变更后一年相对于变更当年业绩的变化，加入了 2016 年的公司业绩，同时也未剔除 ST 和 ST＊公司，旨在减少样本选择的偏差。本书在前两章数据的基础上进一步剔除了 1344 个 CEO 信息或财务数据（公司上一年业绩 *Perf* 和 CEO 变更后业绩的变化 *diffPerf*）缺失的观察值，也剔除了 302 个资不抵债、资产等于零、营业收入和所有者权益小于零的观察值。通过对 CEO 发生变更的事件分析，研究发现有多家公司一年内发生了超过 1 次的 CEO 变更，由于难以区分公司业绩变化是年度内哪次变更所致，对同年发生多次 CEO 变更的样本，本书以第一次被更换的 CEO 作为观测对象。同理，对于那些样本区间内发生了多次变更的公司，我们也难以区分公司业绩变化到底是由哪任 CEO 被迫离职所致的，因此本书也剔除了 2359 个研究区间内发生多次变更的样本。为了消除极端值的影响，本章同样也对涉及的所有连续变量中小于 1% 和大于 99% 的极端值进行了缩尾处理。全面考虑上述标准，本章最终得到 11436 个公司—年度样本。

有关公司财务和治理结构的信息均来自国泰安（CSMAR）数据库，CEO 个人信息如年龄、任期和背景等通过样本上市公司的年度报告以及互联网手工收集获取。本章分析采用的软件为 Stata15。

5.2.2　变量选取与定义

1. CEO 变更

本章仍将总经理视为 CEO，CEO 变更区分为常规变更和变更，并按照以下步骤定义 CEO 的变更。我们初步将国泰安（CSMAR）数据库中 CEO 变更理由是退休、任期届满、健康原因、控制权变动、涉案和完善公司法人治理结构的变更看作为 CEO 的常规变更；将变更理由是辞职、工作调动、个人、解聘、结束代理和其他的变更看作为变更，但将任期不到一年的 CEO 变更划分为常规变更，因为这么短的时间并不能真实反映出 CEO 的真实业绩。另外，将常规变更中辞职原因是退休但离职年龄小于 60 岁的 CEO 变更划分为变更。本书用 CEO_TO_{it} 来表示 CEO 变更，若当年发生了 CEO 变更则取值为 1，反之取值为 0。

2. 公司业绩及业绩变化

现有研究多采用 Tobin's Q 值、ROA 和 ROE 作为公司业绩的替代变量。本书不选择 Tobin's Q 值的原因主要有两点：第一，衡量中国上市公司的 Tobin's Q 值较为困难，可能存在偏误。2005 年启动股权分置改革之后，很多公司的非流通股变为流通股，再加上存在解禁期，使得市场价值不能真实反映公司业绩；第二，由于财务绩效的衡量较为容易，公司与 CEO 签约时，重点强调其在较短合约期内（一般在 2~5 年）的公司财务业绩，例如 ROA、ROE 等，Tobin's Q 值反映的是市场价值，因此用 Tobin's Q 值作为衡量公司业绩的指标不太合适。本书采用总资产净利润率 ROA 作为公司业绩的替代变量，稳健性检验时采用 ROE 作为公司业绩的替代指标。需要特别指出的是，为了部分解决内生性问题，本章在进行 PSM 配对时，采用第 4 章研究时使用的方法，即上半年变更的采用变更前一年财务业绩，而下半年变更的采用当年财务业绩，统一用 $Perf_{t-1}$ 来表示。

此外，本章关注的是 CEO 变更后公司业绩的变化，因此，本章的被解释变量是 CEO 变更后 1 年相对于变更当年的业绩变化，假设 CEO 变更当年为 $t0$，变更后 1 年的公司业绩 $Perf_{t1}$ 减去变更当年的业绩 $Perf_{t0}$，记为 $diffPerf$。

3. 其他变量

参考其他学者的研究，通过观察 CEO 是否现在或曾经在政府或军队任职，是否曾经或现在是全国人民代表大会常务委员会（全国人大）委员、中国人民政治协商会议（政协）委员来确定 CEO 是否具有政治背景。用 $PolBg$ 表示 CEO 的背景，若 CEO 具有政治背景，则取 $PolBg$ 值为 1，否则为 0。通过手工查找样本公司年报关于 CEO 的背景信息，若 CEO 年报信息缺失，则通过新浪财经予以确认。

根据相关理论和已有文献，结合第 3 章、第 4 章的分析，本章也选择公司规模（$Size_{it-1}$）、资产负债率（Lev_{it-1}）、董事会规模（$Board_{it-1}$）、董事会会议次数（$Bdtime_{it-1}$）、独立董事比例（$Indt_{it-1}$）、CEO 年龄（Age_{it}）、任期（$Tenure_{it}$）、是否与董事长两职合一（$Dual_{it}$）、是否在外兼职（$Adjunct_{it}$）、最终控制人性质（$State$）以及公司经营状态（$Loss$）作为影响 CEO 变更的变量，也就是我们在进行 PSM 配对时需纳入评分的其他变量。上述变量与 $Perf_{it-1}$ 的确定方式相同，上半年变更的用公司前一年的数据，下半年变更的用公司当年的数据。具体定义如表 5-1 所示。

137

表 5 - 1　　　　　　　　　　　　　**变量定义**

变量	符号	变量定义或计算方法
被解释变量		
CEO 变更	CEO_TO_{it}	是否发生了 CEO 变更，虚拟变量，是 = 1，否 = 0
解释变量		
公司业绩	$Perf_{it-1}$	总资产收益率，ROA = 净利润/总资产，上半年变更的用前一年的数据，下半年变更的用当年的数据
控制变量		
CEO 政治背景	$PolBg_{it}$	CEO 是否具有政治背景，虚拟变量，是 = 1，否 = 0
CEO 与董事长是否两职合一	$Dual_{it}$	董事长和 CEO 的兼任情况，两职合一 = 1，非两职合一 = 0
CEO 是否在外兼职	$Adjunct_{it}$	CEO 是否在外有兼职，有 = 1，没有 = 0
CEO 任期	$Tenure_{it}$	CEO 的任职期限，从 CEO 在本公司担任本职位算起
公司规模	$Size_{it-1}$	公司总资产的对数，Size = ln（总资产），上半年变更的用前一年的数据，下半年变更的用当年的数据
资产负债率	Lev_{it-1}	Lev = 负债总额/资产总额，上半年变更的用前一年的数据，下半年变更的用当年的数据
独立董事比例	$Indt_{it-1}$	Indt = 独立董事人数/董事会总人数，上半年变更的用前一年的数据，下半年变更的用当年的数据
董事会规模	$Board_{it-1}$	董事会总人数，上半年变更的用前一年的数据，下半年变更的用当年的数据
董事会会议次数	$Bdtime_{it-1}$	董事会会议次数，上半年变更的用前一年的数据，下半年变更的用当年的数据
CEO 年龄	Age_{it}	CEO 真实年龄
最终控制人性质	$State$	是否为国有控股，国有控股 = 1，民营控股 = 2，外资控股 = 3，其他 = 4，集体企业 = 5
公司经营状态	$Loss$	公司是否发生亏损（以营业利润是否小于 0 为标准），亏损 = 1，盈利 = 0
年度	$Year$	虚拟变量，控制年度差异
行业	$Industry$	虚拟变量，控制行业差异

5.3　理论及机理模型设计

根据前述假设与变量定义，本书在进行 PSM 匹配时的理论模型如下：

$$\ln\left[\frac{P\ (CEO\_TO)}{1-P\ (CEO\_TO)}\right] = \beta_0 + \beta_1 Perf + \beta_2 PolBg + \beta_3 Dual + \beta_4 Adjunct$$
$$+ \beta_5 Tenure + \beta_6 Size + \beta_7 Lev + \beta_8 Indt + \beta_9 Board$$
$$+ \beta_{10} Bdtime + \beta_{11} age + \beta_{12} State + \beta_{13} Loss$$
$$+ Year + Industry + \varepsilon_i$$

本章的机理模型如图 5 – 1 所示。

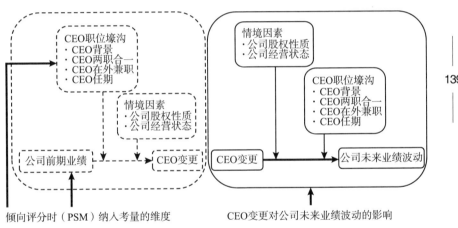

图 5 – 1　CEO 变更对公司未来业绩波动影响的机理模型

5.4　本　章　小　结

CEO 变更是一个极为复杂的过程，变更不称职的 CEO 只是董事会监督职能作用的第一个环节，CEO 变更的最终目的是通过变更不称职的 CEO 使得公司未来业绩得到显著提升，这样 CEO 变更才会成为有效激励代理人的制度，才能成为企业绩效最大化的战略工具。本章从理论分析入手，提出了不同治理情境下 CEO 变更对公司未来业绩波动的影响假设。本章以 2007～2015 年沪、深两市 A 股排除金融类公司的所有上市公司为样本，为了测量 CEO 变更后一年相对于变更当年业绩的变化，加入了 2016 年的公司业绩。本书在前两章数据的基础上进一步剔除了 1344 个 CEO 信息或财务数据缺失的观察值，剔除了 302 个资不抵债、资产等于零、营业收入和所有者权益小于零的观察值，剔除了 2359 个研究区间内发生多次变更的样本，最终得到 11436 个公司—年度样本。随后在参考已有文献的基础上，进行了变量的选取和定义。其中，本章的解释变量为虚拟变量 CEO 变更，被解释变量为公司未来业绩波动，即 CEO 变更后 1 年相对于变更当年的业绩变化，用 $diffPerf$ 表示。另外，提出了 CEO 变更经济后果的理论及机理模型。

第6章 CEO 变更对公司未来业绩影响的实证检验

6.1 PSM 匹配方法与步骤

CEO 变更后公司业绩是否得到改善是本章所要探讨的主要问题。我们需要更加准确地衡量 CEO 变更后 1 年相对于变更当年的业绩变化，简单地对 *diffPerf* 进行分析，但可能会产生偏误，也无法解决 CEO 变更的内生性问题。产生偏误的原因是，即使 CEO 没发生变更，公司业绩也可能由于某些原因而得到改善，例如宏观上出现了一些利好的政策或消息、整体经济环境的改善等，都可能会导致公司的业绩改善，因此，需要采用正确的方法精确衡量公司业绩的提升中到底有多少是由 CEO 变更带来的。由于 CEO 变更的主要原因是由于公司的业绩不佳，也就是说，发生 CEO 变更的公司本来业绩就较差，所以 CEO 变更后的公司业绩可能依然较差。如何将 CEO 变更对业绩的作用从公司业绩整体变化中分离出来是我们需要解决的一个难点。本书将采取寻找配对公司的方法，虽然该方法比较简单，但针对本书的研究问题具有更好的适应性。本书遵循赫森等（2004）、张和王（2009）的部分思想，将样本组分为处理组（CEO 发生了变更）（*Treated*）和控制组（CEO 未发生变更）（*Control*），并按照倾向得分（*PS 值*）最接近的配对原则将处理组中的公司与控制组中的公司配对，然后再考察前面两组配对上的公司未来业绩变化的差异。此种配对方法用来衡量 CEO 变更对公司业绩的影响，剔除了其他可能对公司业绩产生影响的因素，能够部分解决 CEO 变更所带来的内生性问题。本章研究与既有研究的最大不同在于配对样本的选择标准和过程。之前的研究大多仅从变更当年入手，选择与处理组中公司业绩差不多的公司与之配对，仅从一个或两个维度选择配对公司，而本书则采用罗森鲍姆和鲁宾（Rosenbaum & Rubin，1983）提出的倾向得分匹配法（Propensity Score Matching，PSM），通过计算倾向得分（PS）挑选出与处理组公司在多个维度上都较为匹配的控制组公司样本，然后再进行平均处理效应的计算，并根据两组的平均处理效应观察 CEO 变更对公司未来业绩的影响。倾向得分匹配法（PSM）克服了样本自我选择偏误对研究结论的影响。

倾向得分匹配法（PSM）计算平均处理效应的步骤如下：首先，选择协变量，尽量将可能影响 CEO 变更和 $diffPerf$ 的变量包括进来，以保证可忽略性假设得到满足，本书选取了 $Perf_{it-1}$、$PolBg_{it}$、$Dual_{it}$、$Adjunct_{it}$、$Tenure_{it}$、$Size_{it-1}$、Lev_{it-1}、$Indt_{it-1}$、$Board_{it-1}$、$Bdtime_{it-1}$、Age_{it}、$State$ 和 $Loss$；其次，采用 Logistic 回归估计倾向得分；再次，进行倾向得分匹配；最后，根据匹配后样本计算平均处理效应，观察 T 值的显著性。

6.2　描述统计与方差分析

表 6-1 显示了样本年度内所有 CEO 发生变更的数据，该数据是在本书第 4 章数据的基础上去掉 4005 个多次变更或数据损失后的公司样本①，总计 11436 个公司—年度数据。面板 A 代表的全样本数据结果显示，平均有 14.49% 的样本发生过 CEO 变更行为。2007～2015 年，每年发生 CEO 变更的公司数目在 119～292 家，比例在 13.14%～17.63%，整体看来是比较平稳的，侧面印证了数据的可靠性。面板 B 和面板 C 分别代表的是国企和民企样本的结果，发现相较于国企样本，民企样本发生 CEO 变更的比例相对较低，说明对于我国民企而言，较少发生 CEO 变更，原因可能是 CEO 的管理壕沟效应为其带来的保护。由于本章研究是上章研究的延续，考察的是 CEO 变更后公司业绩的变化，因此接下来将集中观察 CEO 变更的情况。

① 原因见本书第 5 章。

表 6-1　　　　　　　　　　　　　　样本年度内 CEO 变更

年度	上市公司 (1)	发生 CEO 变更的上市公司 (2)	CEO 变更的上市公司 (3)	CEO 变更占变更上市公司之比（%）(4)=(3)/(2)	CEO 变更占上市公司之比（%）(5)=(3)/(1)	发生 CEO 变更公司占上市公司之比（%）(6)=(2)/(1)
面板 A：全样本						
2007	871	133	64	48.12	7.35	15.27
2008	943	119	77	64.71	8.17	12.62
2009	1042	139	78	56.12	7.49	13.34
2010	1096	144	67	46.53	6.11	13.14
2011	1200	168	48	28.57	4.00	14.00
2012	1427	188	58	30.85	4.06	13.17
2013	1569	217	76	35.02	4.84	13.83
2014	1632	257	77	29.96	4.72	15.75
2015	1656	292	110	37.67	6.64	17.63
合计	11436	1657	655	39.53	5.73	14.49
面板 B：国企样本						
2007	563	76	36	47.37	6.39	13.50
2008	605	80	57	71.25	9.42	13.22
2009	634	93	53	56.99	8.36	14.67
2010	656	89	39	43.82	5.95	13.57
2011	679	104	32	30.77	4.71	15.32
2012	721	94	33	35.11	4.58	13.04
2013	745	119	50	42.02	6.71	15.97
2014	756	139	45	32.37	5.95	18.39
2015	750	136	50	36.76	6.67	18.13
合计	6109	930	395	42.47	6.47	15.22
面板 C：民企样本						
2007	282	50	26	52.00	9.22	17.73
2008	304	37	18	48.65	5.92	12.17
2009	366	44	24	54.55	6.56	12.02

续表

年度	上市公司 (1)	发生 CEO 变更的上 市公司 (2)	CEO 变更 的上市 公司 (3)	CEO 变更占变更 上市公司之比 (%) (4)=(3)/(2)	CEO 变更占 上市公司之比 (%) (5)=(3)/(1)	发生 CEO 变更 公司占上市公司 之比 (%) (6)=(2)/(1)
			面板 C：民企样本			
2010	399	53	27	50.94	6.77	13.28
2011	473	55	13	23.64	2.75	11.63
2012	646	86	23	26.74	3.56	13.31
2013	757	92	25	27.17	3.30	12.15
2014	805	113	29	25.66	3.60	14.04
2015	828	138	58	42.03	7.00	16.67
合计	4860	668	243	36.38	5.00	13.74

资料来源：笔者根据国泰安等数据整理而成。

表 6-1 显示全样本中有 39.53% 的 CEO 变更属于变更，国企样本中该 CEO 变更比例（42.47%）比民企样本中该比例（36.38%）略高，说明民企较少采取变更 CEO 这种方式以提高业绩；CEO 变更在变更的上市公司里的比例除了 2008 年和 2009 年均较为稳定，2008 年该比例最高，高达 64.71%，原因可能是 2008 年爆发于美国的金融危机也波及了中国的出口市场，很多国外公司的订单被取消，因而有出口业务的中国公司业绩下滑，由此导致中国上市公司 2008 年和 2009 年较高的 CEO 变更率。

全样本中 CEO 变更占上市公司之比整体呈现先上升后下降而后又略上升的趋势，仍然是 2008 年最高（8.17%），原因如上所述，依旧与美国金融危机有关。从面板 B 和面板 C 的国企和民企样本数据结果可知，国企样本 CEO 变更率与全样本 CEO 变更率趋势大致相同，民企样本中该比例出现先下降后快速上升的趋势，2015 年高达 7%。以上分析证明了我国上市公司 CEO 变更的稳定性。

表 6-2 是对本章研究进行配对检验时涉及的部分变量的描述性统计结果。从全样本看，参与配对的中国上市公司的前一年业绩最大值为 21.18%，而最小值为 -18.51%，这表明中国上市公司的盈利能力差异

略大。企业规模的平均值为 21.9261，最大值和最小值分别为 27.1905
和 19.0811，说明中国上市公司的规模差异较小。资产负债率均值
（48.11%）和标准差（0.2106）说明企业普遍资产负债率较高；最大
值（95.50%）和最小值（5.50%）说明中国上市公司资产负债率存在
较大差异。表 6 - 2 也显示，中国上市公司董事会独董比例平均为
36.65%，即约有三分之一的董事会成员是外部独立董事，刚刚达到证
监会的要求。董事会人数的最大值为 22，最小值为 4，说明中国上市公
司的董事设置符合我国公司法的规定。董事会会议次数最大值为 57，
最小值为 0，说明不同上市公司每年的董事会开会次数存在很大差异。
在 CEO 个人情况方面，年龄的均值为 49，说明中国上市公司可能要求
CEO 具备较丰富的工作经验，且最大值（65）和最小值（34）说明上
市公司 CEO 年龄存在较大差异；任期的均值为 4.6057，说明平均 4 年
半会更换一任 CEO，更换频率略高，且最大值（12.3）和最小值
（0.38）说明 CEO 任期存在很大差异。以上分析说明我国上市公司在以
上变量存在明显差异，在进行配对时应综合考虑多元因素方面的差异，
证明本书采取的 PSM 配对检验方法更为科学。

145

　　表 6 - 2 也同时列示了按不同实际控制人分类的样本分布情况。两
类不同实际控制人公司在公司规模、独董比例和董事会会议次数相差无
几；民企的业绩高于国企的业绩（民企的业绩均值为 4.49%，国企的
业绩均值为 3.40%），但业绩波动相对于国企的幅度更大些（民企的业
绩最小值为 - 17.02%、最大值为 22.25%，国企的业绩最小值为
- 19.85%，最大值为 20.21%）；民企的资产负债率相对国企略低些
（民企的资产负债率均值为 42.36%，国企的资产负债率均值为
52.14%）；国企的董事会人数略多于民企的董事会人数（国企董事会
人数均值为 9.4673，民企董事会人数均值为 8.5766）；民企 CEO 更年
轻化（民企 CEO 年龄的均值不到 48 岁，国企 CEO 年龄的均值约 49 岁
半）；民企 CEO 的任期更长一些（民企 CEO 任期均值为 4.7179，国企
CEO 任期均值为 4.5118）；民企在 CEO 是否两职合一和是否在外兼职
方面的均值都高于国企，原因可能是相对于拥有较多资源的国企，民企
更倾向于通过雇佣自身资源较多的 CEO 来提高公司业绩。通过以上分
析，初步发现不同实际控制人的公司状况大不相同，证明在配对检验时
加入实际控制人变量是非常必要的。

表 6－2　　　　　　　　　变量的描述性统计结果

变量	样本量	均值	标准差	最小值	最大值
面板 A：全样本					
资产收益率（%）	11436	3.91	5.52	－18.51	21.18
公司规模（ln）	11436	21.9261	1.4006	19.0811	27.1905
资产负债率（%）	11436	48.11	21.06	5.50	95.50
独董比例（%）	11256	36.65	5.35	9.09	80.00
董事会规模（人）	11256	9.134	1.9722	4	22
董事会会议次数（次）	11425	9.1874	3.7593	0	57
CEO 年龄（岁）	11401	48.9193	6.3333	34	65
CEO 任期（年）	11399	4.6057	2.699	0.38	12.3
两职兼任（1，0）	11209	0.2072	0.4054	0	1
在外兼职（1，0）	11397	0.5129	0.4999	0	1
面板 B：国企样本					
资产收益率（%）	6108	3.40	5.55	－19.85	20.21
公司规模（ln）	6108	22.1785	1.3503	19.5025	26.2718
资产负债率（%）	6108	52.14	19.40	8.27	94.16
独董比例（%）	5983	36.36	5.44	9.09	80.00
董事会规模（人）	5983	9.4673	1.9204	4	19
董事会会议次数（次）	6107	9.1243	3.9147	0	57
CEO 年龄（岁）	6084	49.5934	5.6889	37	63
CEO 任期（年）	6084	4.5118	2.7568	0.34	12.38
两职兼任（1，0）	5985	0.1215	0.3267	0	1
在外兼职（1，0）	6084	0.4560	0.4981	0	1
面板 C：民企样本					
资产收益率（%）	4903	4.49	5.57	－17.02	22.25
公司规模（ln）	4903	21.4366	1.0314	18.8362	24.4594
资产负债率（%）	4903	42.36	20.70	4.37	94.92
独董比例（%）	4853	37.03	5.28	14.29	66.67
董事会规模（人）	4853	8.5766	1.5804	4	15
董事会会议次数（次）	4893	9.2551	3.5944	1	44
CEO 年龄（岁）	4899	47.8500	6.9686	31	66
CEO 任期（年）	4897	4.7179	2.6392	0.42	12.08

续表

变量	样本量	均值	标准差	最小值	最大值
面板 C：民企样本					
两职兼任（1，0）	4816	0.3146	0.4644	0	1
在外兼职（1，0）	4895	0.5783	0.4939	0	1

资料来源：笔者依据国泰安等数据库整理。

表 6-3 按照 CEO 是否具有政治背景将样本分成两组，考察影响 CEO 变更的关键变量是否存在差异性。面板 A 显示，相对于没有政治背景的 CEO，具有政治背景的 CEO 发生变更后公司业绩下滑更多，这说明解聘具有政治背景的 CEO 带来的成本更大于收益，即相对于具有政治背景的 CEO，当公司业绩下滑时更应解聘没有政治背景的 CEO，当然这需要我们进一步进行 PSM 配对检验后才能获得更为准确的结论。通过表 6-3 还可知，全样本中 CEO 具有政治背景的上市公司前一年平均业绩高于 CEO 没有政治背景的上市公司，但不显著；CEO 具有政治背景的上市公司，其平均资产负债率显著略低，初步说明 CEO 的政治背景能够为上市公司带来正面影响。相较于没有政治背景的 CEO，具有政治背景的 CEO 年龄较大、任期较短，原因在于具有政治背景的 CEO 更有资本可以跳槽。此外，具有政治背景的 CEO 更易两职兼任和在外兼职，原因也在于政治背景为其带来的资本。以上分析说明聘用不同背景 CEO 的不同上市公司在影响 CEO 变更的关键变量方面存在差异，CEO 的背景也会产生内生性问题，因此再一次证明本书的研究需要采用 PSM 方法进行配对样本的选择，并且进行配对时需要考虑 CEO 的不同背景所带来的影响。

再次从公司控制人性质方面对全样本进行分类，面板 B 代表国企样本的结果，面板 C 代表民企样本的结果。对国企样本中发生变更的 CEO 是否具有政治背景的分组观察发现，相对于没有政治背景的 CEO，具有政治背景的 CEO 发生变更后，公司业绩变化从上升变成下滑；对民企样本中发生变更的 CEO 是否具有政治背景的分组观察发现，相对于没有政治背景的 CEO，具有政治背景的 CEO 发生变更后公司业绩下滑更多，这说明在国企和民企中解聘具有政治背景的 CEO 带来的成本更大于收益，即相对于具有政治背景的 CEO，当公司业绩下滑时更应解聘没有政治背景的 CEO，当然这需要我们进一步进行 PSM 配对后检验才能获得更为准确的结论。

表 6-3　CEO 变更的关键变量的均值分组比较

面板 A: 全样本

PolBg	diffPerf	Perf	Size	Lev	Indt	Board	Bdtime	Age	Tenure	Dual	Adjunt
0	-0.0051	0.0298	21.9249	0.512	0.3687	9.0768	9.2575	48.766	4.9259	0.1351	0.4085
1	-0.0241	0.0372	22.0067	0.4693	0.3672	8.8276	9.7582	49.9341	4.464	0.3333	0.5165
Total	-0.0073	0.0308	21.9363	0.5061	0.3685	9.0426	9.3272	48.9282	4.8617	0.1629	0.4235
T 检验	0.6578	-1.0734	-0.4817	1.8105*	0.2433	1.0901	-1.2429	-1.7012*	1.4052	-4.7181***	-1.9364*

面板 B: 国企样本

PolBg	diffPerf	Perf	Size	Lev	Indt	Board	Bdtime	Age	Tenure	Dual	Adjunt
0	0.0048	0.0228	22.1650	0.5388	0.3679	9.2938	9.1207	49.3879	5.1904	0.1125	0.4023
1	-0.0127	0.0352	22.4748	0.5143	0.3648	9.3182	9.5532	49.7447	4.9717	0.2667	0.4255
Total	0.0033	0.0243	22.2019	0.5359	0.3676	9.2966	9.1722	49.4304	5.1644	0.1310	0.4051
T 检验	0.5407	-1.2666	-1.3854	0.7995	0.3331	-0.0782	-0.7835	-0.4366	0.4734	-2.8999***	-0.3038

面板 C: 民企样本

PolBg	diffPerf	Perf	Size	Lev	Indt	Board	Bdtime	Age	Tenure	Dual	Adjunt
0	-0.0234	0.0358	21.2800	0.4588	0.3672	8.5971	9.5924	47.1792	4.4625	0.1700	0.3981
1	-0.0378	0.0442	21.5105	0.4479	0.3765	8.3721	10.1591	49.3636	4.0168	0.3571	0.5682
Total	-0.0257	0.0373	21.3196	0.4569	0.3688	8.5582	9.6902	47.5547	4.3856	0.2025	0.4275
T 检验	-0.2664	-0.8190	-1.2585	0.3169	-1.0757	0.8055	-0.9130	-1.8584*	0.9699	-2.7759**	-2.0839**

注: *、**、*** 分别表示 $p < 0.1$、$p < 0.05$、$p < 0.01$。
资料来源: 笔者根据国泰安等数据整理而成。

为初步观察发生了 CEO 变更和未发生 CEO 变更的公司间变量是否存在差异，表 6 - 4 进一步按照公司在观测年度内是否发生了 CEO 的变更进行分组，分别对变量进行了描述性统计。结果发现在全样本中，发生了 CEO 变更的公司，其前一年的平均业绩在 1% 的水平上显著低于未发生变更的公司，即发生了 CEO 变更的公司业绩本来就较差；相对于变更当年的业绩，发生了 CEO 变更样本组的业绩在变更后 1 年下降了，但下降的幅度小于 CEO 未发生变更样本组，表明了变更不称职的 CEO 对公司业绩的积极影响，但是否显著需要采用 PSM 方法进行配对后再验证。表 6 - 4 还显示，发生 CEO 变更的样本组的公司负债率较高，CEO 年纪较轻、CEO 任期较短、CEO 两职合一和在外兼职的比例较低，以上差异均通过了 T 检验。初步说明，资产负债率较大的公司较易出现问题，从而导致 CEO 的被迫离职，且 CEO 任期、两职合一和在外兼职能形成 CEO 的管理壕沟效应，从而降低 CEO 因业绩表现差而受到解聘的惩罚概率。此外，公司规模、董事会会议次数、独董比例和董事会规模在变更组和未变更组差异不大。以上分析表明发生了 CEO 变更的公司在以上各个维度上确实与未发生 CEO 变更的公司有所不同，由此会产生内生性问题，因此本书选择 PSM 方法进行配对样本的选择以消除或减少模型的内生性问题是十分必要的。

表 6 - 4 中面板 B 和面板 C 显示了分属不同实际控制人的上市公司的数据。在国企样本和民企样本中，发生了 CEO 变更的样本组前期业绩显著低于未发生变更组，说明国企样本和民企样本中发生了 CEO 变更的公司前期业绩本身就较差。国企样本中，相对于变更当年的业绩，发生了 CEO 变更样本组的业绩在变更后 1 年下降了，而未发生 CEO 变更的样本组的业绩在第二年略有上升，说明国企样本中变更不称职的 CEO 反而会恶化公司未来业绩，但还需进一步验证；民企中发生了 CEO 变更样本组的业绩在变更后 1 年下降了，但下降的幅度小于 CEO 未发生变更样本组，初步表明了变更不称职的 CEO 对公司业绩的积极影响。由此可见，国企样本和民企样本中通过变更 CEO 改善公司未来业绩的结果存在差别，以上分析解释了该研究中按照不同控制人性质进行样本分类的重要性和必要性。

表6-4

CEO 变更的关键变量的均值分组比较

面板 A：全样本

CEO_TO	diffPerf	Perf	Size	Lev	Indt	Board	Bdtime	Age	Tenure	Dual	Adjunt
0	-0.0184	0.0442	21.9018	0.4572	0.3673	9.0985	9.1233	49.3487	5.2661	0.2562	0.5844
1	-0.0024	0.0325	21.9577	0.5122	0.3655	9.1806	9.2707	48.3611	3.7472	0.1429	0.4198
Total	-0.0115	0.0391	21.9261	0.4811	0.3665	9.134	9.1874	48.9193	4.6057	0.2072	0.5129
T检验	-0.7588	11.3087***	-2.1173**	-13.9706***	1.7020*	-2.1885**	-2.0787**	8.2783***	31.0159***	14.8034***	17.6706***

面板 B：国企样本

CEO_TO	diffPerf	Perf	Size	Lev	Indt	Board	Bdtime	Age	Tenure	Dual	Adjunt
0	0.0004	0.0399	22.1936	0.5096	0.3546	9.5012	9.1123	50.4257	5.3062	0.1524	0.5267
1	-0.0009	0.0286	22.1645	0.5323	0.3627	9.4357	9.1353	48.8252	3.7787	0.0925	0.3906
Total	-0.0003	0.034	22.1785	0.5214	0.3636	9.4673	9.1243	49.5934	4.5118	0.1215	0.456
T检验	0.2621	7.9189***	0.8401	-4.5773***	1.3859	0.3182	-0.2292	11.0721***	22.4680***	7.1224***	10.7449***

面板 C：民企样本

CEO_TO	diffPerf	Perf	Size	Lev	Indt	Board	Bdtime	Age	Tenure	Dual	Adjunt
0	-0.0288	0.0480	21.4643	0.4010	0.3702	8.5485	9.1194	48.1815	5.2425	0.3575	0.6402
1	-0.0223	0.0388	21.3839	0.4667	0.3706	8.6303	9.5137	47.2187	3.7188	0.2326	0.4605
Total	-0.0265	0.0449	21.4366	0.4236	0.3703	8.5766	9.2551	47.8500	4.7179	0.3146	0.5783
T检验	-0.1270	5.5216***	2.5935***	-10.6740***	-0.2232	-1.7118*	-3.6503***	4.6043***	19.9603***	8.9332***	12.2754***

注：*、**、*** 分别代表 p<0.1、p<0.05、p<0.01。
资料来源：笔者根据国泰安等数据整理而成。

6.3 基于 PSM 的 CEO 变更对公司业绩
影响的检验与结果分析

6.3.1 PSM 的两个假设前提与满足验证

PSM 方法需要满足两个假设条件：共同支撑假设（Common Support Assumption）和平行假设（Balancing Assumption）。共同支撑假设指的是处理组和控制组两组在整体上要有相似的特征，而平行假设指的是处理组和控制组两组样本在各个维度上应该相似。以下分析证实了本研究能够满足采用 PSM 的两个假设前提，说明本书采取 PSM 进行配对样本的选择具有一定的可靠性。

图 6-1、图 6-2 和图 6-3 直观地显示，区域基本在 -0.2~0.2，两线吻合度非常高，共同支撑（Common Support）区域非常大，说明在全样本、国企样本和民企样本中进行倾向得分分配时仅会损失少量样本，共同支撑假设得到满足。

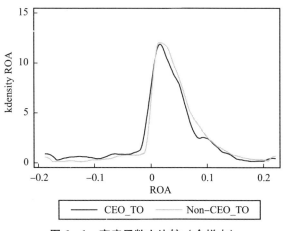

图 6-1　密度函数之比较（全样本）

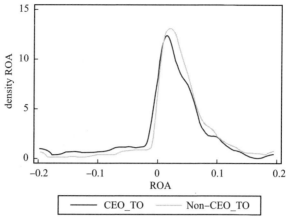

图 6 - 2　密度函数之比较（国企样本）

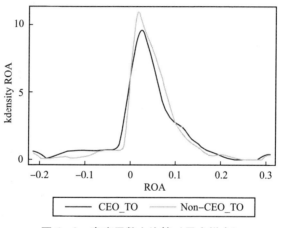

图 6 - 3　密度函数之比较（民企样本）

　　在利用 PSM 方法进行匹配时，同时控制了时间、行业、最终控制人性质和公司经营状态四个变量。表 6 - 5 显示，全样本公司中，匹配之前发生 CEO 变更的公司业绩大概是 0.03444，而未发生 CEO 变更的公司业绩大概是 0.04257，且两组的差是显著的，表明发生 CEO 变更的公司业绩比较差，这说明 *Perf* 确实是一个影响 CEO 变更的内生变量，因此若直接用未经匹配之前的业绩配对比较，结论将具有较大的不稳定性；而匹配之后发现，发生 CEO 变更的公司业绩（0.03444）与未发生 CEO 变更的公司业绩（0.03361）差异不大，且两组的差也不显著了，这说明匹配产生了作用。其他变量也是如此。

表 6 – 5　　　　　　匹配前后匹配变量的差异对比（全样本）

Items		Mean		% reduct		t-test	
Variable	Sample	Treated	Control	% bias	| bias |	t	p > |t|
Perf	Unmatched	0.03444	0.04257	– 14.7	89.8	– 3.56	0.000
	Matched	0.03444	0.03361	1.5		0.24	0.807
PolBg	Unmatched	0.15114	0.17934	– 7.6	56.4	– 1.71	0.807
	Matched	0.15114	0.13884	3.3		0.59	0.556
Size	Unmatched	21.925	21.829	7.2	65.2	1.75	0.081
	Matched	21.925	21.891	2.5		0.41	0.682
Lev	Unmatched	0.49527	0.46242	16.1	86.2	3.70	0.000
	Matched	0.49527	0.49074	2.2		0.38	0.707
Age	Unmatched	48.777	48.852	– 1.2	– 337.3	– 0.27	0.784
	Matched	48.777	48.449	5.3		0.90	0.370
Tenure	Unmatched	4.9921	4.5596	15.5	85.8	3.76	0.000
	Matched	4.9921	4.9305	2.2		0.36	0.719
Bdtime	Unmatched	9.2179	9.0587	4.3	96.7	0.98	0.329
	Matched	9.2179	9.2127	0.1		0.02	0.981
Indt	Unmatched	0.36913	0.36672	4.4	69.2	1.04	0.296
	Matched	0.36913	0.36839	1.4		0.22	0.824
Board	Unmatched	8.9385	9.0478	– 5.9	73.2	– 1.39	0.165
	Matched	8.9385	8.9092	1.6		0.27	0.790
Dual	Unmatched	0.17399	0.22471	– 12.7	78.1	– 2.84	0.005
	Matched	0.17399	0.18512	– 2.8		– 0.49	0.625
Adjunct	Unmatched	0.43409	0.53754	– 20.8	93.2	– 4.82	0.000
	Matched	0.43409	0.44112	– 1.4		– 0.24	0.811

资料来源：笔者自行运行得到。

153

表 6 – 5 显示，匹配后所有变量的标准化偏差 % bias 几乎均小于 5%，处理组与控制组无系统差异的原假设不能拒绝（p > |t| 均不显

著）。对比匹配前的结果，全部变量的标准化偏差均大幅缩小。图 6 – 4 显示，匹配前处理组与控制组的密度函数存在差异，这说明若不进行 PSM 匹配而直接利用所有控制组的公司与处理组的公司进行匹配，得到的结果显然会出现偏差。图 6 – 5 显示，经过匹配后处理组与控制组的两条线几乎重合了。因此，利用 PS 值选择控制组进行配对的方法有助于消除或减少结果偏差，以上分析表明本书采用 PSM 方法进行匹配选择能够满足平行假设前提。

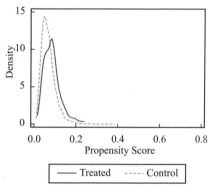

图 6 – 4 匹配前的密度函数（全样本）

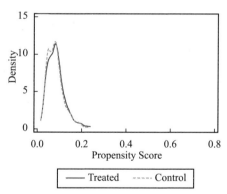

图 6 – 5 匹配后的密度函数（全样本）

表 6 – 6 和表 6 – 7 分别描述了国企和民企匹配前后匹配变量的差异对比，图 6 – 6、图 6 – 7、图 6 – 8、图 6 – 9 分别是国企和民企匹配前后的密度函数图，分析过程与前面类似，这里不再赘述。

表 6 - 6　　　　匹配前后匹配变量的差异对比（国企样本）

Items		Mean		% reduct		t-test	
Variable	Sample	Treated	Control	% bias	| bias |	t	p > | t |
Perf	Unmatched	0. 02876	0. 03636	- 14	95. 4	- 2. 58	0. 010
	Matched	0. 02876	0. 02841	0. 6		0. 08	0. 934
PolBg	Unmatched	0. 12312	0. 13995	- 5	28. 6	- 0. 86	0. 389
	Matched	0. 12312	0. 13514	- 3. 6		- 0. 46	0. 645
Size	Unmatched	22. 284	22. 201	5. 8	66. 5	1. 07	0. 284
	Matched	22. 284	22. 311	- 2		- 0. 25	0. 805
Lev	Unmatched	0. 5334	0. 51734	8. 3	100	1. 47	0. 141
	Matched	0. 5334	0. 5334	0		0. 00	1. 000
Age	Unmatched	49. 616	49. 692	- 1. 4	- 272. 7	- 0. 24	0. 813
	Matched	49. 616	49. 331	5. 3		0. 70	0. 487
Tenure	Unmatched	5. 355	4. 5041	29. 8	97. 1	5. 49	0. 000
	Matched	5. 355	5. 3304	0. 9		0. 10	0. 917
Bdtime	Unmatched	9. 033	9. 0599	- 0. 7	- 243. 1	- 0. 12	0. 904
	Matched	9. 033	8. 9409	2. 4		0. 33	0. 741
Indt	Unmatched	0. 36765	0. 36334	7. 6	33. 2	1. 40	0. 161
	Matched	0. 36765	0. 37053	- 5. 1		- 0. 59	0. 557
Board	Unmatched	9. 2763	9. 4963	- 11. 3	82. 7	- 2. 02	0. 044
	Matched	9. 2763	9. 3143	- 2		- 0. 25	0. 802
Dual	Unmatched	0. 13213	0. 12138	3. 2	34. 8	0. 58	0. 561
	Matched	0. 13213	0. 13914	- 2. 1		- 0. 26	0. 792
Adjunct	Unmatched	0. 41141	0. 46715	- 11. 2	80. 2	- 1. 98	0. 048
	Matched	0. 41141	0. 4004	2. 2		0. 29	0. 773

资料来源：笔者自行运行得到。

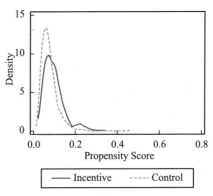

图 6－6　匹配前的密度函数（国企样本）

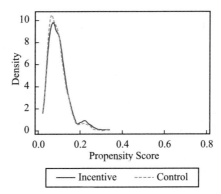

图 6－7　匹配后的密度函数（国企样本）

表 6－7　　　　匹配前后匹配变量的差异对比（民企样本）

Items		Mean		% reduct		t-test	
Variable	Sample	Treated	Control	% bias	∣bias∣	t	p > ∣t∣
Perf	Unmatched	0.03931	0.04997	－18.6	90.2	－3.03	0.002
	Matched	0.03931	0.03827	1.8		0.20	0.844
PolBg	Unmatched	0.19574	0.21794	－5.5	48.9	－0.81	0.421
	Matched	0.19574	0.1844	2.8		0.31	0.755
Size	Unmatched	21.42	21.441	－2.1	－31.1	－0.33	0.742
	Matched	21.42	21.391	2.7		0.29	0.769

续表

Items		Mean		% reduct		t-test	
Variable	Sample	Treated	Control	% bias	| bias |	t	p > | t |
Lev	Unmatched	0. 43049	0. 40078	14. 7	84. 7	2. 19	0. 028
	Matched	0. 43049	0. 42596	2. 2		0. 24	0. 809
Age	Unmatched	47. 719	47. 895	− 2. 5	− 147. 2	− 0. 38	0. 703
	Matched	47. 719	47. 285	6. 2		0. 66	0. 510
Tenure	Unmatched	4. 6869	4. 7345	− 1. 8	− 64. 3	− 0. 27	0. 784
	Matched	4. 6869	4. 6088	2. 9		0. 31	0. 754
Bdtime	Unmatched	9. 2468	8. 9942	7. 2	99. 4	1. 06	0. 291
	Matched	9. 2468	9. 2482	0		0. 00	0. 997
Indt	Unmatched	0. 36929	0. 36954	− 0. 5	− 1190. 8	− 0. 07	0. 943
	Matched	0. 36929	0. 36606	6. 3		0. 70	0. 482
Board	Unmatched	8. 4638	8. 6111	− 9	90. 4	− 1. 40	0. 163
	Matched	8. 4638	8. 478	− 0. 9		− 0. 10	0. 924
Dual	Unmatched	0. 26809	0. 33731	− 15. 1	87. 7	− 2. 20	0. 028
	Matched	0. 26809	0. 2766	− 1. 9		− 0. 21	0. 836
Adjunct	Unmatched	0. 49362	0. 6159	− 24. 8	84. 9	− 3. 75	0. 000
	Matched	0. 49362	0. 51206	− 3. 7		− 0. 40	0. 690

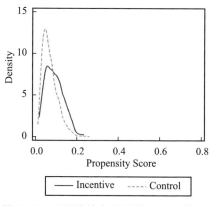

图 6 - 8　匹配前的密度函数（民企样本）

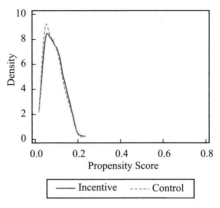

图 6 - 9　匹配后的密度函数（民企样本）

6.3.2　CEO 变更对公司未来业绩波动影响的验证与结果分析

倾向得分匹配的方法有最近邻匹配（K - Nearest Neighbors Matching）、半径匹配（Radius Matching）、核匹配（Kernel Matching）、广义精确匹配（Coarsened Exact Matching）、局部线性回归匹配（Local Linear Regression Matching）、样条匹配（Spline Matching）、马氏匹配（Mahalanobis Matching）等，为简洁起见，本书仅报告前三种方法的结果，利用半径匹配和核匹配这两种方法进行稳健型（Robustness）验证。

表 6 - 8 分别报告了全样本、亏损公司样本与盈利公司样本中 CEO 发生变更行为对公司未来业绩波动的影响。全样本［模型（1）］数据显示，从短期来看全样本中三种方法的 t-value 均不显著，这表明从全样本来看，短期内并无法得到 CEO 变更会使得公司未来业绩得到改善的结论，且 CEO 变更后的第二年相对于变更当年的业绩的提升也不显著。以上说明 CEO 的变更行为无论是在短期还是长期均无法有效改善公司业绩，以上分析并未验证假设 H7a。接下来将全部样本公司分为亏损公司和盈利公司，旨在观察公司经营状态是否会影响 CEO 变更后公司未来业绩的变化。表 6 - 8 显示，亏损样本公司发生 CEO 变更后 1 年相对于变更当年的业绩有所提高，且基本在 1% 的水平上显著；而盈利公司发生 CEO 变更后 1 年相对于变更当年的业绩却略微有所下降，但不显著。表 6 - 8 还表明，在亏损公司中，CEO 变更对公司未来业绩的

显著提高作用不能持续到变更后的第二年，而发生了 CEO 变更的盈利公司的第二年业绩相对于变更当年仍略有下降，但下降幅度有所降低且不显著。这表明公司的经营状态确实会影响 CEO 变更对公司未来业绩的波动。总之，亏损的公司可通过变更不作为的 CEO 来提高公司未来业绩，而 CEO 变更这一行为对提高盈利公司的未来业绩并不起作用，以上分析验证了假设 H7b 和假设 H7c。

表 6 - 8　　　　　　　CEO 变更对公司未来业绩的影响

Method	（1）全样本		（2）亏损样本		（3）盈利样本	
	ATT	t-value	ATT	t-value	ATT	t-value
t1 – t0						
最近邻匹配 diffPerf	0.0347	1.47	0.3072	2.15 **	− 0.0042	− 1.64
半径匹配 diffPerf	0.0227	1.16	0.3630	2.89 ***	− 0.0040	− 1.58
核匹配 diffPerf	0.0217	1.19	0.3762	3.29 ***	− 0.0039	− 1.62
t2 – t0						
最近邻匹配 diffPerf	0.0074	0.86	0.0196	0.45	− 0.0008	− 0.18
半径匹配 diffPerf	0.0056	0.66	0.0196	0.70	− 0.0026	− 0.59
核匹配 diffPerf	0.0062	0.74	0.0100	0.25	− 0.0013	− 0.30

注：*** 、** 分别代表在 1% 、5% 的水平上显著。

　　表 6 - 9 旨在考察最终控制人性质是否会改变 CEO 变更对公司未来业绩波动的影响。通过模型（1）和模型（2）的结果可知，国企后期业绩略有上升但不显著，而民企 CEO 变更短期内使得未来业绩略有上升但也不显著，而长期来看略拉低了公司未来业绩，假设 H7d 得到验证，假设 H7e 并没有得到充分的验证。为了验证假设 H7f 和假设 H7g，本书进一步将国企样本按照公司的经营状态进行分类，最终得到模型（3）、模型（4）。实证结果显示，在国有亏损公司样本中，CEO 的变更对公司未来业绩的影响是显著的，CEO 的变更会使得变更后一年的公司业绩比变更当年略有上升；而盈利的国企强制更换 CEO 并不会对公司后期业绩产生显著影响，假设 H7f 和假设 H7g 得到验证。我们再次将全部民企样本分为亏损公司样本和盈利公司样本，旨在观察公司经营状态是否会影响 CEO 变更后公司未来业绩的变化，模型（5）显示，亏损样本公司

表6-9　　CEO 变更对公司未来业绩变化的影响：按最终控制人性质和公司经营状态分类

Method	(1) 国企 ATT	t-value	(2) 民企 ATT	t-value	(3) 亏损国企 ATT	t-value	(4) 盈利国企 ATT	t-value	(5) 亏损民企 ATT	t-value	(6) 盈利民企 ATT	t-value
t1 - t0												
最近邻匹配 diffPerf	0.0106	1.15	0.0293	0.52	0.0866	2.24**	-0.0016	-0.45	0.8024	2.17**	-0.0092	-1.71*
半径匹配 diffPerf	0.0108	1.18	0.0518	1.12	0.0925	2.39**	-0.0008	-0.34	0.8657	2.35**	-0.0090	-1.69*
核匹配 diffPerf	0.0120	1.32	0.0399	0.94	0.0724	1.91*	-0.0005	-0.22	0.5923	2.08**	-0.0104	-2.04**
t2 - t0												
最近邻匹配 diffPerf	0.0072	0.61	-0.0009	-0.05	0.0582	1.16	-0.0029	-0.49	0.0789	0.86	-0.0038	-0.52
半径匹配 diffPerf	0.0097	0.82	-0.0021	-0.15	0.0520	1.06	-0.0019	-0.45	0.0561	0.57	-0.0052	-0.72
核匹配 diffPerf	0.0102	0.87	0.0048	0.36	0.0681	1.38	-0.0028	-0.48	0.0659	0.87	-0.0062	-0.88

注：**、*分别代表在5%、10%的水平上显著。

发生 CEO 变更后一年相对于变更当年的业绩显著提高，而盈利公司发生 CEO 变更后一年相对于变更当年的业绩却略微有所下降，且在 10% 的水平上显著；同时发现在亏损公司中，CEO 变更对公司未来业绩的提高并未持续到变更后的第二年，且发生了 CEO 变更的盈利公司第二年的业绩相对于变更当年也略有降低，但也并不显著。以上分析表明公司的经营状态确实会影响 CEO 变更对公司未来业绩的波动，但这种影响仅是短期的。

表 6 – 10 旨在观察 CEO 的政治背景对其变更与公司未来业绩变化间的关系。全样本实证结果显示，具有政治背景的 CEO 变更会带来公司未来业绩的显著下降，而没有政治背景的 CEO 变更则会使公司未来业绩略微上升，但不显著，假设 H8a 得到验证。借鉴前面分析的思路，本书有如下疑虑：公司不同的经营状态会不会影响 CEO 的政治背景对变更与公司未来业绩变化间的关系？由此，我们进一步将全样本公司分为亏损公司和盈利公司以检验在公司不同经营状态下的 CEO 政治背景对变更与公司未来业绩变化间的关系，结果发现一个有趣的现象：亏损公司样本中，只有不具有政治背景的 CEO 变更才会带来公司未来业绩的显著提升，具有政治背景的 CEO 变更会带来公司未来业绩的略微下降，但不显著；而盈利公司样本中，CEO 变更则将导致公司未来业绩的下降，且只有当 CEO 具有政治背景时，这种变化才会显著。以上结果表明，CEO 的政治背景对公司未来业绩的作用受到公司经营状态的影响，变更不具有政治背景的 CEO 会使得公司未来业绩上升只有在亏损公司样本中得到验证，而变更具有政治背景的 CEO 会使得公司未来业绩下降也只有在盈利公司样本中得到证明，假设 H8b 和 H8c 得到验证。

表 6 – 10　不同背景的 CEO 变更对公司未来业绩变化的影响
（变更后一年相对变更当年的 ROA 变化）

Sample	（1）离职的 CEO 具有政治背景的公司样本			（2）离职的 CEO 不具有政治背景的公司样本		
	最近邻匹配 *diffPerf*	半径匹配 *diffPerf*	核匹配 *diffPerf*	最近邻匹配 *diffPerf*	半径匹配 *diffPerf*	核匹配 *diffPerf*
全样本						
ATT	− 0.0201	− 0.0206	− 0.0195	0.033	0.0304	0.0302
t-value	− 2.53 **	− 2.62 **	− 2.51 **	1.14	1.3	1.39

Sample	（1）离职的 CEO 具有政治背景的公司样本			（2）离职的 CEO 不具有政治背景的公司样本		
	最近邻匹配 $diffPerf$	半径匹配 $diffPerf$	核匹配 $diffPerf$	最近邻匹配 $diffPerf$	半径匹配 $diffPerf$	核匹配 $diffPerf$
亏损样本						
ATT	− 0.0408	− 0.0558	− 0.0563	0.4707	0.7167	0.4348
t-value	− 0.73	− 0.96	− 1.03	3.09 ***	4.97 ***	3.39 ***
盈利样本						
ATT	− 0.0149	− 0.0142	− 0.0144	− 0.0021	− 0.0024	− 0.0021
t-value	− 2.46 **	− 2.37 **	− 2.42 **	− 0.64	− 0.88	− 0.8
国企样本						
ATT	− 0.0103	− 0.0089	− 0.0092	0.0152	0.0028	0.0138
t-value	− 1.38	− 1.2	− 1.24	1.48	0.65	1.36
民企样本						
ATT	− 0.0018	− 0.0137	0.0005	0.0217	0.0447	0.0447
t-value	− 0.03	− 0.31	0.01	0.33	0.74	0.87
国企亏损样本						
ATT	− 0.1279	—	—	0.0804	0.1133	0.0725
t-value	− 1.99 *	—	—	2.01 **	3.72 ***	1.84 *
国企盈利样本						
ATT	− 0.001	− 0.0007	− 0.0002	− 0.0015	− 0.001	− 0.0005
t-value	− 0.22	− 0.15	− 0.05	− 0.53	− 0.35	− 0.19
民企亏损样本						
ATT	− 0.0429	− 0.1088	− 0.0163	0.8585	0.7218	0.6779
t-value	− 0.53	− 0.92	− 0.17	2.01 **	2.18 **	2.10 **
民企盈利样本						
ATT	− 0.0328	− 0.0311	− 0.0314	− 0.0058	− 0.0062	− 0.0068
t-value	− 3.11 ***	− 2.95 ***	− 3.00 ***	− 0.95	− 1.02	− 1.18

注：（1）***、** 和 * 分别代表在 1%、5% 和 10% 的水平上显著。

（2）受限于样本数量和分布，国企亏损样本中半径匹配 $diffPerf$ 和核匹配 $diffPerf$ 无法得到结果。

　　同时，我们将通过把全样本分成国企样本和民企样本以检验最终控制人性质是否会改变 CEO 变更对公司未来业绩波动的影响。表 6 - 10 显示，在国企样本中，不具有政治背景的 CEO 变更会带来公司未来业绩的提升但不显著，而具有政治背景的 CEO 变更会带来公司未来业绩的下降，也不显著，假设 H8d 和假设 H8e 未得到充分验证；在民企样本中，具有政治背景的 CEO 变更会带来公司未来业绩的下降，而没有政治背景的 CEO 变更则会使公司未来业绩略微上升，但都不显著，假设 H8f 和假设 H8g 均未得到验证。借鉴前面分析的思路，公司不同的经营状态会不会影响 CEO 的政治背景对变更与公司未来业绩变化间的关系？由此，本书进一步将国企和民企样本分别按照亏损和盈利两种状态进行分类，结果发现：在亏损的国企样本中，具有政治背景的 CEO 变更会带来公司未来业绩的显著下降，而没有政治背景的 CEO 变更则使公司未来业绩显著上升，而在盈利的国企样本中，无论变更的 CEO 是否具有政治背景，都将带来公司未来业绩的略微下降，但都不显著；在亏损的民企样本中，具有政治背景的 CEO 变更会带来公司未来业绩的略微下降但并不显著，而不具有政治背景的 CEO 变更会带来公司业绩的显著提升；而盈利民企样本中，CEO 变更则将导致公司未来业绩的下降，且只有 CEO 具有政治背景时，这种变化才会显著。以上结果表明，CEO 的政治背景对公司未来业绩的作用受到公司经营状态和控制人性质的影响，变更不具有政治背景的 CEO 会使得公司未来业绩上升只有在亏损样本、亏损的国企样本和亏损的民企样本中得到验证，而变更具有政治背景的 CEO 会使得公司未来业绩下降只有在盈利样本、亏损的国企样本和盈利的民企样本中得到证明，假设 H8h 和假设 H8i 得到验证。

　　为了考察 CEO 变更对公司未来业绩波动的长期影响，本书也进行了 CEO 变更后第二年相对变更当年 ROA 变化的验证。表 6 - 11 显示，具有政治背景的 CEO 变更仍会为公司带来变更后第二年业绩的显著下降，但下降的幅度减小，没有政治背景的 CEO 变更则会使公司未来业绩略微上升且上升幅度减小，仍不显著，说明变更没有政治背景的 CEO 以改善公司未来业绩的作用仅是短期的。

表 6-11   不同背景的 CEO 变更对公司未来业绩变化的影响
（变更后第二年相对变更当年的 ROA 变化）

Sample	(1) 离职的 CEO 具有政治背景的公司样本			(2) 离职的 CEO 不具有政治背景的公司样本		
	最近邻匹配 *diffPerf*	半径匹配 *diffPerf*	核匹配 *diffPerf*	最近邻匹配 *diffPerf*	半径匹配 *diffPerf*	核匹配 *diffPerf*
全样本						
ATT	-0.0097	-0.0131	-0.013	0.0066	0.0055	0.0086
t-value	-1.31	-1.77*	-1.79*	0.68	0.57	0.91
亏损样本						
ATT	-0.01	-0.0033	-0.0072	0.0274	0.0282	0.0104
t-value	-0.37	-0.07	-0.19	0.58	0.66	0.24
盈利样本						
ATT	-0.0138	-0.0147	-0.0137	0.0005	-0.0002	0.0006
t-value	-1.99**	-2.12**	-2.01**	0.11	-0.04	0.12
国企样本						
ATT	-0.0006	-0.0016	-0.0024	0.0124	0.0128	0.0086
t-value	-0.08	-0.21	-0.33	0.93	0.98	0.9
民企样本						
ATT	0.0905	0.0082	0.0183	0.012	-0.0054	0.0041
t-value	1.22	0.15	0.4	-0.85	-0.44	0.03
国企亏损样本						
ATT	0.048	—	—	0.0634	0.0552	0.056
t-value	2.20**	—	—	1.22	1.09	1.1
国企盈利样本						
ATT	-0.0055	-0.0044	-0.0048	-0.0037	-0.0027	-0.0023
t-value	-0.77	-0.59	-0.67	-0.54	-0.41	-0.34
民企亏损样本						
ATT	-0.0559	-0.0437	-0.0718	0.0469	0.0401	0.0451
t-value	-1.34	-1.02	-1.36	1.2	0.71	1.15
民企盈利样本						
ATT	-0.0325	-0.0279	-0.032	-0.0026	-0.0026	-0.0028
t-value	-2.77***	-2.43**	-2.73***	-0.3	-0.31	-0.35

注：（1）***、** 和 * 分别代表在 1%、5% 和 10% 的水平上显著。
（2）受限于样本数量和分布，国企亏损样本中半径匹配 *diffPerf* 和核匹配 *diffPerf* 无法得到结果。

　　表 6 - 11 也进行了分组检验，结果显示亏损公司样本中，不具有政治背景的 CEO 变更带来的公司未来业绩的显著提升并未延续到变更后第二年；而在盈利公司样本中，具有政治背景的 CEO 变更导致的公司未来业绩的显著下降作用延续到了变更后第二年，说明这种作用是长期的。亏损国企若变更具有政治背景的 CEO 则会在变更后第二年带来业绩的显著上升；盈利民企样本中，具有政治背景的 CEO 变更则将导致公司未来业绩的显著下降。

　　结合表 6 - 10 和表 6 - 11 可得到以下结论：从全样本来看，具有政治背景的 CEO 变更会带来公司未来业绩的显著下降，而且这种影响会延续到变更后第二年；亏损样本中变更没有政治背景的 CEO 会带来公司未来业绩的显著提升，但这种提升作用是短期的，并不能持续到变更后第二年；盈利公司样本中，CEO 变更则将导致公司未来业绩的下降，且只有 CEO 具有政治背景时，这种变化才会显著，对业绩的影响是长期的；在亏损的国企样本中，没有政治背景的 CEO 变更使公司未来业绩显著上升，但并不能延续到变更后第二年；在亏损的国企样本中，具有政治背景的 CEO 变更会使得公司未来业绩先显著下降后显著上升；在亏损的民企样本中，不具有政治背景的 CEO 变更会带来公司业绩的显著提升，但也延续不到第二年；而盈利民企样本中，CEO 变更则将导致公司未来业绩的下降，且只有 CEO 具有政治背景时，这种变化才会显著，对业绩的影响可以延续到变更后第二年。

6.4　稳健性检验

　　本章研究采取了两种方法进行稳健性检验。第一，在之前的分析中，除了最近邻匹配，本书还同时利用半径匹配和核匹配这两种方法进行了稳健性（Robustness）验证。表 6 - 8、表 6 - 9、表 6 - 10、表 6 - 11 同时报告了三种方法的验证结果，发现结果十分接近，说明本书模型的稳健性较好。第二，本书也从衡量公司业绩的指标入手，将衡量公司未来业绩变动的指标从变更后 1 年相对于变更当年 ROA 的变化（*diffPerf*）改成变更后 1 年相对于变更当年 ROE 的变化（*diffroe*）重新进行验证。表 6 – 12、表 6 – 13、表 6 – 14 和表 6 – 15 报告了 *diffroe* 在不同情境下的最近邻匹配、半径匹配和核匹配三种方法的结果，结果显示即使采用 ROE 作为公司业绩的衡量指标进行模型的检验，得到的结果与本书实证检验的结果从整体趋势来看是比较接近的。此外，本书还按照张和王（2009）的配对方法重新对样本进行检验，结果列在表 6 – 16、表 6 – 17 和表 6 – 18 中。对照本书按照 PSM 方法进行配对检验的结果发现，虽然 CEO 变更后 1 年并未显著影响公司的业绩变化，但在亏损样本中，变更后第二年和第三年相对于变更当年的公司业绩有了显著的提高，在盈利样本中，CEO 变更后第二年和第三年相对于其变更当年的业绩也都有了显著的下降，并且在国有控股亏损公司样本中，变更发生后第三年的公司业绩有了显著的提高。亏损样本公司中，若没有政治背景的 CEO 离职会带来公司第二年业绩的上升。其他分组样本分析类似，虽然张和王（2009）使用配对方法分析的结果与本章采取 PSM 方法进行分析的结论不太相同，但从整体趋势来看是比较接近的。总之，以上分析说明本书的结论具有一定的稳健性。

表 6 – 12   CEO 变更对公司未来业绩的影响（PSM 方法）

Method	（1）全样本		（2）亏损样本		（3）盈利样本	
	ATT	*t*-value	*ATT*	*t*-value	*ATT*	*t*-value
t1 – t0						
最近邻匹配 *diffroe*	0.0034	0.87	0.0275	1.70 *	− 0.0033	− 1.36
半径匹配 *diffroe*	0.0035	0.92	0.0213	1.93 *	− 0.0026	− 1.04
核匹配 *diffroe*	0.0039	1.04	0.0270	1.96 *	− 0.0027	− 1.11
t2 – t0						
最近邻匹配 *diffroe*	0.0050	1.03	0.0186	0.92	0.0020	0.54
半径匹配 *diffroe*	0.0051	1.03	0.0129	0.364	0.0010	0.26
核匹配 *diffroe*	0.0061	1.25	0.0198	1.02	0.0017	0.45

注：* 代表在 10% 的水平上显著。

表6-13 CEO变更对公司未来业绩变化的影响：按最终控制人性质和公司经营状态分类（PSM方法）

Method	(1) 国企		(2) 民企		(3) 亏损国企		(4) 盈利国企		(5) 亏损民企		(6) 盈利民企	
	ATT	t-value	ATT	t-value	ATT	t-value	ATT	t-value	ATT	t-value	ATT	t-value
t1-t0												
最近邻匹配 diffroe	0.0033	0.70	0.0191	1.23	0.0468	2.55**	0.0014	0.53	0.1427	2.02**	-0.0108	-2.04**
半径匹配 diffroe	0.0028	0.79	0.0080	0.78	0.0257	1.75*	0.0005	0.21	0.1277	1.85*	-0.0107	-1.86*
核匹配 diffroe	0.0021	0.60	0.0073	0.76	0.0348	2.45**	0.0008	0.33	0.1226	2.31**	-0.0109	-2.06**
t2-t0												
最近邻匹配 diffroe	0.0037	0.57	0.0136	0.94	0.0251	1.02	0.0002	0.04	0.0714	0.84	-0.0003	-0.04
半径匹配 diffroe	0.0048	0.74	0.0111	0.90	0.0228	0.94	-0.0001	-0.03	0.0587	0.65	-0.0026	-0.35
核匹配 diffroe	0.0058	0.90	0.0096	0.84	0.0283	1.17	0.0004	0.09	0.0602	0.88	-0.0038	-0.52

注：**，*分别代表在5%、10%的水平上显著。

表 6 – 14　　　　不同背景的 CEO 变更对公司未来业绩变化的影响
（变更后一年相对变更当年的 ROE 变化）（PSM 方法）

Sample	(1) 离职的 CEO 具有政治背景的公司样本			(2) 离职的 CEO 不具有政治背景的公司样本		
	最近邻匹配 *diffroe*	半径匹配 *diffroe*	核匹配 *diffroe*	最近邻匹配 *diffroe*	半径匹配 *diffroe*	核匹配 *diffroe*
全样本						
ATT	– 0.0187	– 0.0163	– 0.0164	0.0072	0.0062	0.0069
t-value	– 2.56 **	– 2.23 **	– 2.29 **	1.63	1.46	1.66 *
亏损样本						
ATT	– 0.0519	– 0.058	– 0.0451	0.0333	0.0274	0.0155
t-value	– 1.02	– 1.16	– 0.92	1.95 *	2.53 **	1.46
盈利样本						
ATT	– 0.0112	– 0.0112	– 0.0112	– 0.0018	– 0.0012	– 0.0012
t-value	– 1.97 **	– 1.97 **	– 1.99 **	– 0.59	– 0.41	– 0.43
国企样本						
ATT	– 0.0084	– 0.0076	– 0.0079	0.0066	0.0016	0.0037
t-value	– 1.2	– 1.1	– 1.16	1.26	0.41	0.97
民企样本						
ATT	– 0.0173	– 0.0253	– 0.0074	0.0037	0.0062	0.0051
t-value	– 1.32	– 1.03	– 0.19	0.46	0.83	0.7
国企亏损样本						
ATT	– 0.1207	—	—	0.0426	0.0387	0.0372
t-value	– 2.11 **	—	—	2.24 **	2.66 ***	2.61 ***
国企盈利样本						
ATT	– 0.0006	– 0.0003	0.0007	0.002	0.0007	0.0008
t-value	– 0.14	– 0.06	0.15	0.66	0.23	0.3
民企亏损样本						
ATT	0.1304	0.0089	0.0055	0.0376	0.0341	0.0352
t-value	0.24	0.12	0.01	1.85 *	1.69 *	1.79 *
民企盈利样本						
ATT	– 0.024	– 0.0249	– 0.0246	– 0.0079	– 0.0078	– 0.0086
t-value	– 2.35 **	– 2.47 **	– 2.46 **	– 1.3	– 1.23	– 1.41

注：（1）***、** 和 * 分别代表在 1%、5% 和 10% 的水平上显著。
（2）受限于样本数量和分布，国企亏损样本中半径匹配 *diffroe* 和核匹配 *diffroe* 无法得到结果。

表 6 – 15   **不同背景的 CEO 变更对公司未来业绩变化的影响**
（变更后第二年相对变更当年的 ROE 变化）（PSM 方法）

Sample	（1）离职的 CEO 具有政治背景的公司样本			（2）离职的 CEO 不具有政治背景的公司样本		
	最近邻匹配 *diffroe*	半径匹配 *diffroe*	核匹配 *diffroe*	最近邻匹配 *diffroe*	半径匹配 *diffroe*	核匹配 *diffroe*
全样本						
ATT	− 0.0078	− 0.0112	− 0.0113	0.0071	0.0062	0.0082
t-value	− 1.09	− 1.57	− 1.61	1.27	1.12	1.49
亏损样本						
ATT	− 0.0103	− 0.0084	− 0.0113	0.0176	0.0182	0.0192
t-value	− 0.42	− 0.2	− 0.32	0.81	0.88	0.92
盈利样本						
ATT	− 0.0114	− 0.0125	− 0.0116	0.0037	0.0028	0.0036
t-value	− 1.67 *	− 1.84 *	− 1.74 *	0.85	0.67	0.87
国企样本						
ATT	− 0.001	− 0.0021	− 0.0029	0.0063	0.002	0.0069
t-value	− 0.14	− 0.27	− 0.4	0.87	0.32	0.97
民企样本						
ATT	0.0887	0.0108	0.0199	0.003	0.0051	0.007
t-value	1.26	0.21	0.46	0.33	0.56	0.79
国企亏损样本						
ATT	0.0397	—	—	0.0249	0.0216	0.0219
t-value	2.16 **	—	—	0.98	0.86	0.87
国企盈利样本						
ATT	− 0.0055	− 0.0043	− 0.0047	− 0.0004	0.005	0.0014
t-value	− 0.76	− 0.56	− 0.65	− 0.08	0.16	0.29
民企亏损样本						
ATT	− 0.0506	− 0.0108	− 0.0621	0.04	0.0449	0.037
t-value	− 1.35	− 1.03	− 1.37	1.3	1.61	1.32
民企盈利样本						
ATT	− 0.0272	− 0.0288	− 0.0274	− 0.0012	− 0.0011	− 0.001
t-value	2.38 **	− 2.47 **	− 2.40 **	− 0.14	− 0.13	− 0.12

注：（1）** 和 * 分别代表在 5% 和 10% 的水平上显著。
（2）受限于样本数量和分布，国企亏损样本中半径匹配 *diffroe* 和核匹配 *diffroe* 无法得到结果。

表 6 – 16　　CEO 变更对公司未来业绩的影响（Chang 和 Wong 配对方法）

diffroe	(1) 全样本	(2) 亏损样本	(3) 盈利样本	(4) 国企样本	(5) 民企样本	(6) 国企亏损样本	(7) 国企盈利样本	(8) 民企亏损样本	(9) 民企盈利样本
t1 – t0	-0.002	0.003	-0.008	-0.001	-0.002	0.029	-0.005	0.019	-0.005
t2 – t0	-0.015	0.031**	-0.007*	-0.000	0.003	0.0498	-0.003	0.055**	-0.006
t3 – t0	-0.003	0.027*	-0.007*	-0.002	0.005	0.048***	-0.004	0.004	-0.001

注：***、** 和 * 分别代表在 1%、5% 和 10% 的水平上显著。

表 6 – 17　　不同背景的 CEO 变更对公司未来业绩变化的影响（Chang 和 Wong 配对方法）

diffroe	(1) 全样本		(2) 亏损样本		(3) 盈利样本		(4) 国企样本		(5) 民企样本	
	CEO 具有政治背景	CEO 不具有政治背景	CEO 具有政治背景	CEO 不具有政治背景	CEO 具有政治背景	CEO 不具有政治背景	CEO 具有政治背景	CEO 不具有政治背景	CEO 具有政治背景	CEO 不具有政治背景
t1 – t0	-0.003	-0.008	0.086	-0.006	-0.001	-0.008	-0.002	-0.002	-0.014	-0.012
t2 – t0	-0.001	-0.007	0.023	0.0025*	-0.004	-0.007	-0.012	0.000	-0.027	-0.013**
t3 – t0	0.004	-0.009*	0.102	0.017	0.005	-0.009	-0.010	-0.003	-0.002	-0.025***

注：***、** 和 * 分别代表在 1%、5% 和 10% 的水平上显著。

表 6 – 18　　　　不同背景的 CEO 变更对公司未来业绩变化的影响
（Chang 和 Wong 配对方法）（续）

diffroe	(6) 国企亏损样本		(7) 国企盈利样本		(8) 民企亏损样本		(9) 民企盈利样本	
	CEO 具有政治背景	CEO 不具有政治背景	CEO 具有政治背景	CEO 不具有政治背景	CEO 具有政治背景	CEO 不具有政治背景	CEO 具有政治背景	CEO 不具有政治背景
t1 – t0	0.208	0.031	– 0.006	– 0.002	0.084	0.001	– 0.024	– 0.012
t2 – t0	0.147	0.055 *	– 0.014	0.000	0.036	0.004	– 0.050 *	– 0.013 **
t3 – t0	0.205	0.055 **	– 0.012	– 0.003	0.066	– 0.029	– 0.013	– 0.025 ***

注：*** 、** 和 * 分别代表在 1% 、5% 和 10% 的水平上显著。

6.5　本章小结

　　本章进行了 CEO 变更经济结果研究的描述统计和 Logistic 回归验证。本章先进行了 PSM 方法与步骤的说明，然后进行了描述统计和方差分析，在去掉多次变更样本的基础上，分别从公司股权性质、公司经营状态、CEO 职位壕沟的角度对我国上市公司 2007 ~ 2015 年的 CEO 变更情况进行了统计分析，包括 CEO 变更的数量与比例、CEO 强制变更的数量与比例、CEO 年龄、CEO 任期、CEO 职务独立性、CEO 兼职情况等。总体来说，在 2007 ~ 2015 年，中国上市公司 CEO 变更的平均比例较为稳定。从不同公司股权性质、公司经营状态和 CEO 职位壕沟进行分组统计的结果初步来看，上述不同治理情境下的公司业绩、资产负债率、董事会会议次数、CEO 年龄等方面都存在差异；按照 CEO 是否发生变更进行的分组统计结果显示，CEO 发生变更组的公司在业绩、董事会规模、董事会会议次数、CEO 背景、CEO 年龄、CEO 任期、CEO 领导权结构、CEO 兼职情况等方面存在明显差异。以上初步说明了本书在研究 CEO 变更后经济结果时采取 PSM 方法的必要性。本章还按照 CEO 是否发生变更统计了公司未来业绩的变化，结果显示全样本中相对于变更当年的业绩，发生了 CEO 变更样本组的业绩在变更后 1 年下降了，但下降的幅度小于 CEO 未发生变更样本组，显示了变更不称职的 CEO 对公司业绩的积极影响，但是否显著需要采用 PSM 方法进行配对后再验证。

本章后半部分也采用 PSM 方法，先验证了 PSM 的两个假设前提——共同支撑假设和平行假设，再分别从公司股权性质、公司经营状态角度对我国上市公司在 2007～2015 年发生的 CEO 变更后经济结果进行了实证分析，所得到的主要结论为：

第一，对 CEO 变更给公司带来的经济后果的研究存在内生性问题，普通的回归或者分位数回归并不能解决该问题，本书采用的倾向得分匹配法（PSM）较好地规避了以往研究较少关注的内生性问题，将 CEO 变更对业绩的影响从公司业绩整体变化中分离出来，使得本书的结论更加准确。本书先通过倾向得分匹配法进行了匹配样本选择，然后再对这些匹配样本进行 CEO 变更的经济后果的验证，最终发现，以全样本来看，无法得到 CEO 变更会使得公司未来业绩得到改善的结论。

第二，基于不同情境视角，本书发现：①公司的经营状态会影响 CEO 变更对未来业绩的波动，亏损的公司可通过变更不作为的 CEO 来提高公司未来业绩，而在盈利公司这一结论却不成立；②最终控制人性质影响着 CEO 变更对公司业绩的波动。CEO 变更后，国企后期业绩略有上升，民企后期业绩变化不显著。在国有亏损公司样本中，CEO 的变更会使业绩略有上升；而盈利国企强制更换 CEO 未对公司后期业绩产生显著影响。

第三，基于 CEO 职位壕沟角度观察 CEO 变更经济后果，本书发现，从全样本来看，具有政治背景的 CEO 被迫离职会导致公司未来业绩的下降，而没有政治背景的 CEO 被变更则使得公司未来业绩略微上升，但都不显著。在亏损公司中，若被变更的 CEO 不具有政治背景，则会使得公司未来业绩在 1% 的水平上显著上升；而在盈利公司中，若具有政治背景的 CEO 被变更则会使得公司未来业绩在 5% 的水平上显著下降。

第7章 主要研究结论与未来展望

7.1 主要研究结论与启示

7.1.1 主要研究结论

CEO 变更是上市公司的一项重大决策。本书以 2007～2015 年上海和深圳证券交易所所有上市公司作为研究对象，在不完全契约框架下，结合转型时期中国上市公司的制度背景和公司治理的最新实践，将 CEO 职位壕沟纳入公司治理的研究框架，选取 CEO 变更作为切入点，采用二元 Logistic 回归分析方法对 CEO 职位壕沟影响董事会监督有效性问题加以理论分析与实证检验，进而为有效发挥 CEO 变更机制的优胜劣汰作用、完善公司治理提供相应建议。需要注意的是，公司业绩较差时更换 CEO 只是公司内部治理机制产生作用的第一步，但这并不意味着公司后期业绩会因此得到"自动"改善，因此，研究 CEO 变更的经济后果也十分必要，尤其是基于不同情境因素的分析对正确选择 CEO 变更策略更具启发意义。本书实证后半部分同时采用 PSM 方法进行配对，针对不同公司经营状态、不同最终控制人性质、不同背景 CEO 变更后公司业绩波动的影响进行实证检验，借以考察 CEO 变更的不同情境对公司未来业绩波动的影响。本书的主要结论如下：

第一，在公司前期业绩与 CEO 变更关系方面，本书发现公司业绩与 CEO 变更间存在显著的负相关关系，且这种负相关关系仅在亏损公司样本组、民营公司样本组和民营亏损公司样本组是显著的，说明上市公司 CEO 变更这一内部治理机制的有效性主要体现在公司经营状态是亏损时和民营公司中；当公司的经营状态是亏损时，短期内迅速提高公司业绩是 CEO 当前亟待解决的问题，而当公司处于盈利状态时，公司未来业绩的提升带给 CEO 的压力相对小些，同时国企的目标多元化减弱了 CEO 的聘任和解雇与公司业绩间的关系，而在公司经营目标相对简单的民企中，两者间的关系相对更为密切些。

第二，在 CEO 职位壕沟与 CEO 变更关系方面，本书发现 CEO 的某些个性特征影响董事会治理的有效性。CEO 变更与其政治背景间存在显著的负相关关系，相对于没有政治背景的 CEO，具有政治背景的 CEO 较不容易被变更。业绩不佳但无政治背景的 CEO 被解雇的概率远远高于具有政治背景的 CEO。当公司业绩不佳且 CEO 没有政治背景时，董事会更容易做出解雇 CEO 的决策。即 CEO 的政治背景降低了其业绩—变更敏感性，但仅在民营公司样本组和民营盈利公司样本组中显著，因为当公司处于亏损状态时提高公司业绩会成为公司首先考虑的问题，即使 CEO 具有政治背景能为公司带来好处，但当其业绩表现不佳时需被替换掉；在像我国这样的新兴转轨市场中特有的制度背景下，民营公司需要与政府保持亲密、友好的关系，因此民营公司不会轻易变更具有政治背景的 CEO 以维持这条公司与政府间的纽带，同时需要在解雇业绩不佳 CEO 而聘用新的 CEO 有可能带来的业绩提升与失去政治关联而造成的损失之间做出权衡抉择。换言之，在民营公司样本组和民营盈利公司样本组中，具有政治背景的 CEO 即使业绩表现差，也较不容易被变更，这说明 CEO 的政治背景构筑了其职位壕沟，弱化了董事会对 CEO 的监督和约束机制发挥的有效性，削弱了公司内部治理效率。

第三，两职合一的领导权结构能够极大地增强 CEO 在公司中的权力，有助于其形成职位壕沟，显著弱化董事会对 CEO 的有效监督，提高了其固守职位的可能性，降低了强制变更业绩表现差的 CEO 的可能性。但 CEO 与董事长的两职合一对董事会独立性发挥的影响仅在盈利样本、国企样本和国企盈利样本组中是显著的，因为当公司处于盈利状态时，公司可能更看重于 CEO 两职合一为公司带来的益处，而当公司处于亏损状态时，改善公司未来业绩将成为公司首先考虑的目标，因此需要变更业绩表现差的 CEO，不管其是否与董事长两职合一；治理环境相对孱弱的国有企业 CEO 与董事长两职合一极易使得 CEO 获得重要控制权，形成职位壕沟效应，削弱董事会对其监管职能有效性的发挥，而民营企业面临的环境相对更为艰难和不确定，因而更加要求董事会有效发挥其监督职能，及时辨别及更换不称职的 CEO，因此，亏损企业和民营企业样本中，两职合一的领导权结构未显著影响董事会监督的独立性的发挥，未显著影响 CEO 变更与公司前期业绩之间的敏感度。

第四，CEO 在外兼职显著影响了公司前期业绩与 CEO 变更间的负相关关系，表明 CEO 在外兼职有助于其形成管理壕沟，保护其业绩表现差时免于被惩罚。但这种 CEO 在外兼职对 CEO 业绩—变更敏感性的影响仅在盈利样本、国企样本和国企盈利样本组得到验证，原因在于当企业处于盈利状态时，即使业绩出现下滑，大多数企业也不会冒着巨大风险改变现状，此时董事会更倾向于保留在外兼职的 CEO；而当企业处于亏损状态时，企业可能更趋向于改变现状，希望通过变更 CEO 这条途径来使企业未来业绩达到预期的目标，此时 CEO 在外兼职可能不会影响董事会对其的监督和约束作用。相对于经营目的复杂的国有企业，民营企业更关注于公司业绩的提升，当公司处于亏损状态时，部分表明 CEO 在外兼职对公司业绩起到的积极影响有限，此时为使得公司业绩在短时间内有所起色，民营企业可能更需要专注力高的 CEO 以获得良好结果，因此可能会更加要求董事会有效发挥其监督职能，及时辨别及更换不称职的 CEO。虽然国有企业 CEO 在外兼职极易形成 CEO 职位壕沟，减弱了董事会对其的监督作用，但当其陷入财务困境时，改善公司未来业绩还是会成为公司首先考虑的目标，因此需要变更业绩表现差的CEO，不管其在外是否有兼职。

第五，CEO 任期的增加可使得其所拥有的社会关系网络逐渐增大，拥有的社会资本更高，因而可以在公司内部形成权力圈以抵御外界压力，即 CEO 任期的增加可形成管理壕沟，降低其被强制变更的危险性。但 CEO 任期对公司前期业绩与 CEO 变更之间负相关关系的影响也仅在盈利样本、民营样本、国企盈利样本和民企盈利样本组通过显著性验证，说明当公司处于盈利状态时，随着任期的不断延长，CEO 有可能在公司内部构筑利益团体，对变更加以抵制，即使出现能力不足或败德行为时也难以受到解聘的惩罚；而当公司处于亏损状态时，董事会可能会在解聘任期较长 CEO 的成本和收益中进行权衡，更偏向于短时间内改善公司业绩的目标，从而减弱 CEO 任期较长带来的职位壕沟效应，提

175

高董事会监管功能有效性的发挥，及时变更业绩表现不佳的 CEO。同时，相对于有多种渠道可形成固守职位资本的国企，我国民营控股公司中的 CEO 任期长短是其职位壕沟关键的形成因素，因而 CEO 任期较长带来的职位壕沟效应在民营企业相对更显著些，相对来说任期短的 CEO 在我国民营控股公司更易在业绩表现不佳时被迫离职。

第六，在其他影响 CEO 变更的因素方面，本书发现：①独立董事比例与 CEO 变更几乎没有显著关系，仅在公司处于亏损状态时才显著。设立独立董事制度的初衷在于强化董事会对 CEO 监督的有效性，但本书发现独立董事比例与 CEO 变更没有关系，独立董事独立性悖论制约了独立董事监督有效性的发挥。②董事会规模与 CEO 变更间基本呈现显著负相关关系，董事会规模越小，CEO 被迫离职的可能性越高。我国上市公司董事会人数均值大概为 9 人，正好是多数学者们认为的最佳董事会规模，规模较大的董事会可能会出现相互推诿等效率低下的现象，此时更易被公司 CEO 所控制，从而削弱了董事会对 CEO 的监督作用。③董事会会议次数与 CEO 变更间基本呈现正相关关系，即董事会会议次数越多，CEO 变更越频繁，原因可能是业绩表现较差的公司董事会会议频率较为频繁，而公司业绩差也易导致 CEO 被迫离职，因而 CEO 变更与董事会会议次数呈正相关。④公司规模与 CEO 变更间基本呈现显著正相关关系，原因在于公司规模越大公司越正规，董事会独立性越强，职能发挥越好，从而能更好地监督 CEO，减少其固守职位现象的发生。⑤CEO 年龄与 CEO 变更间呈现显著负相关关系，即在对等条件下，年纪越大的 CEO 被强迫离职的可能性越小，表明 CEO 年龄在董事会的变更决策中发挥了显著的防御效应，原因在于年资较长的 CEO 对公司的环境与决策走向比较熟悉，因此能掌控公司的运作，且其对公司有一定的承诺，不轻易变革，因此忠诚度与向心力比较高。

第七，样本年度内，发生一次 CEO 变更的公司比例在 5% ~ 12%，这证明了我国上市公司发生 CEO 变更的稳定性。同时，通过描述性统计分析，本书还发现发生了 CEO 变更的公司的前一年平均业绩低于未发生变更的公司，即发生了 CEO 变更的公司业绩本来就较差；在发生了变更的公司中，若 CEO 没有政治背景，公司前一年的业绩相对较差，即发生变更的样本组中 CEO 具有政治背景的公司业绩相对较好。以上结论也说明在进行 CEO 变更的经济后果研究时必须考虑内生性问题。

第八，在对 CEO 变更给公司带来的经济后果的研究中存在内生性问题，普通的回归或者分位数回归并不能解决该问题，本书采用的倾向得分匹配法（PSM）较好地规避了以往研究较少关注的内生性问题，将 CEO 变更对业绩的影响从公司业绩整体变化中分离出来，使得本书的结论更加准确。本书在进行 PSM 匹配样本的选择之前也进行了两个前提假设的验证，结果表明本书对于影响 CEO 变更的变量选取是较为合适的，即本书在进行倾向打分时采用到的维度设计是较为准确的。本书通过了共同支撑假设和平行假设的验证，表明本书的样本适合采用倾向得分匹配法进行匹配样本选择。通过验证采用倾向得分匹配法选择的匹配样本中 CEO 变更的经济后果，最终我们得到这样一个结论：以全样本来看，无法得到 CEO 变更会使得公司未来业绩得到改善的结论。

第九，基于不同情境视角，本书发现：①公司的经营状态会影响 CEO 变更对未来业绩的波动，亏损的公司可通过变更不作为的 CEO 提高公司未来业绩，而在盈利公司这一结论却不成立。②最终控制人性质影响着 CEO 变更对公司业绩的波动。CEO 变更后，国企后期业绩略有上升，民企后期业绩变化不显著。在国有亏损公司样本中，CEO 的变更会使业绩略有上升；而盈利国企强制更换 CEO 未对公司后期业绩产生显著影响。

第十，基于 CEO 职位壕沟角度观察 CEO 变更经济后果，本书发现，从全样本来看，具有政治背景的 CEO 被迫离职会导致公司未来业绩的下降，而没有政治背景的 CEO 被变更则使得公司未来业绩略微上升，但都不显著。在亏损公司中，若被变更的 CEO 不具有政治背景，则会使得公司未来业绩在 1% 的水平上显著上升；而在盈利公司中，若具有政治背景的 CEO 被变更则会使得公司未来业绩在 5% 的水平上显著下降。

7.1.2　启发意义

第一，分组研究更有助于解释不同组别的 CEO 变更与公司未来业绩之间关系的差异性。本书的全样本研究表明相关结果并不显著，但分组对比却得到了有趣的发现，这表明 CEO 的变更应考虑情境因素，依公司面临的环境条件做出相应的对策。当公司出现亏损时变更 CEO 有助于改善公司业绩，而当公司处于盈利状态时，稳定的高层团队更有助于公司业绩的改善。

第二，需要进一步完善 CEO 的任免机制。并不是所有的公司出现业绩下滑后进行 CEO 的变更都会带来未来业绩的改善，有些 CEO 变更甚至会使得公司业绩雪上加霜，因此不能将业绩下滑的所有原因都归咎于 CEO 的不作为。公司在聘任或解聘 CEO 时须综合考虑多种因素，切莫盲目更换 CEO。

第三，CEO 的背景对变更的经济后果具有重要的影响。在亏损公司中，若变更的 CEO 不具有政治背景，则会带来未来业绩的显著提高；若变更的 CEO 具有政治背景，对未来业绩的影响就变得不显著了；同时在盈利公司样本中，具有政治背景的 CEO 被变更会导致公司未来业绩的显著下降，若被变更 CEO 不具有政治背景，其对公司未来业绩的影响便不显著。这表明在中国的制度背景下，CEO 的政治背景确实会给企业带来业绩上的提升，因此在变更具有政治背景的 CEO 时要慎重。特别是对于中国民营上市公司而言，政治资源是董事会雇佣和解聘 CEO 决策的重要依据。在中国，民营上市公司更加重视与政府的联系，部分民营企业甚至将政治关联作为获取竞争优势的主要手段，非正式制度在资源配置方面扮演着至关重要的角色，并对正式制度产生影响。民营企业在解雇 CEO 时应权衡丧失 CEO 的政治背景与变更 CEO 的未来收益，而不是将业绩不佳作为解雇 CEO 的唯一考虑。

第四，董事会对 CEO 监督的有效性若过度受制于 CEO 的政治背景，可能会削弱正式制度的有效性。为了获取关系资源，公司董事会常常不会对具有政治背景的 CEO 做出立即变更的决策，但这种行为也可能给公司带来更高的治理成本与治理风险，例如滋生权钱交易、官商勾结等腐败行为。过度关注外在的政治联系，可能导致企业忽略其内部管理的提升从而丧失长期竞争优势等。因此，中国上市公司不仅要根据制度情景实施积极的政治联系，正确对待和处理 CEO 与政府之间的关系，而且要通过正式的制度建设，强化董事会治理的有效性，以降低治理成本、规避治理风险、提升可持续发展能力。

第五，在 CEO 拥有政治背景并兼任董事长时极易形成职位壕沟，干预董事会对业绩不佳 CEO 的解雇决策，从而降低董事会治理的有效性。因此，中国上市公司要注意具有政治背景的 CEO 两职兼任时的治理风险防范，强化 CEO 变更机制的有效性。

第六，政府应正视正式制度供给不足的问题，完善法律并强化市场的资源配置作用，为民营企业发展提供公平的竞争环境，降低企业对政治关联的过度依赖，鼓励企业通过构建良好内部治理结构与治理机制培育其长期可持续成长能力。

第七，正确理解董事会监督有效性和公司治理有效性。有的研究可能仅从公司业绩差导致 CEO 变更这个角度入手来论证公司治理是否有效，事实上，公司业绩较差时更换 CEO 只是公司内部治理机制产生作用的第一步，更重要的是 CEO 更换后能够使得公司业绩得到改善，这个完整的过程才是董事会职能发挥有效的表现。本书将关注点分别放在 CEO 变更原因和 CEO 变更后的经济结果上，论证不同情景因素下影响 CEO 变更的因素和 CEO 的变更给公司带来的业绩方面的影响，可以体现何种情境下公司治理机制完善、董事会职能能够发挥有效性。

7.2 研究不足及未来展望

第一，应当指出的是 CEO 职位壕沟对其变更与业绩敏感度的影响极为复杂，不同的治理情境下，其影响方式与作用程度有别，未来研究应深入探讨制度环境、企业内部行为、资源能力与不同企业特征等因素对 CEO 职位壕沟与业绩变更敏感性关系的影响。例如，可以基于不同政府控制权将国有控股上市公司分为政府直接控制型公司、投资管理公司控制型公司和国有法人控制型公司，并据此分析 CEO 变更与公司业绩之间的关系。

第二，本书仅仅证明了有些情况下即使业绩不佳的 CEO 被变更了，但公司业绩并没有得到显著提高，而对于该结果产生的背后原因的挖掘还不够。公司内部治理机制产生作用的第一步是公司业绩较差时更换 CEO，但更重要的是 CEO 更换后能够使得公司业绩得到改善，这个完整的过程才是董事会职能发挥有效的表现，因此研究 CEO 变更没带来公司业绩的显著提高的原因会有助于提高董事会职能发挥有效性。今后可关注导致公司未来业绩变化的其他因素，例如继任 CEO 的特征等。

第三，本书对某些变量的测量还可以进一步细化。①本书对政治背景的衡量采取了 0，1 赋值法，今后研究可以考虑采用更加详细的 CEO 政治背景的层次与强度指标，以更为全面地了解 CEO 政治背景对业绩—变更敏感性的影响过程与作用程度。②本书对 CEO 在外兼职的衡量也采取了 0，1 赋值法，今后研究可在这方面继续进行细分，例如根据不同的 CEO 兼职的公司规模和 CEO 兼职公司与本公司业务是否有关联等赋以不同数值以得到 CEO 在外兼职对本公司不同强度的影响，从而可以更加全面地分析 CEO 兼职对其变更的职位壕沟效应。

第四，本书在进行实证验证时仅将行业控制住，并未对不同行业公司进行分组研究，未来可增加不同行业公司在 CEO 变更前置因素及经济后果方面的分组对比分析。不同行业的公司，其经营目的、竞争程度、生存难度都存在巨大差异，因而不同行业的公司对经营不佳的 CEO 的忍受程度不同，针对不同行业、不同股权性质、不同经营状态的公司进行分组多角度验证可能会得到有趣的发现。

除以上四点之外，还可能存在诸多不足之处，本书仅为后续相关领域的探索、研究提供些许新思路，更多的研究有待学者们进一步探索。

参 考 文 献

［1］安凡所：《董事会行为与效率：基于 CEO 更替视角的研究综述》，载于《经济前沿》2009 年第 12 期。

［2］安凡所：《总经理继任的内部提拔与外部选聘：经验与实证》，载于《人力资源管理》2010 年第 11 期。

［3］陈冬华，陈信元，万华林：《国有企业中的薪酬管制与在职消费》，载于《经济研究》2005 年第 2 期。

［4］陈璇，淳伟德：《大股东对公司高层更换影响的实证分析》，载于《软科学》2006 年第 2 期。

［5］邓浩，贺小刚，肖玮凡：《亲缘关系与家族企业的高管变更——有限利他主义的解释》，载于《经济管理》2016 年第 10 期。

［6］邓建平，曾勇：《政治关联能改善民营企业的经营绩效吗》，载于《中国工业经济》2009 年第 2 期。

［7］邓新明：《我国民营企业政治关联、多元化战略与公司绩效》，载于《南开管理评论》2011 年第 4 期。

［8］丁烈云，刘荣英：《制度环境、股权性质与高管变更研究》，载于《管理科学》2008 年第 6 期。

［9］丁希炜，周中胜：《公司高管人员更换的影响因素——基于上市公司的实证分析》，载于《山西财经大学学报》2008 年第 8 期。

［10］丁友刚，宋献中：《政府控制、高管更换与公司业绩》，载于《会计研究》2011 年第 6 期。

［11］冯丽丽，林芳，许家林：《产权性质、股权集中度与企业社会责任履行》，载于《山西财经大学学报》2011 年第 9 期。

［12］龚玉池：《公司绩效与高层更换》，载于《经济研究》2001 年第 10 期。

［13］郭佩文：《高级管理者更替与公司绩效、公司特性与管理者

特性关系之研究——以台湾上市公司为例》，朝阳科技大学 2004 年博士学位论文。

[14] 郭启伦：《上市公司高管人员变更与企业绩效关系的实证研究》，江西财经大学 2010 年博士学位论文。

[15] 胡明霞：《管理层权力、技术创新投入与企业绩效》，载于《科学学与科学技术管理》2015 年第 8 期。

[16] 贾倩，孔祥，孙铮：《政策不确定性与企业投资行为——基于省级地方官员变更的实证检验》，载于《财经研究》2013 年第 2 期。

[17] 柯江林，张必武，孙健敏：《上市公司总经理更换、高管团队重组与企业绩效改进》，载于《南开管理评论》2007 年第 4 期。

[18] 罗党论，唐清泉：《政治关系、社会资本与政策资源获取：来自中国民营上市公司的经验证据》，载于《世界经济》2009 年第 7 期。

[19] 李秉祥，李明敏，吴建祥等：《经理管理防御测度指标筛选研究》，载于《软科学》2016 年第 7 期。

[20] 李济含，刘淑莲，朱明园：《CEO 任期、董事会治理与绩效强制变更敏感性》，载于《财经论丛（浙江财经学院学报)》2016 年第 6 期。

[21] 李建标，李帅琦，王鹏程：《两职分离形式的公司治理效应及其滞后性》，载于《管理科学》2016 年第 1 期。

[22] 李明：《高管职位壕沟效应研究述评》，载于《经济与管理评论》2013 年第 2 期。

[23] 李维安：《公司治理学》，高等教育出版社 2005 年版。

[24] 李维安，李汉军：《股权结构、高管持股与公司绩效——来自民营上市公司的证据》，载于《南开管理评论》2006 年第 5 期。

[25] 李维安，李晓琳，张耀伟：《董事会社会独立性与 CEO 变更——基于违规上市公司的研究》，载于《管理科学》2017 年第 2 期。

[26] 刘锦，王学军，张三保等：《CEO 非正式权力、正式权力与企业绩效——来自中国民营上市公司的证据》，载于《管理评论》2015 年第 11 期。

[27] 刘青松，肖星：《败也业绩，成也业绩？——国企高管变更的实证研究》，载于《管理世界》2015 年第 3 期。

[28] 刘星，代彬，郝颖：《高管权力与公司治理效率——基于国

有上市公司高管变更的视角》，载于《管理工程学报》2012 年第 1 期。

［29］卢锐，魏明海，黎文靖：《管理层权力、在职消费与产权效率——来自中国上市公司的证据》，载于《南开管理评论》2008 年第 5 期。

［30］逯东，林高，黄莉等：《"官员型"高管、公司业绩和非生产性支出——基于国有上市公司的经验证据》，载于《金融研究》2012 年第 6 期。

［31］马磊：《高管更换、公司业绩与治理机制——基于中国上市公司的实证研究》，山东大学 2008 年博士学位论文。

［32］缪柏其，杨勇，黄曼丽：《董事会领导结构与公司治理——基于上市公司 CEO 更换的实证研究》，载于《经济管理》2008 年第 12 期。

［33］皮莉莉，Julian Lowe，Christine O'Connor：《中国上市公司业绩与总经理变更分析》，载于《甘肃社会科学》2005 年第 3 期。

［34］瞿旭，杨丹，瞿彦卿等：《创始人保护、替罪羊与连坐效应——基于会计违规背景下的高管变更研究》，载于《管理世界》2012 年第 5 期。

［35］权小锋，吴世农，文芳：《管理层权力、私有收益与薪酬操纵》，载于《经济研究》2010 年第 11 期。

［36］饶品贵，徐子慧：《经济政策不确定性影响了企业高管变更吗?》，载于《管理世界》2017 年第 1 期。

［37］沈艺峰，陈舒予，黄娟娟：《投资者法律保护、所有权结构与困境公司高层管理人员变更》，载于《中国工业经济》2007 年第 1 期。

［38］沈艺峰、张俊生：《ST 公司董事会治理失败若干成因分析》，载于《证券市场导报》2002 年第 3 期。

［39］石军伟，胡立君，付海艳：《企业社会资本的功效结构：基于中国上市公司的实证研究》，载于《中国工业经济》2007 年第 2 期。

［40］宋剑锋：《净资产倍率、市盈率与公司成长性——来自中国股市的经验证据》，载于《经济研究》2000 年第 8 期。

［41］宋德舜，宋逢明：《国有控股、经营者变更和公司绩效》，载于《南开管理评论》2005 年第 1 期。

［42］孙早，刘坤：《政企联盟与地方竞争的困局》，载于《中国工业经济》2012 年第 2 期。

［43］王成方，叶若慧，于富生：《审计意见、政治关联与高管变更》，载于《会计与经济研究》2012 年第 5 期。

［44］王克敏，王志超：《高管控制权、报酬与盈余管理——基于中国上市公司的实证研究》，载于《管理世界》2007 年第 7 期。

［45］卫武：《中国环境下企业政治资源、政治策略和政治绩效及其关系研究》，载于《管理世界》2006 年第 2 期。

［46］吴超鹏，叶小杰，吴世农：《并购败绩后撤换 CEO 吗？——我国上市公司内外部治理机制有效性检验》，载于《经济管理》2011 年第 5 期。

［47］吴超鹏，叶小杰，吴世农：《政治关联、并购绩效与高管变更——基于我国上市公司的实证研究》，载于《经济学家》2012 年第 2 期。

［48］吴良海，谢志华，周可跃：《公司高管变更的市场反应——来自中国 A 股市场的经验证据》，载于《北京工商大学学报（社会科学版）》2013 年第 5 期。

［49］吴明霞：《CEO 非正常变动对中国民营控股上市公司业绩波动的影响》，载于《山东大学学报（哲学社会科学版）》2017 年第 6 期。

［50］吴明霞，谢永珍：《多种情境因素下国有企业前期业绩与 CEO 非正常变更间关系研究》，载于《贵州财经大学学报》2018 年第 3 期。

［51］吴文锋，吴冲锋，芮萌：《中国上市公司高管的政府背景与税收优惠》，载于《管理世界》2009 年第 3 期。

［52］吴育辉，吴世农：《高管薪酬：激励还是自利？——来自中国上市公司的证据》，载于《会计研究》2010 年第 11 期。

［53］奚俊芳，于培友：《我国上市公司控制权转移绩效研究——基于经营业绩的分析》，载于《南开管理评论》2006 年第 4 期。

［54］谢军：《企业成长性的因素分析：来自上市公司的证据》，载于《经济管理》2005 年第 20 期。

［55］谢永珍，吴明霞：《CEO 的政治联系强化了职位壕沟效应吗？》，载于《东岳论丛》2019 年第 1 期。

［56］徐金发，张兵：《影响总经理继任的五大因素》，载于《经济理论与经济管理》2003 年第 11 期。

［57］徐晓东，陈小悦：《第一大股东对公司治理、企业业绩的影响分析》，载于《经济研究》2003 年第 2 期。

［58］许年行，江轩宇，伊志宏等：《政治关联影响投资者法律保护的执法效率吗?》，载于《经济学：季刊》2013 年第 2 期。

［59］薛有志，彭华伟，李国栋等：《董事会会议的监督效应及其影响因素研究》，载于《财经问题研究》2010 年第 1 期。

［60］杨鹏鹏，万迪昉，王廷丽：《企业家社会资本及其与企业绩效的关系——研究综述与理论分析框架》，载于《当代经济科学》2005 年第 4 期。

［61］姚珊珊，沈中华：《政治关联、银行关系与财务困境恢复——基于中国 ST 上市公司的经验研究》，载于《财经问题研究》2016 年第 9 期。

［62］游家兴，徐盼盼，陈淑敏：《政治关联职位壕沟与高管变更》，载于《金融研究》2010 年第 4 期。

［63］余汉，蒲勇健，宋增基：《民营企业家社会资源、政治关系与公司资源获得——基于中国上市公司的经验分析》，载于《山西财经大学学报》2017 年第 6 期。

［64］曾萍，邓腾智：《政治关联与企业绩效关系的 Meta 分析》，载于《管理学报》2012 年第 11 期。

［65］曾晓涛，谢军：《第一大股东持股比例与高层管理人员变更之相关性研究——基于上市公司的实证分析》，载于《广西财经学院学报》2010 年第 1 期。

［66］张俊生，曾亚敏：《董事会特征与总经理变更》，载于《南开管理评论》2005 年第 1 期。

［67］张亮亮，黄国良，李强：《高管变更与资本结构变动关系研究——基于管理防御的视角》，载于《软科学》2014 年第 3 期。

［68］张兆国，康自强，胡延菊：《试析我国上市公司股权结构的治理效应》，载于《中国软科学》2003 年第 12 期。

［69］赵超，Julian，Lowe 等：《中国上市公司股权结构与总经理变更》，载于《改革》2005 年第 1 期。

［70］赵山:《中国上市公司高层更换实证研究》,载于《改革》2001 年第 6 期。

［71］周建,刘小元,方刚等:《基于中国上市公司的 CEO 更替与公司治理有效性研究》,载于《管理学报》2009 年第 7 期。

［72］周铭山,张倩倩:《"面子工程"还是"真才实干"?——基于政治晋升激励下的国有企业创新研究》,载于《管理世界》2016 年第 12 期。

［73］朱红军:《大股东变更与高级管理人员更换:经营业绩的作用》,载于《会计研究》2002 年第 9 期。

［74］朱红军:《高级管理人员更换与经营业绩》,载于《经济科学》2004 年第 4 期。

［75］Abe Y. Chief Executive Turnover and Firm Performance in Japan. *Journal of the Japanese & International Economies*, Vol. 11, No. 1, 1997, pp. 2 – 26.

［76］Acemoglu D, Johnson S, Robinson J A. The Colonial Origins of Comparative Development: An Empirical Investigation. *American Economic Review*, Vol. 91, No. 5, 2001, pp. 1369 – 1401.

［77］Adhikari A, Derashid C, Zhang H. Public Policy, Political Connections, and Effective Tax Rates: Longitudinal Evidence from Malaysia. *Journal of Accounting & Public Policy*, Vol. 25, No. 5, 2006, pp. 574 – 595.

［78］Aivazian V A, Ge Y, Qiu J. Corporate Governance and Manager Turnover: An Unusual Social Experiment. *Journal of Banking & Finance*, Vol. 29, No. 6, 2005, pp. 0 – 1481.

［79］Akben – Selcuk E, Altiok – Yilmaz A. Determinants of Corporate Cash Holdings: Firm Level Evidence from Emerging Markets. *Springer International Publishing*, 2017.

［80］Allen M P, Panian S K, Lotz R E. Managerial Succession and Organizational Performance: A Recalcitrant Problem Revisited. *Administrative Science Quarterly*, Vol. 24, No. 2, 1979, pp. 167 – 180.

［81］Bai C E, Lu J, Tao Z. The Multitask Theory of State Enterprise Reform: Empirical Evidence from China. *American Economic Review*,

Vol. 96, No. 2, 2006, pp. 353 – 357.

[82] Bauer B J M. Regulation and State Ownership: Conflicts and Complementarities in EU Telecommunications. *Annals of Public & Cooperative Economics*, Vol. 76, No. 2, 2005, pp. 151 – 177.

[83] Baysinger B D, Butler H N. Corporate Governance and the Board of Directors: Performance Effects of Changes in Board Composition. *Journal of Law Economics & Organization*, Vol. 1, No. 1, 1985, pp. 101 – 124.

[84] Bebchuk L A, Fried J M. Executive Compensation as an Agency Problem. *Cepr Discussion Papers*, Vol. 17, No. 3, 2003, pp. 71 – 92.

[85] Berkman H, Cole R A, Fu L J. Political Connections and Minority—Shareholder Protection: Evidence from Securities – Market Regulation in China. *Journal of Financial & Quantitative Analysis*, Vol. 45, No. 6, 2010, pp. 1391 – 1417.

[86] Berle A, Means G C. *The Modern Corporation and Private Property*. New York: Brace and World Inc. , 1932.

[87] Bernard Y, Godard L, Zouaoui M. The Effect of CEOs' Turnover on the Corporate Sustainability Performance of French Firms. *Journal of Business Ethics*, 2018.

[88] Boeker W. Power and Managerial Dismissal: Scapegoating at the Top. *Administrative Science Quarterly*, Vol. 37, No. 3, 1992, pp. 400 – 421.

[89] Boubakri N, Cosset J C, Saffar W. The Impact of Political Connections on Firms' Operating Performance and Financing Decisions. *Journal of Financial Research*, Vol. 35, No. 3, 2012, pp. 397 – 423.

[90] Boyne G A, James O, John P, et al. Top Management Turnover and Organizational Performance: A Test of a Contingency Model. *Public Administration Review*, Vol. 71, No. 4, 2011, pp. 572 – 581.

[91] Brickley J A. Empirical Research on CEO Turnover and Firm-Performance: A Discussion. *Journal of Accounting & Economics*, Vol. 36, No. 1, 2003, pp. 227 – 233.

[92] Brickley J A, Linck J S, Coles J L. What Happens to CEO s after They Retire? New Evidence on Career Concerns, Horizon Problems, and

CEO Incentives. *Journal of Financial Economics*, Vol. 52, No. 3, 1999, pp. 341 – 377.

[93] Brunello G, Graziano C, Parigi B M. CEO Turnover in Insider-Dominated Boards: The Italian case. *Journal of Banking & Finance*, Vol. 27, No. 6, 2003, pp. 1027 – 1051.

[94] Burkart M, Gromb D, Panunzi F. Large Shareholders, Monitoring, and the Value of the Firm. *Quarterly Journal of Economics*, Vol. 112, No. 3, 1997, pp. 693 – 728.

[95] Burrough B, Helyar J. *Barbarians at the Gate: The Fall of RJR Nabisco*. New York: Harper & Row, 1990.

[96] Cannella A A, Lubatkin M. Succession as a Sociopolitical Process: Internal Impediments to Outsider Selection. *The Academy of Management Journal*, Vol. 36, No. 4, 1993, pp. 763 – 793.

[97] Cao X, Pan X, Qian M, et al. Political Capital and CEO Entrenchment: Evidence from CEO Turnover in Chinese Non-SOEs. *Journal of Corporate Finance*, Vol. 42, 2017, pp. 1 – 14.

[98] Carroll C, Griffith J M. Management Retention Following Poor Performance: Board Failure or Management Entrenchment. *Ssrn Electronic Journal*, Vol. 6, No. 2, 2002, pp. 199 – 220 (22).

[99] Chaganti R, Sambharya R. Strategic Orientation and Characteristics of Upper Management. *Strategic Management Journal*, Vol. 8, No. 4, 1987, pp. 393 – 401.

[100] Chahine S, Tohmé N S. Is CEO Duality Always Negative? An Exploration of CEO Duality and Ownership Structure in the Arab IPO Context. *Corporate Governance An International Review*, Vol. 17, No. 2, 2010, pp. 123 – 141.

[101] Chandler A D, Press B. The Visible Hand: The Managerial Revolution in American Business. *Journal of Financial Economics*, Vol. 3, No. 1, 1977, pp. 305 – 360.

[102] Chang E C, Wong S M L. Governance with Multiple Objectives: Evidence from Top Executive Turnover in China. *Journal of Corporate Finance*, Vol. 15, No. 2, 2009, pp. 230 – 244.

[103] Cheng L T W, Leung T Y. Government Protection, Political Connection and Management Turnover in China. *International Review of Economics & Finance*, Vol. 45, No. SEP, 2016, pp. 160 – 176.

[104] Chevalier J, Ellison G. Career Concerns of Mutual Fund Managers. Nber Working Papers, No. 2, 1999.

[105] Clayton M C, Hartzell J C, Rosenberg J. The Impact of CEO Turnover on Equity Volatility. *Social Science Electronic Publishing*, Vol. 78, No. 5, 2005, pp. 1779 – 1808.

[106] Coase R H. The Nature of the Firm. *Economica*, Vol. 4, No. 16, 1937, pp. 386 – 405.

[107] Coffee J C. The Future as History: Prospects for Global Convergence in Corporate Governance and its Implications. *Social Science Electronic Publishing*, Vol. 93, No. 3, 1999, pp. 641 – 707.

[108] Comte T E, Mihal W L. CEO Turnover: Causes and Interpretations. *Business Horizons*, Vol. 33, No. 4, 1990, pp. 47 – 51.

[109] Conyon M J, He L. CEO Turnover in China: The Role of Market-Based and Accounting Performance Measures. *Social Science Electronic Publishing*, Vol. 2012, No. 7 – 9, 2014, pp. 657 – 680.

[110] Core J E, Holthausen R W, Larcker D F. Corporate Governance, Chief Executive Officer Compensation, and Firm Performance. *Journal of Financial Economics*, Vol. 51, No. 2, 1999, pp. 141 – 152.

[111] Coughlan A T, Schmidt R M. Executive Compensation, Management Turnover, and Firm Performance: An Empirical Investigation. *Journal of Accounting & Economics*, Vol. 7, No. 1, 1985, pp. 43 – 66.

[112] Cull R, Xu L C. Institutions, Ownership, and Finance: The Determinants of Profit Reinvestment Among Chinese Firms. *Journal of Financial Economics*, Vol. 77, No. 1, 2005, pp. 117 – 146.

[113] Dah M A, Frye M B, Hurst M. Board Changes and CEO Turnover: The Unanticipated Effects of the Sarbanes-Oxley Act. *Journal of Banking & Finance*, Vol. 41, No4, 2014, pp. 97 – 108.

[114] Dahya J, Mcconnell J J, Travlos N G. The Cadbury Committee,

189

Corporate Performance, and Top Management Turnover. *Journal of Finance*, Vol. 57, No. 1, 2002, pp. 461 – 483.

[115] Dalton D R, Dalton C M. Integration of Micro and Macro Studies in Governance Research: CEO Duality, Board Composition, and Financial Performance. *Journal of Management*, Vol. 37, No. 2, 2011, pp. 404 – 411.

[116] Defond M L, Hung M. Investor Protection and Corporate Governance: Evidence from Worldwide CEO Turnover. *Journal of Accounting Research*, Vol. 42, No. 2, 2004, pp. 269 – 312.

[117] Defond M L, Park C W. The Effect of Competition on CEO Turnover. *Journal of Accounting & Economics*, Vol. 27, No. 1, 1999, pp. 35 – 56.

[118] Denis D J, Denis D K. Firm Performance Changes following Top Management Dismissals. *Journal of Finance*, Vol. 50, No. 4, 1995, pp. 1029 – 1057.

[119] Denis D J, Denis D K, Sarin A. Ownership Structure and Top Executive Turnover. *Journal of Financial Economics*, Vol. 45, No. 2, 1997, pp. 193 – 221.

[120] Denis D J, Kruse T A. Managerial Discipline and Corporate Restructuring following Performance Declines. *Journal of Financial Economics*, Vol. 55, No. 3, 2000, pp. 391 – 424.

[121] Dixit, Avinash. Power of Incentives in Private versus Public Organizations. *American Economic Review*, Vol. 87, No. 2, 1997, pp. 378 – 382.

[122] Eisenberg T, Sundgren S, Wells M T. Larger Board Size and Decreasing firm Value in Small Firms. *Journal of Financial Economics*, Vol. 48, No. 1, 1998, pp. 35 – 54.

[123] Eisenhardt, K M. Agency Theory: An Assessment and Review. *Academy of Management Review*, Vol. 14, No. 1, 1989, pp. 57 – 74.

[124] Eldenburg L, Krishnan R. Public versus Private Governance: A Study of Incentives and Operational Performance. *Journal of Accounting and Economics*, Vol. 35, No. 3, 2003, pp. 377 – 404.

［125］ Faccio M. Politically – Connected Firms: Can They Squeeze the State?. *Social Science Electronic Publishing*, Vol. 96, No. 1, 2006, pp. 369 – 386 (18).

［126］ Faleye O. Does One Hat Fit All? The Case of Corporate Leadership Structure. *Journal of Management & Governance*, Vol. 11, No. 3, 2007, pp. 239 – 259.

［127］ Fama E. Agency Problems and the Theory of Firm. *Journal of Political Economy*, Vol. 88, No. 2, 1980, pp. 288 – 307.

［128］ Fama E F, Jensen M C. Agency Problems and Residual Claims. *The Journal of Law and Economics*, Vol. 26, No. 2, 1983a, pp. 327 – 349.

［129］ Fama E F, Jensen M C. Separation of Ownership and Control. *Journal of Law & Economics*, Vol. 26, No. 2, 1983b, pp. 301 – 325.

［130］ Fan J P H, Wong T J, Zhang T. Politically Connected CEOs, Corporate Governance, and Post – IPO Performance of China's Newly Partially Privatized Firms. *Journal of Financial Economics*, Vol. 84, No. 2, 2007, pp. 330 – 357.

［131］ Farrell K A, Whidbee D A. Impact of Firm Performance Expectations on CEO Turnover and Replacement Decisions. *Journal of Accounting & Economics*, Vol. 36, No. 1 – 3, 2003, pp. 165 – 196.

［132］ Feng, Zhang. Executive Turnover in China's State-owned Enterprises: Government-oriented or Market-oriented?. *China Journal of Accounting. Research*, Vol. 11, No. 2, 2018, pp. 129 – 149.

［133］ Finkelstein S, D'Aveni R A. CEO Duality as a Double – Edged Sword: How Boards of Directors Balance Entrenchment Avoidance and Unity of Command. *The Academy of Management Journal*, Vol. 37, No. 5, 1994, pp. 1079 – 1108.

［134］ Finkelstein S, Hambrick D, Cannella A. *Strategic Leadership: Theory and Research on Executives, Top Management Teams, and Boards*. New York: Oxford University Press, 2009.

［135］ Firth M, Fung P M Y, Rui O M. Firm Performance, Governance Structure, and Top Management Turnover in a Transitional Economy. *Journal of Management Studies*, Vol. 43, No. 6, 2006, pp. 1289 – 1330.

［136］ Frank H. Easterbrook. Two Agency – Cost Explanations of Dividends. *American Economic Review*, Vol. 74, No. 4, 1984, pp. 650 – 659.

［137］ Fredrickson J W, Hambrick D C, Baumrin S. A Model of CEO Dismissal. *Academy of Management Review*, Vol. 13, No. 2, 1988, pp. 255 – 270.

［138］ Frye T, Shleifer A. The Invisible Hand and the Grabbing Hand. *American Economic Review*, Vol. 87, No. 2, 1997, pp. 354 – 358.

［139］ Gamson W A, Scotch N A. Scapegoating in Baseball. *American Journal of Sociology*, Vol. 70, No. 1, 1964, pp. 69 – 72.

［140］ Gibbons R, Murphy K J. Optimal Incentive Contracts in the Presence of Career Concerns: Theory and Evidence. Working Papers, No. 3, 2004.

［141］ Gibbons R, Murphy K J. Relative Performance Evaluation for Chief Executive officers. *ILR Review*, Vol. 43, No. 3, 1990, pp. 30S – 51S.

［142］ Gibson M S. Is Corporate Governance Ineffective in Emerging Markets?. *The Journal of Financial and Quantitative Analysis*, Vol. 38, No. 1, 2003, pp. 231 – 250.

［143］ Gilson S C. Management Turnover and Financial Distress. *Journal of Financial Economics*, Vol. 25, No. 2, 2006, pp. 241 – 262.

［144］ Goldman E, So J. Corporate Governance Ineffective in Emerging Markets?. *Review of Financial Studies*, Vol. 22, No. 6, 2009, pp. 2331 – 2360.

［145］ Gomes J F. Financing Investment. American Economic Review, Vol. 91, No. 5, 2001, pp. 1263 – 1285.

［146］ González, Maximiliano, Guzmaán, Alexander, Pombo C, et al. The Role of Family Involvement on CEO Turnover: Evidence from Colombian Family Firms. *Social Science Electronic Publishing*, Vol. 23, No. 3, 2015, pp. 266 – 284.

［147］ Goyal V K, Park C W. Board Leadership Structure and CEO Turnover. *Journal of Corporate Finance*, Vol. 8, No. 1, 2002, pp. 49 – 66.

［148］ Grusky, Oscar. Managerial Succession and Organizational Effectiveness. *American Journal of Sociology*, Vol. 69, No. 1, 1963, pp. 21 – 31.

［149］ Hart O, Moore J. Debt and Seniority: An Analysis of the Role of Hard Claims in Constraining Management. *American Economic Review*, Vol. 85, No. 3, 1995, pp. 567 – 585.

[150] Haveman H A. Ghosts of Managers Past: Managerial Succession and Organizational Mortality. *The Academy of Management Journal*, Vol. 36, No. 4, 1993, pp. 864 – 881.

[151] Helmich D L. Organizational Growth and Succession Patterns. *The Academy of Management Journal*, Vol. 17, No. 4, 1974, pp. 771 – 775.

[152] Hermalin B E, Weisbach M S. A Framework for Assessing Corporate Governance Reform. NBER Working Papers, 2006.

[153] Hermalin B E, Weisbach M S. The Determinants of Board Composition. *Rand Journal of Economics*, 1988, 19 (4): pp. 589 – 606.

[154] Hillier D, Linn S C, Mccolgan P. Equity Issuance, CEO Turnover and Corporate Governance. *European Financial Management*, Vol. 11, No. 4, 2005, pp. 515 – 538.

[155] Hoskisson R E, Wan W P, Yiu D, et al. Theory and Research in Strategic Management: Swings of a Pendulum. *Journal of Management*, Vol. 25, No. 3, 2015, pp. 417 – 456.

[156] Huson M R, Malatesta P H, Parrino R. Managerial Succession and Firm Performance. *Journal of Financial Economics*, Vol. 74, No. 2, 2004, pp. 237 – 275.

[157] Huson M R, Parrino R, Starks L T. Internal Monitoring Mechanisms and CEO Turnover: A Long-Term Perspective. *The Journal of Finance*, Vol. 56, No. 6, 2001, pp. 2265 – 2297.

[158] Ishak R. Corporate Performance, Corporate Governance and CEO Dismissal in Malaysia. *Social Science Electronic Publishing*, 2015.

[159] James D R, Soref M. Profit Constraints on Managerial Autonomy: Managerial Theory and the Unmaking of the Corporation President. *American Sociological Review*, Vol. 46, No. 1, 1981, pp. 1 – 18.

[160] Jensen M C. Agency Costs of Free Cash Flow, Corporate Finance, and Takeovers. *American Economic Review*, Vol. 76, No. 2, 1999, pp. 323 – 329.

[161] Jensen M C, Meckling W. The Theory of the Firm: Managerial

Behaviour, Agency Costs and Ownership Structure. *Social Science Electronic Publishing*, *Vol.* 3, No. 4, 1976, pp. 305 – 360.

[162] Jensen M C, Murphy K J. Performance Pay and Top – Management Incentives. *Journal of Political Economy*, Vol. 98, No. 2, 1990, pp. 225 – 264.

[163] Jensen M C, Ruback R S. The Market for Corporate Control: The Scientific Evidence. *Journal of Finance*, Vol. 11, No. 5, 1983, pp. 5 – 50.

[164] Jensen M C. The Modern Industrial Revolution, Exit, and the Failure of Internal Control Systems. *The Journal of Finance*, Vol. 48, No. 3, 1993, P. 50.

[165] Jensen M C. Value Maximization, Stakeholder Theory, and The Corporate Objective Function. *European Financial Management*, Vol. 12, No. 2, 2002, pp. 235 – 256.

[166] Jensen M C, Warner J B. The Distribution of Power among Corporate Managers, Shareholders, and Directors. *Journal of Financial Economics*, Vol. 20, No. 1 – 2, 1988, pp. 3 – 24.

[167] Jenter D, Kanaan F. CEO Turnover and Relative Performance Evaluation. *The Journal of Finance*, Vol. 70, No. 5, 2015, pp. 2155 – 2184.

[168] Julio B, Yook Y. Political Uncertainty and Corporate Investment Cycles. *Journal of Finance*, Vol. 67, No. 1, 2012, pp. 45 – 84.

[169] Kang J K, Shivdasani A. Firm Performance, Corporate Governance, and Top Executive Turnover in Japan. *Journal of Financial Economics*, Vol. 38, No. 1, 1995, pp. 29 – 58.

[170] Kaplan S N. Top Executives, Turnover, and Firm Performance in Germany. *Journal of Law Economics & Organization*, Vol. 10, No. 1, 1993, pp. 142 – 159.

[171] Kathleen, Bentein, Christian, et al. The Role of Change in the Relationship between Commitment and Turnover: A Latent Growth Modeling Approach. *The Journal of applied psychology*, 2005.

[172] Kato T, Long C. Executive Turnover and Firm Performance in

China. *American Economic Review*, Vol. 96, No. 2, 2006, pp. 363 – 367.

[173] Kesner I F, Sebora T C. Executive Succession: Past, Present and Future. *Journal of Management*, Vol. 20, No. 2, 1994, pp. 327 – 372.

[174] Khanna N, Poulsen A B. Managers of Financially Distressed Firms: Villains or Scapegoats? . *The Journal of Finance*, Vol. 50, No. 3, 1995, pp. 919 – 940.

[175] Khwaja A I, Mian A. Do Lenders Favor Politically Connected Firms? Rent Provision in an Emerging Financial Market. *Quarterly Journal of Economics*, Vol. 120, No. 4, 2005, pp. 1371 – 1411.

[176] Kim Y. Long – Term Firm Performance and Chief Executive Turnover: An Empirical Study of the Dynamics. *Journal of Law Economics & Organization*, Vol. 12, No. 2, 1996, pp. 480 – 496.

[177] Kraizberg E, Weisberg T J. Employee Stock Options: Are They Indeed Superior to Other Incentive Compensation Schemes? . *Journal of Business and Psychology*, Vol. 16, No. 3, 2002, pp. 383 – 390.

[178] Krueger A O. The Political Economy of the Rent – Seeking Society. *American Economic Review*, Vol. 64, No. 3, 1974, pp. 291 – 303.

[179] Lausten M. CEO Turnover, Firm Performance and Corporate Governance: Empirical Evidence on Danish Firms. *International Journal of Industrial Organization*, Vol. 20, No. 3, 2002, pp. 391 – 414.

[180] Lehmann E L, D'Abrera H J. Nonparametrics: Statistical Methods based on Ranks. *Technometrics*, Vol. 21, No. 2, 1998, pp. 272 – 273.

[181] Li H, Meng L, Junsen Z. Why Do Entrepreneurs Enter Politics? Evidence from China. *Economic Inquiry*, Vol. 44, No. 3, 2006, pp. 559 – 578.

[182] Lipton M, Lorsch J W. A Modest Proposal for Improved Corporate Governance. *Business Lawyer*, Vol. 48, No. 1, 1992, pp. 59 – 77.

[183] Lopez – De – Silanes F, Shleifer A, Porta R L, et al. Law and Finance. *Journal of Political Economy*, Vol. 106, No. 6, 1998, pp. 1113 – 1155.

[184] Luo X W, Chung C N. Keeping It All in the Family: The Role of Particularistic Relationships in Business Group Performance during Institu-

tional Transition. *Administrative Science Quarterly*, Vol. 50, No. 3, 2005, pp. 404 – 439.

[185] Maury B. Corporate Performance, Corporate Governance and Top Executive Turnover in Finland. *European Financial Management*, Vol. 12, No. 2, 2010, pp. 221 – 248.

[186] Mei J, Scheinkman J A, Xiong W. Speculative Trading and Stock Prices: An Analysis of Chinese A – B Share Premia. *Social Science Electronic Publishing*, Vol. 10, No. 2, 2004, pp. 225 – 255.

[187] Molz R. Managerial Domination of Boards of Directors and Financial Performance. *Journal of Business Research*, Vol. 16, No. 3, 1988, pp. 235 – 249.

[188] Morck R, Shleifer A, Vishny R W. Management Ownership and Market Valuation: An Empirical Analysis. *Social Science Electronic Publishing*, Vol. 20, No. 88, 1988, pp. 293 – 315.

[189] Morck R, Wolfenzon D, Yeung W B. Corporate Governance, Economic Entrenchment, and Growth. *Journal of Economic Literature*, Vol. 43, No. 3, 2005, pp. 655 – 720.

[190] Morgan S P, Teachman J D. Logistic Regression: Description, Examples, and Comparisons. *Journal of Marriage & Family*, Vol. 50, No. 4, 1988, pp. 929 – 936.

[191] Muravyev, Alexander. Turnover of Senior Managers in Russian Privatised Firms. *Comparative Economic Studies*, Vol. 45, No. 2, 2003, pp. 148 – 172.

[192] Neumann R, Voetmann T. Does Ownership Matter in the Presence of Strict Antiactivism Legislation? Evidence from Equity Transactions in Denmark. *International Review of Financial Analysis*, Vol. 12, No. 2, 2008, pp. 157 – 171.

[193] Parrino R. CEO Turnover and Outside Succession A Cross – Sectional Analysis. *Journal of Financial Economics*, Vol. 46, No. 2, 1997, pp. 165 – 197.

[194] Peng M W. Institutional Transitions and Strategic Choices. *Academy of Management Review*, Vol. 28, No. 2, 2014, pp. 275 – 296.

[195] Peng M W, Luo Y. Managerial Ties and Firm Performance in a Transition Economy: The Nature of a Micro-macro Link. *Academy of Management Journal*, Vol. 43, No. 3, 2000, pp. 486 – 501.

[196] Porter M. *Competitive Advantage of Nations*. New York: Harvard Business Review, 1999.

[197] Preffer J, Salancik G. *The External Control of Organizations*. New York: Harper & Row, 1978.

[198] Puffer S M, Weintrop J B. Corporate Performance and CEO Turnover: The Role of Performance Expectations. *Administrative Science Quarterly*, Vol. 36, No. 1, 1991, pp. 1 – 19.

[199] Rechner P L, Dalton D R. CEO Duality and Organizational Performance: A Longitudinal Analysis. *Strategic Management Journal*, Vol. 12, No. 2, 1991, pp. 155 – 160.

[200] Reinganum M R. The Effect of Executive Succession on Stockholder Wealth. *Administrative Science Quarterly*, Vol. 30, No. 1, 1985, pp. 46 – 60.

[201] Rosenbaum P R, Rubin D B. Assessing Sensitivity to an Unobserved Binary Covariate in an Observational Study with Binary Outcome. *Journal of the Royal Statistical Society*, Vol. 45, No. 2, 1983, pp. 212 – 218.

[202] Scherer F M. Corporate Takeovers: The Efficiency Arguments. *Journal of Economic Perspectives*, Vol. 2, No. 1, 2001, pp. 69 – 82.

[203] Shen W, Cannella A A. Revisiting the Performance Consequences of CEO Succession: The Impacts of Successor Type, Postsuccession Senior Executive Turnover, and Departing CEO Tenure. *The Academy of Management Journal*, Vol. 45, No. 4, 2002, pp. 717 – 733.

[204] Shleifer A, Vishny R W. A Survey of Corporate Governance. *Journal of Finance*, Vol. 52, No. 2, 1997, pp. 737 – 783.

[205] Shleifer A, Vishny R W. Management Entrenchment: The case of Manager – Specific Investments. *Journal of Financial Economics*, Vol. 25, No. 1, 1989, pp. 123 – 139.

[206] Smith A. An Inquiry into the Nature and the Couses of the Wealth of Nations. *University of Chicago Press Economics Books*, 2008.

[207] Stulz R. Managerial Discretion and Optimal Financing Policies. *Journal of Financial Economics*, Vol. 26, No. 1, 1990, pp. 3 – 27.

[208] Suchard J A, Singh M, Barr R. The Market Effects of CEO Turnover in Australian firms. *Pacific – Basin Finance Journal*, Vol. 9, No. 1, 2001, pp. 1 – 27.

[209] Ting H I. CEO Turnover and Shareholder Wealth: Evidence from CEO Power in Taiwan. *Journal of Business Research*, Vol. 66, No. 12, 2013, pp. 2466 – 2472.

[210] Tricker R I. The Board's Role in Strategy Formulation: Some Cross – Cultural Comparisons. *Futures*, Vol. 26, No. 4, 1994, pp. 403 – 415.

[211] Vancil R F. *Passing the Baton: Managing the Process of CEO Succession*. New York: Harvard Business School Press, 1987.

[212] Furtado E P H, Karan V. Causes, Consequences, and Shareholder Wealth Effects of Management Turnover: A Review of the Empirical Evidence. *Financial Management*, Vol. 19, No. 2, 1990, pp. 60 – 75.

[213] Volpin P F. Governance with Poor Investor Protection: Evidence from Top Executive Turnover in Italy. *Journal of Financial Economics*, Vol. 64, No. 1, 2002, pp. 61 – 90.

[214] Wagner W G, O'Reilly P C A, III, Charles A. Organizational Demography and Turnover in Top – Management Groups. *Administrative Science Quarterly*, Vol. 29, No. 1, 1984, pp. 74 – 92.

[215] Warner J B, Watts R L, Wruck K H. Stock Prices and Top Management Changes. *Journal of Financial Economics*, Vol. 20, No. 20, 1988, pp. 461 – 492.

[216] Weel B T. Does Manager Turnover Improve Firm Performance? Evidence from Dutch Soccer, 1986 – 2004. *De Economist*, Vol. 159, No. 3, 2011, pp. 279 – 303.

[217] Weisbach M S. Outside Directors and CEO Turnover. *Journal of Financial Economics*, Vol. 20, No. 88, 1988, pp. 431 – 460.

[218] Wei Z, Xie F, Zhang S. Ownership Structure and Firm Value in China's Privatized Firms: 1991 – 2001. *Journal of Financial & Quantitative Analysis*, Vol. 40, No. 1, 2005, pp. 87 – 108.

［219］Williamson O E. Corporate Finance and Corporate Govern-ance. *Journal of Finance*, Vol. , No. 3, 1988, pp. 567 – 591.

［220］Yermack D. Higher Market Valuation of Companies with a Small Board of Directors. *Journal of Financial Economics*, Vol. 35, No. 3, 431996, pp. 451 – 469.

［221］Yuan Q. Public Governance, Political Connectedness, and CEO Turnover: Evidence from Chinese State – Owned Enterprises. *SSRN Electronic Journal*, 2011.

［222］Zajac E J. CEO Selection, Succession, Compensation and Firm Performance: A Theoretical Integration and Empirical Analysis. *Strategic Management Journal*, Vol. 11, No. 3, 1990, pp. 217 – 230.

附　表

表1　公司前期业绩对 CEO 发生变更的影响的 Logistic 回归估计结果（汇报系数）

	(1) 全样本	(2) 亏损样本	(3) 盈利样本	(4) 国企样本	(5) 民企样本	(6) 国有企业亏损	(7) 国有企业盈利	(8) 民营企业亏损	(9) 民营企业盈利
_cons	-0.6411 (-1.01)	0.6362 (0.56)	-1.3595** (-1.98)	-1.5413 (-1.64)	1.8029 (1.50)	-1.0419 (-0.60)	-2.1062** (-2.15)	5.3741*** (2.70)	-0.0435 (-0.03)
$Perf_{it-1}$	-0.1142 (-0.56)	-1.8611** (-2.55)	-0.0813 (-0.33)	-0.1938 (-0.45)	-1.7767** (-2.51)	-0.1773 (-0.45)	-0.0492 (-0.22)	-1.6523* (-1.75)	-0.2586 (-0.71)
$Size_{it-1}$	0.0597** (1.98)	0.0125 (0.24)	0.0982*** (2.96)	0.1373*** (3.15)	-0.0715 (-1.37)	0.1314* (1.67)	0.1599*** (3.49)	-0.2472*** (-2.89)	0.0290 (0.48)
Lev_{it-1}	0.7759*** (3.68)	0.4988 (1.57)	0.6413*** (2.67)	0.3277 (1.18)	1.5048*** (5.84)	0.4315 (0.95)	0.1590 (0.59)	0.5480 (1.31)	0.9026** (2.08)
$Indt_{it}$	0.4718 (0.73)	1.8007 (1.57)	0.1228 (0.18)	1.4595 (1.53)	-0.4686 (-0.47)	4.1476** (2.37)	0.9893 (0.98)	1.0877 (0.64)	-0.9378 (-0.89)
$Board_{it}$	-0.0644*** (-3.12)	-0.0353 (-0.99)	-0.0741*** (-3.29)	-0.0806*** (-2.91)	-0.0666* (-1.81)	-0.1069** (-2.35)	-0.0758** (-2.49)	0.00379 (0.06)	-0.0811** (-2.07)

续表

	(1) 全样本	(2) 亏损样本	(3) 盈利样本	(4) 国企样本	(5) 民企样本	(6) 国有企业亏损	(7) 国有企业盈利	(8) 民营企业亏损	(9) 民营企业盈利
$Bdtime_{it-1}$	0.0220** (2.57)	0.0070 (0.41)	0.0251*** (2.78)	-0.0007 (-0.06)	0.0555*** (4.03)	-0.0177 (-0.75)	0.0026 (0.21)	0.0476*** (1.95)	0.0603 (4.07)
Age_{it}	-0.0231*** (-4.45)	-0.0319*** (-3.35)	-0.0219*** (-4.01)	-0.0319*** (-3.75)	-0.0231*** (-3.18)	-0.0456*** (-2.91)	-0.0285*** (-3.22)	-0.0295** (-2.36)	-0.0211*** (-2.87)
$Year$	已控制	已控制	已控制	已控制	已控制	已控制	已控制	已控制	已控制
$Industry$	已控制	已控制	已控制	已控制	已控制	已控制	已控制	已控制	已控制
$Pseudo\ R^2$	0.0168	0.0147	0.0175	0.0170	0.0382	0.0292	0.0155	0.0291	0.0296
$Prob > chi^2$	0.0000	0.0000	0.0000	0.0000	0.0000	0.0000	0.0000	0.0000	0.0000
N	15441	2740	12701	7538	7107	1392	6146	1259	5848

注：（1）*、**、*** 分别表示 p<0.1，p<0.05，p<0.01。
（2）表中报告的结果为回归系数，括号中的值非 T 值而为 Z 值。
（3）表中报告的是 Pseudo R^2（即伪 R 方）而不是线性回归中的 R^2，原因在于逻辑回归的被解释变量是非连续变量，不能直接计算 R^2。

表2　CEO 的背景对其发生变更的影响的结果（汇报系数）

	(1) 全样本	(2) 亏损样本	(3) 盈利样本	(4) 国企样本	(5) 民企样本	(6) 国企亏损样本	(7) 国企盈利样本	(8) 民企亏损样本	(9) 民企盈利样本
$\_cons$	-1.8202*** (-2.64)	-0.4763 (-0.4)	-2.3177*** (-3.15)	-1.9769* (-1.94)	-2.0996 (-1.57)	-2.5282 (-1.42)	-2.0326* (-1.89)	1.7122 (0.79)	-2.9779* (-1.94)
$PerfPolBg_{it}$	-0.5197 (-0.34)	-0.4265 (-0.19)	-0.8807 (-0.49)	1.5518 (0.54)	0.1235*** (3.14)	5.2926 (1.48)	-1.0172 (-0.26)	0.1000** (2.37)	0.0787 (0.03)
$PolBg_{it}$	-0.1810* (-1.75)	-0.3421 (-1.66)	-0.1460 (-1.33)	-0.4449** (-2.25)	0.1751 (-0.95)	-0.5363 (-1.31)	-0.3633* (-1.76)	0.4942* (-1.69)	-0.2515 (-1.52)
$Perf_{it-1}$	-2.9957*** (-5.29)	-1.7826** (-2.21)	-2.4350*** (-3.52)	-3.5614*** (-3.69)	-0.0004* (-1.89)	-2.1884 (-1.62)	-2.9642*** (-2.59)	-0.0003*** (-8.36)	-2.5257** (-2.25)
$Size_{it-1}$	0.1392*** (4.38)	0.0748 (1.39)	0.1640*** (4.77)	0.1323*** (2.76)	0.1180** (2.03)	0.1922** (2.2)	0.1243** (2.42)	-0.0588 (-0.66)	0.1510** (2.24)
Lev_{it-1}	0.6864*** (3.66)	0.3410 (1.05)	0.6904*** (3.38)	-0.6824** (-2.02)	0.0412 (1.06)	-0.7367 (-1.36)	-0.7056* (-1.92)	0.0035 (0.47)	1.5360*** (4.94)
$Indt_{it}$	0.4921 (0.77)	2.2711* (1.93)	0.0859 (0.13)	1.4681 (1.42)	1.3249 (1.23)	1.8458 (1.03)	1.4801 (1.34)	2.3073 (1.14)	0.8762 (0.75)
$Board_{it}$	-0.0919*** (-4.35)	-0.0318 (-0.88)	-0.1045*** (-4.53)	-0.1005*** (-3.04)	-0.0550 (-1.42)	-0.1501*** (-2.65)	-0.0887** (-2.53)	0.0443 (0.62)	-0.0881** (-2.13)

续表

	(1) 全样本	(2) 亏损样本	(3) 盈利样本	(4) 国企样本	(5) 民企样本	(6) 国企亏损样本	(7) 国企盈利样本	(8) 民企亏损样本	(9) 民企盈利样本
$Bdtime_{it-1}$	0.0179** (2.18)	-0.0163 (-1.030)	0.0243*** (2.84)	-0.0507*** (-3.19)	0.0512*** (3.7)	-0.0801 (-2.72)	-0.0442 (-2.62)	0.0140 (0.54)	0.0395*** (2.62)
Age_{it}	0.0049 (0.88)	-0.0043 (-0.42)	0.0067 (1.16)	0.0107 (1.19)	0.0053 (0.69)	0.0105 (0.6)	0.0110 (1.16)	-0.0067 (-0.49)	0.0075 (0.89)
$Tenure_{it}$	-0.3284*** (-28.97)	-0.3270*** (-14.41)	-0.3300*** (-26.56)	-0.2837*** (-16.88)	-0.3692*** (-18.02)	-0.2651*** (-7.44)	-0.2881*** (-15.48)	-0.4084*** (-9.86)	-0.3660*** (-16.73)
$Dual_{it}$	-0.3140*** (-3.67)	-0.1308 (-0.84)	-0.3537*** (-3.87)	0.0987 (0.59)	-0.2445** (-2.1)	-0.0750 (-0.24)	0.1495 (0.82)	0.0074 (0.03)	-0.2638** (-2.11)
$Adjunct_{it}$	-0.4371*** (-6.73)	-0.4208*** (-3.34)	-0.4326*** (-6.26)	-0.2024* (-1.95)	-0.6501*** (-6.3)	-0.1181 (-0.63)	-0.2151* (-1.91)	-0.4532** (-2.17)	-0.6057*** (-5.48)
$Year$	已控制	已控制	已控制	已控制	已控制	已控制	已控制	已控制	已控制
$Industry$	已控制	已控制	已控制	已控制	已控制	已控制	已控制	已控制	已控制
$Pseudo\ R^2$	0.1317	0.1274	0.1305	0.0835	0.1469	0.0949	0.0800	0.1700	0.1652
$Prob>chi^2$	0.0000	0.0000	0.0000	0.0000	0.0000	0.0000	0.0000	0.0000	0.0000
N	15441	2740	12701	7538	7107	1392	6146	1259	5848

注：(1) *、**、*** 分别表示 $p<0.1$，$p<0.05$，$p<0.01$。

(2) 表中报告的结果为回归系数，括号中的值非 T 值而为 Z 值。

(3) 表中报告的是 $Pseudo\ R^2$（即伪 R 方）而不是线性回归中的 R^2，原因在于逻辑回归的被解释变量是非连续变量，不能直接计算 R^2。

表3　CEO 两职合一对其发生变更的影响的结果（汇报系数）

	(1) 全样本	(2) 亏损样本	(3) 盈利样本	(4) 国企样本	(5) 民企样本	(6) 国企亏损样本	(7) 国企盈利样本	(8) 民企亏损样本	(9) 民企盈利样本
$\_cons$	-1.6139*** (-5.50)	0.1555 (0.22)	-2.3958*** (-7.29)	-0.1827*** (-5.40)	-1.1485** (-2.02)	-1.5498 (-1.41)	-3.0640*** (-5.98)	2.6365** (2.30)	-3.5166*** (-5.21)
$PerfDual_{it}$	0.0127 (0.72)	0.0023 (0.41)	0.3838*** (2.76)	1.8154*** (3.82)	0.0078 (0.46)	-0.1543 (-0.08)	2.4932*** (3.97)	0.0004 (0.14)	0.1617 (0.67)
$Dual_{it}$	-0.3323*** (-6.84)	-0.1131 (-1.04)	-0.4056*** (-7.31)	-0.1903** (-2.13)	-0.2666*** (-4.07)	-0.1037 (-0.53)	-0.2624** (-2.54)	-0.0022 (-0.02)	-0.3300*** (-4.47)
$Perf_{it-1}$	-0.0006 (-0.54)	-0.0003 (-0.30)	-0.3611*** (-2.66)	-1.5564*** (-3.39)	-0.0005 (-0.50)	-0.1188 (-0.35)	-2.2721*** (-3.69)	-0.0003 (-0.28)	-0.1433 (-0.59)
$Size_{it-1}$	0.1279*** (9.60)	0.0442 (1.45)	0.1664*** (10.95)	0.1774*** (8.35)	0.0932*** (3.87)	0.1476*** (2.97)	0.2044*** (8.59)	-0.0954** (-1.98)	0.2127*** (7.36)
Lev_{it-1}	0.0655*** (3.18)	0.0099 (1.00)	0.2044*** (4.46)	0.3316** (2.58)	0.0048** (2.57)	0.5144* (1.93)	0.1010 (0.67)	0.0018 (0.25)	0.1979*** (3.42)
Age_{it}	0.0041 (1.44)	-0.0077 (-1.14)	0.0066** (2.09)	-0.0017 (-0.36)	0.0054 (1.38)	-0.0229** (-2.00)	0.0035 (0.69)	-0.0056 (-0.63)	0.0071 (1.60)
$Bdtime_{it-1}$	0.0269*** (5.70)	-0.0047 (-0.42)	0.0307*** (5.84)	-0.0011 (-0.17)	0.0559*** (7.44)	-0.0222 (-1.48)	0.0028 (0.38)	0.0389 (1.08)	0.0563*** (6.70)

续表

	(1) 全样本	(2) 亏损样本	(3) 盈利样本	(4) 国企样本	(5) 民企样本	(6) 国企亏损样本	(7) 国企盈利样本	(8) 民企亏损样本	(9) 民企盈利样本
$Indt_{it}$	0.6766* (1.93)	2.2831*** (2.85)	0.2107 (0.53)	1.1496** (2.32)	0.3587 (0.65)	3.7797*** (3.00)	0.6249 (1.14)	1.7871 (1.55)	-0.0685 (-0.11)
$Board_{it}$	-0.0768*** (-7.42)	-0.0018 (-0.07)	-0.0988*** (-8.62)	-0.0782*** (-5.66)	-0.0511*** (-2.71)	-0.0681*** (-2.03)	-0.0812*** (-5.32)	0.0389 (0.90)	-0.0838*** (-3.94)
$PolBg_{it}$	-0.2063*** (-4.07)	-0.2788** (-2.23)	-0.1661*** (-2.97)	-0.2380*** (-2.98)	-0.1480** (-2.13)	-0.5123*** (-2.62)	-0.1891** (-2.15)	0.0187 (0.11)	-0.1375* (-1.78)
$Adjunct_{it}$	-0.4663*** (-13.07)	-0.3891*** (-4.59)	-0.4485*** (-11.28)	-0.2460*** (-4.79)	-0.7193*** (-13.33)	-0.2631** (-2.14)	-0.2309*** (-4.06)	-0.5334*** (-4.26)	-0.7142*** (-11.77)
$Tenure_{it}$	-0.3261*** (-38.55)	-0.3261*** (-17.34)	-0.3249*** (-34.21)	-0.3004*** (-25.81)	-0.3659*** (-27.36)	-0.2719*** (-10.54)	-0.3067*** (-23.42)	-0.3702*** (-12.71)	-0.3636*** (-24.08)
$Year$	已控制	已控制	已控制	已控制	已控制	已控制	已控制	已控制	已控制
$Industry$	已控制	已控制	已控制	已控制	已控制	已控制	已控制	已控制	已控制
$Pseudo\ R^2$	0.1202	0.1208	0.1224	0.1061	0.1515	0.1087	0.1055	0.1554	0.1563
$Prob > chi^2$	0.0000	0.0000	0.0000	0.0000	0.0000	0.0000	0.0000	0.0000	0.0000
N	15441	2740	12701	7538	7107	1392	6146	1259	5848

注：（1）*、**、***分别表示 p<0.1，p<0.05，p<0.01。
（2）表中报告的结果为回归系数；括号中的值非 T 值而为 Z 值。
（3）表中报告的是 $Pseudo\ R^2$（即伪 R 方）而不是线性回归中的 R^2，原因在于逻辑回归的被解释变量是非连续变量，不能直接计算 R^2。

表4　　CEO 在外兼职对其发生变更的影响的结果（汇报系数）

	(1) 全样本	(2) 亏损样本	(3) 盈利样本	(4) 国企样本	(5) 民企样本	(6) 国企亏损样本	(7) 国企盈利样本	(8) 民企亏损样本	(9) 民企盈利样本
$\_cons$	-1.6005 *** (-5.02)	-0.4242 (-0.56)	-3.9021 *** (-5.56)	-2.9642 *** (-3.02)	0.2010 (0.26)	-1.7356 (-0.99)	-3.5336 *** (-3.46)	2.4708 (1.85)	-2.3238 * (-1.73)
$PerfAdjunct_{it}$	-0.0003 (-0.20)	-0.0003 (-0.20)	0.1161 *** (1.09)	0.1236 * (1.92)	-0.0149 (-0.52)	-2.1303 (-1.03)	0.1395 ** (1.96)	-0.0003 (-0.17)	-0.0273 (-0.92)
$Adjunct_{it}$	-0.3907 *** (-10.54)	-0.3728 *** (-4.34)	-0.2611 *** (-3.31)	-0.2331 ** (-2.50)	-0.3260 *** (-3.98)	-0.2809 (-1.59)	-0.2263 ** (-2.27)	-0.5241 *** (-4.11)	-0.6268 *** (-5.89)
$Perf_{it-1}$	-1.8000 *** (-5.89)	-1.0874 ** (-2.14)	-1.6155 ** (-1.98)	-3.1168 *** (-3.96)	-2.6078 *** (-5.41)	-1.3544 (-1.14)	-2.5943 ** (-2.60)	-0.8970 (-1.44)	-0.9729 (-1.18)
$Size_{it-1}$	0.1325 *** (8.90)	0.0641 * (1.96)	0.0515 (1.47)	0.2091 *** (4.64)	-0.1000 *** (-3.15)	0.1680 ** (2.11)	0.2317 *** (4.82)	-0.0949 * (-1.69)	0.1594 *** (2.75)
Lev_{it-1}	0.5053 *** (6.38)	0.1910 (1.48)	-0.0764 (-0.39)	-0.0304 (-0.10)	0.2719 ** (2.31)	0.2318 (0.51)	-0.1937 (-0.60)	-0.0308 (-0.20)	1.0039 *** (4.30)
Age_{it}	0.0049 (1.61)	-0.0069 (-0.99)	0.0104 (1.54)	-0.0001 (-0.01)	0.0090 (1.57)	-0.0240 (-1.43)	0.0050 (0.53)	-0.0045 (-0.49)	0.0089 (1.07)
$Bdtime_{it-1}$	0.0102 ** (2.09)	-0.0056 (-0.50)	-0.0295 ** (-2.50)	-0.0073 (-0.63)	0.0483 *** (4.86)	-0.0230 (-1.05)	-0.0042 (-0.34)	0.0164 (0.92)	0.0336 *** (2.38)

续表

	(1) 全样本	(2) 亏损样本	(3) 盈利样本	(4) 国企样本	(5) 民企样本	(6) 国企亏损样本	(7) 国企盈利样本	(8) 民企亏损样本	(9) 民企盈利样本
$Indt_{it}$	0.6977* (1.93)	2.2737*** (2.82)	0.9478 (1.30)	1.3082 (1.43)	0.4662 (0.63)	3.6400** (2.11)	0.8901 (0.91)	1.9254* (1.66)	-0.2398 (-0.22)
$Board_{it}$	-0.0810*** (-7.66)	0.0005 (0.02)	-0.0292 (-1.28)	-0.0761*** (-2.74)	-0.0498* (-1.95)	-0.0656 (-1.43)	-0.0786*** (-2.56)	0.0539 (1.22)	-0.0851*** (-2.18)
$PolBg_{it}$	-0.1810*** (-3.44)	-0.2882** (-2.29)	-0.4774*** (-3.54)	-0.2294 (-1.41)	-0.0681 (-0.69)	-0.5005* (-1.67)	-0.1771 (-1.04)	-0.0060 (-0.03)	-0.1129 (-0.73)
$Dual_{it}$	-0.2456*** (-4.83)	-0.0729 (-0.66)	-0.2940** (-2.32)	-0.1385 (-0.90)	-0.2796*** (-3.16)	-0.1054 (-0.39)	-0.1625 (-0.96)	0.0606 (0.42)	-0.2408** (-1.95)
$Tenure_{it}$	-0.3494*** (-40.15)	-0.3300*** (-17.33)	-0.0128 (-0.75)	-0.3148*** (-20.59)	-0.1202*** (-6.49)	-0.2760*** (-9.55)	-0.3237*** (-19.04)	-0.3770*** (-12.73)	-0.3908*** (-19.35)
$Year$	已控制	已控制	已控制	已控制	已控制	已控制	已控制	已控制	已控制
$Industry$	已控制	已控制	已控制	已控制	已控制	已控制	已控制	已控制	已控制
$Pseudo\ R^2$	0.1371	0.1259	0.1004	0.1143	0.1472	0.1131	0.1132	0.1588	0.1758
$Prob > chi^2$	0.0000	0.0000	0.0000	0.0000	0.0000	0.0000	0.0000	0.0000	0.0000
N	15441	2740	12701	7538	7107	1392	6146	1259	5848

注：（1）*、**、***分别表示 p < 0.1，p < 0.05，p < 0.01。

（2）表中报告的结果为回归系数，括号中的值为 T 值而为 Z 值。

（3）表中报告的是 $Pseudo\ R^2$（即伪 R 方）而不是线性回归中的 R^2，原因在于逻辑回归的被解释变量是非连续变量，不能直接计算 R^2。

207

表5　CEO 的任期对其发生变更的影响的结果（汇报系数）

	(1) 全样本	(2) 亏损样本	(3) 盈利样本	(4) 国企样本	(5) 民企样本	(6) 国企亏损样本	(7) 国企盈利样本	(8) 民企亏损样本	(9) 民企盈利样本
$\_cons$	-1.6165 *** (-2.35)	-0.7491 (-0.64)	-2.0310 (-2.76)	-3.0512 *** (-3.10)	-1.2451 (-1.00)	-1.8878 (-1.05)	-3.5405 *** (-3.47)	1.6441 -0.82	-1.9726 (-1.45)
$PerfTenure_{it}$	0.0144 (1.55)	0.0171 (0.68)	0.0116 * (1.76)	0.0535 (1.56)	0.0137 * (1.8)	0.0244 -0.23	0.0519 * (1.80)	0.0164 (0.64)	0.0114 ** (2.23)
$Tenure_{it}$	-0.3514 *** (-30.19)	-0.3320 *** (-14.52)	-0.3564 *** (-27.86)	-0.3183 *** (20.69)	-0.3882 *** (-20.66)	-0.2806 *** (-9.47)	-0.3270 *** (-19.23)	-0.3783 *** (-10.29)	-0.3922 ** (-19.35)
$Perf_{it-1}$	-2.1751 *** (-4.19)	-1.6634 ** (-2.24)	-1.6069 ** (-2.53)	-3.2675 *** (-3.83)	-1.9892 *** (-2.81)	-2.2415 * (-1.66)	-2.6621 *** (-2.61)	-1.7209 * (-1.73)	-1.3708 (-1.57)
$Size_{it-1}$	0.1354 *** (4.31)	0.0827 (1.58)	0.1568 *** (4.59)	0.2178 *** (4.79)	0.1006 * (1.84)	0.1832 * (2.22)	0.2332 *** (4.85)	-0.0526 (-0.60)	0.1419 * (2.39)
Lev_{it-1}	0.5424 *** (3.12)	0.2539 (0.90)	0.5659 *** (2.92)	-0.0977 (-0.33)	0.9684 *** (4.20)	0.2281 (0.44)	-0.2086 (-0.65)	0.0179 (0.05)	1.2036 *** (4.60)
Age_{it}	0.0057 (1.01)	-0.0031 (-0.31)	0.0078 (1.30)	-0.0001 (-0.02)	0.0080 (1.04)	-0.0222 (-1.33)	0.0048 (0.50)	0.0039 (0.29)	0.0089 (1.08)
$Bdtime_{it-1}$	0.0084 (1.00)	-0.0152 (-0.95)	0.0131 (1.50)	-0.0079 (-0.68)	0.0297 * (2.23)	-0.0272 (-1.23)	-0.0041 (-0.33)	0.0050 (0.21)	0.0319 ** (2.24)

续表

	(1)全样本	(2)亏损样本	(3)盈利样本	(4)国企样本	(5)民企样本	(6)国企亏损样本	(7)国企盈利样本	(8)民企亏损样本	(9)民企盈利样本
$Indt_{it}$	0.6582 (1.02)	2.3839** (2.06)	0.2651 (0.38)	1.2168 (1.33)	0.2310 (0.22)	3.3628* (1.92)	0.8869 (0.90)	2.1466 (1.24)	-0.3205 (-0.29)
$Board_{it}$	-0.0866*** (-4.05)	-0.0240 (-0.66)	-0.0997*** (-4.27)	-0.0782*** (-2.79)	-0.0648 (-1.75)	-0.0786* (-1.71)	-0.0785** (-2.55)	0.0055 (0.08)	-0.0843** (-2.15)
$PolBg_{it}$	-0.1816* (-1.72)	-0.3481* (-1.80)	-0.1501 (-1.34)	-0.2312 (-1.42)	-0.1047 (-0.71)	-0.5158* (-1.72)	-0.1767 (-1.03)	-0.1029 (-0.38)	-0.1020 (-0.66)
$Dual_{it}$	-0.2503*** (-2.84)	-0.0907 (-0.58)	-0.2902*** (-3.06)	-0.1128 (-0.72)	-0.1999* (-1.73)	0.0218 (0.08)	-0.1612 (-0.95)	-0.0268 (-0.13)	-0.2331** (-1.87)
$Adjunct_{it}$	-0.3947*** (-5.93)	-0.4090*** (-3.22)	-0.3861*** (-5.44)	-0.2352*** (-2.51)	-0.6275*** (-6.24)	-0.2877** (-1.61)	-0.2196** (-2.20)	-0.5750*** (-2.96)	-0.6287*** (-5.89)
$Year$	已控制	已控制	已控制	已控制	已控制	已控制	已控制	已控制	已控制
$Industry$	已控制	已控制	已控制	已控制	已控制	已控制	已控制	已控制	已控制
$Pseudo\ R^2$	0.1378	0.1296	0.1380	0.1142	0.1746	0.1125	0.1134	0.1630	0.1785
$Prob > chi^2$	0.0000	0.0000	0.0000	0.0000	0.0000	0.0000	0.0000	0.0000	0.0000
N	15441	2740	12701	7538	7107	1392	6146	1259	5848

注：(1) *、**、*** 分别表示 p＜0.1，p＜0.05，p＜0.01。

(2) 表中报告的结果为回归系数，括号中的值非 T 值而为 Z 值。

(3) 表中报告的是 Pseudo R^2（即伪 R 方）而不是线性回归中的 R^2，原因在于逻辑回归的被解释变量是非连续变量，不能直接计算 R^2。